やわらかアカデミズム・〈わかる〉シリーズ

よくわかる
女性と福祉

森田明美 編著

ミネルヴァ書房

はじめに

■よくわかる女性と福祉

　社会福祉は，人がその人らしく生きていくことを社会的に支える取り組みです。社会福祉があるから，どんな家族とどこで暮らしていても，安心して生きていけるといいたいところですが，現実はそんなに簡単ではありません。

　1990年代に本格的な少子高齢化時代を迎える中で，生活課題の中心にいる女性たちのために，就労と家庭生活を両立させるための多様な労働政策や社会福祉が整備されました。育児休業制度は有給化し，期間も無給を覚悟すれば3年まで延長できるようになりました。保育制度としては保育所も保育時間は11時間開所が原則となり，休日保育や病児・病後児保育も可能となるなど，在宅での子育て支援施設も整えられてきました（**巻末表1**）。

　にもかかわらず，出産したくないという女性や，出産後は働き続けたくない女性が相変わらず増えています。

　第1子出産前後の妻の就業経歴をみると，1985〜1990年では，無職は35.7％でしたが，2000〜2004年では，41.3％に増加しています。もちろん，育児休業制度の整備によって，育児休業を使いながら就業継続をしている女性は，5.1％から13.8％と増えていますが，育児休業なしで就業継続している女性は19.9％から11.5％へと減少し，双方合わせて就業継続している割合は，約25％のままです（**巻末図1**）。内閣府が30〜40代女性を対象に行ったライフプランニング支援に関する調査（2007年）によれば，女性で残業のあるフルタイムの仕事は，子どもが低年齢あるいは中学生の場合，ほとんどの人が働きたくないと考えています。とくに3歳以下の子どもをもつ女性のうち，全く働きたくないという女性が50％を超えています。このことは，子育てと仕事の両立の大変さを予想して働き続けることをためらう女性が多いこと，現実の厳しさが女性の希望を奪っていることを示しています（**巻末図2**）。

　妊娠・出産をするかしないかということは，教育や労働の実態，家族との暮らしの結果でもありますから，子どもを産まないことは，出産・子育て期にある人たちの抵抗ということもできます。子育て困難の背景には，家庭を母親だけで切り盛りしていくために，女性である自分の生き方を抑え込み家計の確保のために就労中心の暮らしをせざるを得ない状況であることが，隠されていたのです（**巻末図3**参照）。また，現在の少子化対策は両親世帯を対象とし，結婚し，夫婦を形成し，夫婦が協力して子どもを育てる前提で作られていきます。そのため，上記の問題は，ひとり親家庭にとってはより深刻な問題となります。

高齢期になれば多くの女性たちが遭遇する疾病，孤立や貧困などを生み出す共通の要因が，実は職業生活と家族生活の仕組みの中に潜んでいたのです。

社会福祉の世界に踏み込んでみると，このように就労，妊娠・出産・子育て，介護責任が女性にのしかかり，男女平等を実現させない社会が，家族役割を担う女性たちを生きにくくさせている場面に遭遇することがよくあり，それが原因の気づきとなりました。制度を作るだけでは価値はなく，必要な人が必要な制度を利用できるように制度の有効な実施方法を考える必要があるのですが，その点がおろそかになってしまっているのです。

こうした状況を整理し，克服するための取り組みを展開しなければ，子育て中の母親たちは一層追い込まれ，ひとり親問題や高齢期の問題へつながる循環・連鎖が始まってしまいます。女性がさまざまな場面で生き方を選択する際に，社会福祉のあり方を考慮することができれば，自分が希望する生き方，女性が人間として生きるために獲得してきた権利を実現できる生き方ができると思います。また，そうしたものにしなければならないと思います。

本書は，そうした女性として獲得してきた権利を行使するために必要な社会福祉制度を考えるために，多様な生き方，ライフステージで，社会福祉がどのような支え方をすることができているのか，できていないか，それぞれの段階で生きる女性たちの置かれている暮らしを共感的に整理し，積極的に社会福祉を使いこなすことができるテキストがほしいと思ったところから始まりました。

本書の特徴は，目的としての男女平等を実現するために，現代女性の子ども期，子育て期，壮年期，高齢期のライフステージに焦点を当て，その期に固有の課題を抽出し，女性の権利と重ねる必要がある子どもの権利，障がい者の権利，労働者の権利，高齢者の権利の実現のために必要な方法である社会福祉政策や教育・労働・社会政策など隣接分野での制度，実践を整理・分析し，課題をわかりやすく明らかにしたところにあります。

本書の編集に際しては，社会福祉に理解を持つ教育，労働，社会政策分野の研究者にも協力を求め，新しいこうした視点で各分野での問題をとらえ直し，社会福祉の課題に向き合っていただきました。結果として執筆者は当事者性をもつ多様な年代，ライフステージにある女性研究者となりました。

本書が，女性が自分の生き方や，社会が男女平等社会の実現をめざす社会福祉のあり方を考えるきっかけになれば，執筆者一同幸せです。

2011年1月

森田　明美

もくじ

■よくわかる女性と福祉

はじめに

Ⅰ　女性と福祉を学ぶ視点

1　女性と福祉を考える枠組み ……… 2
2　女性のライフステージと社会福祉
　　……………………………………… 4
3　売春問題と婦人保護・婦人福祉 … 6
4　フェミニズムとジェンダー ……… 8
5　社会福祉とジェンダー …………… 10
6　少子化政策から子ども・子育て
　　支援へ ……………………………… 12
7　子ども・子育て支援政策の特徴と
　　課題 ………………………………… 14
8　女性の暮らしと男女共同参画 …… 16
9　地方分権と社会福祉 ……………… 18

Ⅱ　子ども期

1　女の子として生まれる …………… 22
2　家庭で育つ①──女の子になる … 24
3　家庭で育つ②──女の子と性 …… 26
4　女の子と学校 ……………………… 28
5　施設で暮らす ……………………… 30

6　子ども期を支える ………………… 34
7　若者期を支える①
　　──女性の生きにくさを支える … 36
8　若者期を支える②
　　──学びを支える ………………… 38
9　若者期を支える③
　　──女の子の進路選択 …………… 40

Ⅲ　ライフスタイルの選択

1　ライフスタイルの選択と女性の
　　自立 ………………………………… 42
2　ライフステージと社会保障①
　　──結　婚 ………………………… 44
3　ライフステージと社会保障②
　　──妊娠・出産 …………………… 46
4　ライフステージと社会保障③
　　──子育て ………………………… 48
5　ライフステージと社会保障④
　　──高齢期 ………………………… 50
6　ライフステージと社会保障⑤
　　──女性と貧困 …………………… 52
7　生活保護制度にみるジェンダー … 54

Ⅳ 働 く

1 働くことと女性……………56
2 女性と働くことに関する法律・制度……………60
3 女性と雇用形態……………62
4 女性と雇用環境①——賃　金……64
5 女性と雇用環境②
　——女性が働きやすい環境とは‥68
6 アンペイドワークとジェンダー‥70
7 家族的責任……………72
8 社会福祉労働と女性……………74
9 障がいとともに働くことと女性‥76

Ⅴ 妊娠・出産・子育て期

1 妊娠・出産期の支援①
　——母子保健施策と妊娠期の支援
　………………………………78
2 妊娠・出産期の支援②
　——出産期と子どもの支援……80
3 子どもを望む……………82
4 望まない妊娠・出産……………84
5 日本的子育て観①
　——日本的親子観……………86
6 日本的子育て観②
　——3歳児神話（3歳までは母の手で）……………88
7 育児不安と子育て不安……………90

8 障害児を育てる①
　——早期発見・早期治療……92
9 障害児を育てる②
　——発達と療育……………94

Ⅵ 保　育

1 働きながら子どもを育てる①
　——保育所による支援……………96
2 働きながら子どもを育てる②
　——保育所の入所・利用の仕組み‥98
3 働きながら子どもを育てる③
　——保育所の毎日……………100
4 働きながら子どもを育てる④
　——保育所だけでは育てられない
　………………………………102
5 働きながら子どもを育てる⑤
　——保育所に子どもを預けられない（待機児問題）……………104
6 働きながら子どもを育てる⑥
　——保育所以外のサービスによる支援……………106
7 働きながら子どもを育てる⑦
　——放課後児童クラブ・放課後児童健全育成事業……………108

Ⅶ 子育て支援

1 家庭で子どもを育てる①
　——親子を支える……………110
2 家庭で子どもを育てる②
　——育児期のメンタルケア……112
3 家庭で子どもを育てる③
　——被虐待児童家庭を支える……114

4　家庭で子どもを育てる④
　　　　——突然必要となる保育 ……… *116*

　5　社会が子育て家庭を支える①
　　　　——家庭的養護 ……………… *118*

　6　社会が子育て家庭を支える②
　　　　——地域の人が保育に関わる …… *120*

Ⅷ　ひとり親

　1　ひとり親家庭とは ……………… *122*
　2　ひとり親の暮らしと養育問題 …… *126*
　3　ひとり親を支える法と制度施策 ‥ *132*
　4　ひとり親を支える児童福祉施設 ‥ *134*
　5　母子家庭の経済的支援 ………… *136*
　6　ひとり親の暮らしと課題 ……… *140*

Ⅸ　壮年期

　1　壮年期を考える視点 …………… *142*
　2　地域活動の担い手 ……………… *144*
　3　こころとからだ——不定愁訴 …… *146*
　4　ミドルエイジの憂鬱 …………… *148*
　5　ドメスティック・バイオレンス
　　　（DV） ……………………… *152*

Ⅹ　高齢期

　1　高齢社会と女性①
　　　　——日本の高齢化 …………… *156*

　2　高齢社会と女性②
　　　　——世界の動き ……………… *158*

　3　平均寿命と性差 ………………… *160*
　4　高齢期の疾病及び障がいの状況 ‥ *162*
　5　高齢女性と住宅 ………………… *164*
　6　高齢女性と経済
　　　　——高齢者世帯の経済状況 …… *166*

　7　高齢者虐待と女性 ……………… *170*
　8　高齢女性と他者との交流 ……… *172*
　9　高齢女性の性 …………………… *174*
　10　介護の社会化——介護保険の登場
　　　　 ……………………………… *176*
　11　介護保険サービスの概要 ……… *178*

Ⅺ　海外の女性と福祉

　1　諸外国の社会保障と女性 ……… *182*
　2　北欧における政策的展開 ……… *188*
　3　女性と社会保障をめぐる今後の
　　　政策的展望 …………………… *192*

巻末資料 ……………………………… *195*
参考図書案内 ………………………… *207*
さくいん ……………………………… *213*

やわらかアカデミズム・〈わかる〉シリーズ

よくわかる
女性と福祉

I　女性と福祉を学ぶ視点

1　女性と福祉を考える枠組み

1　女性が生きることと福祉

　21世紀は，男女平等が実現し，女性のみの生き方を取り出して議論することが必要でない社会であることを願い，さまざまな改革がなされてきました。けれども残念ながら，私たちが暮らす日本の社会では，公的領域でも，私的領域でも，その差は不平等な差別として存在し，ひとひとりの女性が自分らしく生きるのを阻む障がいとして，それぞれの人生に立ちはだかります。

　女性として生まれ，育ち，次の世代を育て，生き抜いて一生を終えるというライフステージで遭遇するさまざまな問題は，女性であることと結びついています。妊娠・出産をすること，力が弱いこと，更年期や女性病にかかること，長生きであることなど，女性の固有性が，女性固有の課題となり，妊娠・出産，更年期，高齢期問題やドメスティック・バイオレンス（DV）などの困難と結びついています。

　また，こうした固有性が妊娠・出産に伴う休暇の必要性や，生き方の変更，更年期の体調への配慮，高齢期の単身化などをもたらして，それを差別として助長する社会制度と合わさり，女性の生き方を阻み一層生きにくさを増幅させます。それがジェンダーという社会が作り出した差別です。

　社会福祉は，その人らしくよりよい暮らしを実現したいと思う時に，自助努力・親族などではできないことを教育・労働・保健・医療などと協力しながら社会的に支援する仕組みです。こうした社会的な支援への要請は，性別，年齢，地域を問わず出されます。けれども，近年起きている女性をめぐる社会福祉問題は，そうした女性固有の特性を支えることができず，女性の生きにくさを増幅させてしまっているといえます。

　女性が生きていくことを支える社会福祉のあり方を考えると，社会福祉が持つ問題が見えてきます。

2　女性と家族

　家族や家庭は，①生活の維持のために必要な収入の確保をする，②心身の健康を守り向上させる，③子どもを産み，育て，教育する，④1人では生活できない高齢や障がい，病気などの介護，⑤家族の憩いの場，としての役割を持っています。家族構成員が力を合わせてその生活を支え合っていくところに，そ

▷1　1979年国連採択「女性差別撤廃条約」1条は，「性に基づく区別，排除又は制限であって，政治的，経済的，社会的，文化的，市民的その他のいかなる分野においても，女子（婚姻しているかいないかを問わない。）が男女の平等を基礎として人権及び基本的自由を認識し，享有し又は行使することを害し又は無効又は目的を有するものをいう」と定義している。

の価値と役割があるとされています。

けれどもその暮らしは、近年家族間で役割分業を前提とした暮らしとなり、多くの家族では、成人男性が収入の確保をし、女性がそれ以外の家庭責任を果たす形で営まれるようになってきました。また、そうした暮らしを前提にして社会システムも作られてきたのが日本の社会でした。

これまでのこうした暮らし方は、女性が人間として当たり前に希望する生き方をしようとすると、さまざまなところにほころびが目立ってきました。結婚しても、子どもを産んでも、家族が病気や障がいをもっても働き続けたい、また前提となる男性成人の働き手がいない家族も多数出てきました。そうなると、社会構成の前提としていた女性が家庭責任を抱えられなくなるために、家庭生活上の問題が顕在化し、そこへの対応を社会が迫られると女性に責任を迫っていくという形で、女性に対する多様な責任転嫁が行われてきました。

女性の生きにくさが、家族的な生活を家族のみに、また家族の中でも女性に依存したことが要因であるのは、ある程度はわかっていました。けれどもそのことに対する問題提起は多くの場合、女性の身勝手さによるものであるというバッシングが行われ、家族支援の見直し、家族観の見直しということにはならなかったともいえます。

しかし、近年急速に変化した家族のあり方をみると、家族の暮らしを家庭で支えるための女性という立場は大きく変わってきました。家計の担い手として生きる、あるいはひとりで生きる、男性と平等な暮らしをする、結婚しない、子どもを産まないなど、多様な生き方をする女性が増えています。

家族類型では、夫婦のみ世帯と単独世帯の増加が顕著です。その他の親族世帯では、三世代世帯は非常に少なくなってきました（**巻末図4**）。ただ誰と一緒に暮らしているかということだけでは、家族の現状を正確にはつかめません。むしろ親族とどのくらいの距離のところに住んでいるのか、どのような支え合い方をしているのかといったことが重要になってきているといえます。

もちろん、男女という枠では議論すべきではないという問題提起に対して、性同一障がい者、同性愛者の立場からあることに十分な理解と共感をしながらも、あえて、現代社会で女性が置かれている現状から、女性の生き方、暮らしと福祉の関係は取り出して問わねばならない問題と考えられます。

（森田明美）

参考文献

杉本貴代栄『女性が福祉社会で生きるということ』勁草書房、2008年。

Ⅰ　女性と福祉を学ぶ視点

 女性のライフステージと社会福祉

女性のライフステージをとらえる視点

　女性のライフサイクルは大きく変化してきました（**巻末図5**）。ライフスタイルが多様になっているのも，現代の特徴です。けれども，今なお多くの女性が女性であるがゆえに遭遇するライフステージでの問題があります。また見方を変えれば，そうした問題認識や支える社会の仕組みが弱いがゆえに，女性固有の問題が繰り返される状況であるともいえます。

2 乳幼児期

　乳幼児期には，子どもはまだ1人で暮らしていくことができず，保護者の適切な支援によって，成長発達を遂げていきます。母子保健から妊娠・出産・医療，子育て支援という政策は，近年少子化が顕著となって以降，急速に整備され，その協力体制が模索されている分野です。教育制度が幼児教育として整備される3歳までの支援は，子育て支援として，乳幼児の地域での暮らしを支えるようになってきました。また働き続ける母親のもとで育てられる子どもには，保育制度が整備されてきました。この時期はまだ女の子であるという差別はあまり存在しません。けれども里親が希望する子どもの性別では3歳未満の女の子を希望する里親が多いということに見られるように，子どもを支援する側にはジェンダーに基づく区別をする意識が存在しています。また近年では乳幼児期からポルノ映像の危機にさらされる女の子の問題も浮上してきています。

3 学齢期

　学齢期には，適切な男女平等教育を受けることができないと，女の子としての毅然とした生き方を獲得できません。この時期には第2次性徴期もあり，女の子が自分の性を大切にできるかどうかを自覚する大切な時期です。特にこの時期の社会福祉との関わりは，学校に行かない時間，地域や在宅での時間を過ごす中での発達の確保ということが重要になります。

　青年期には，女性としてどのように生きていくのか，男女の関係や，働き方，社会との関わりを考えることになります。この時期は高校や専門学校などで自分の生き方を探ると同時に，中退し，家庭や地域で暮らす子どもたち，10代で親になる子どもたちも登場します。女の子はこの時期には，妊娠・出産をする

性を持つという特徴を持つと同時に，その性を売り物にする，あるいは買いたいとする人も現れ，性の売買が課題として浮上してきます。

4 若者期

若者期には多くの女性は就労と結婚，出産・子育てというライフイベントを経験し，自分自身が生まれた原家族[注1]から，結婚や同棲という自分が作っていく家族へと自分を取り巻く家族のあり方も移行し，その後の暮らし方が大きく変わることになります。

労働の場での問題は，教育の現場での差別より一層男女差別が厳しく横たわっており，それが女性の暮らしに大きく影響します。

▷1 生まれた家族のこと。

5 子育て期

子育て期には，働くことの継続と子どもを産む・産まないということなど，自分の生き方と子育てをする母としての生き方の葛藤が，登場します。労働現場での過重な労働やジェンダー課題が，女性の生き方に深く関係していきます。

結婚をしないがパートナーとの暮らしを続ける，結婚を中断させて離婚する女性も増えてきました。再婚や壮年・高齢期をひとりで暮らす，母子世帯で暮らすなど，この時期には多様な家族の形があります。原家族には頼れない，原家族がいない人たちにとっては，社会的な支援がどのような支援としてなされるかということが，生活の質を決定することになります。

社会保障制度の差別が影響してくるのもこの時期です。

日本の社会保障制度も女性の生き方の変化に伴い，少しずつ変化をしてきました。妊娠・出産については，特に少子化が顕著となってから，育児休業制度などは急速に整備されてきています。けれども，まだ社会保障制度と就労の場での妊娠・出産子育てに伴う社会保障制度や取得状況は十分ではなく，社会福祉による支援が重要になってきます。

6 壮年・高齢期

壮年・高齢期の暮らしは，結婚家族[注2]がどのような状態となっているのか，健康はどうであるのか，就労状態はどうかによって大きく違ってきます。家族の中に介護を必要としている人がいるか，健康や就労状態によって，地域での暮らしは変化し，ボランティアや社会生活にも違いが出てきます。

▷2 結婚して自分で選んだ家族のこと。

こうした暮らしの途中で遭遇する，病気や障がいの有無によって，生活スタイルは大きく変化します。自己責任だけでの暮らしは到底実現できる社会ではないのです。私たちの暮らしはさまざまな関係の集合で決まってきます。

（森田明美）

Ⅰ　女性と福祉を学ぶ視点

 売春問題と婦人保護・婦人福祉

 日本における公娼制度

　江戸時代に作られた公娼制度は，1872年10月2日に出された太政官布告第295号「人身売買ヲ禁ズル旨の布告」娼妓解放令によって形式的には廃止されたのですが，その後，1956年に売春防止法が制定されるまで，新たな形で残っていました。

　具体的には廓の中に閉じ込められ，売春を強要され，前借金で縛られながら警察などに届け出て鑑札をもらい，税金を払い廃業の自由のない仕組みがつくられていたのです。また，日清・日露戦争，第2次世界大戦と戦争が続く中で，日本の植民地であるボルネオなどの海外へ送られる「からゆきさん」たちは，娘を売らなければ食べていけない農家が続出する中で，女郎屋に売られて，海外に渡っていきました。

　こうした状況に対して，公娼制度を廃止する廃娼令が1890年に群馬県で出されたり，1921年に国際連盟によって「婦人及児童ノ売買禁止ニ関する国際条約」が締結され，1925年には日本も批准をしました。日本政府は枢密院での批判を浴びながらも，日本の植民地には適用しないことと，売買禁止となる年齢を満21歳から18歳に引き下げるという2つの留保条件をつけていました。

　敗戦により，1946年1月，連合軍最高司令官から日本政府に対して「公娼廃止に関する覚書」が出されます。公娼制度は人権・個人の自由と民主主義の理念に反すると記されていました。その後，売春防止法制定の運動が，女性議員を中心とする議員立法として4回提出されますが，審議未了や否決となり，1956年にようやく成立したのです。

② 婦人保護とは

　婦人保護という用語が初めて使われたのは，第2次世界大戦の敗戦の翌年に出された1946年11月の「私娼の取り締まり並びに発生の防止及び保護対策に関する件」（各省次官会議決定）に書かれている婦人保護施設の設置という項目であるとされています。売春防止のための施設です。

　婦人保護は，売春女性を保護するための事業として位置づけられました。

▷1　森崎和江『からゆきさん』朝日新聞社，1976年参照。

3　婦人保護から婦人福祉へ

　婦人福祉という言葉が使われるようになるのは，戦後のことです。「戦後の生活苦は，多くの私娼を生じさせた」とありますが，その私娼対策として厚生省が策定した「婦人保護要綱」（1946年12月）には，婦人福祉施設の設置が書かれています。ようやく各都道府県に婦人相談所と婦人保護施設が設置されたのです。

　このように婦人福祉は，きわめて限定的に婦人保護事業分野に使われていたのですが，次第に対象を拡大し，母子福祉や母子保健，「勤労婦人」のための各種支援事業を「女性問題」研究分野として取り込み対象を広げていきました。

　1960年代の高度経済成長以降，性風俗関連産業が拡大し，売春が見えにくくなっていきました。1969年には，厚生省（現・厚生労働省）から，都道府県婦人保護担当係長及び婦人相談所長会議における指示事項が出されています。「四五通達」といわれていますが，婦人保護事業からの最初の対象拡大が行われています。

　そこでは，「第1にそれまでの売春歴を有する者で，現に保護，指導を必要とする状態にあると認められる者，第2に売春歴は有しないがその者の生活歴，性行または生活環境等から判断して放置すれば近い将来転落するであろうことが認められる者に加えて，第3に当面転落する恐れは認められないが，正常な社会生活を営むうえにおいて障害となる問題を有する者であって，その障害を解決すべき他の専門機関がないため，正常な社会生活を営めない状態にある者」を付け加えたのです。その後も1985年，1992年，1999年と通知が出され，対象を拡大しています。

　1985年には婦人保護事業実施要項，婦人相談所運営要領，婦人保護施設運営要綱の一部改正を行い，転落の未然防止に重点を置いて事業運営を積極的に推進することを打ち出しています。また，1992年には厚生省社会局生活課長通知が出され，婦人保護事業の対象範囲を「家庭関係の破綻，生活困窮等正常な社会生活を営む上で困難」な一般女性を対象としています。その7年後の1999年には同通知「夫からの暴力により保護を必要とする女性への対応について」が出され，女性への暴力被害を母子福祉事業である母子生活支援施設と売春防止法施設である婦人保護施設の両方を使って支援していくという方法がとられることになったのです。

　2001年には，配偶者からの暴力防止及び被害者の保護に関する法律（DV防止法）が，制定され，3条では，配偶者暴力相談支援センターが規定されることになりました。そのうち約4割は婦人相談所が兼務しているといわれています。つまり，婦人保護とDV対応，母子福祉が一体化していく政策がとられてきたのです。

（森田明美）

▷2　林千代編著『女性福祉とは何か』ミネルヴァ書房，2004年。

▷3　1992年厚生省社会局生活課長通知では，「家庭関係の破綻，生活困窮等正常な社会生活を営むうえで困難な問題を有しており，かつ，その問題を解決すべき機関が他にないために，現に保護，援助を必要とする状態にあると認められる者」と一般女性を対象にしている。

▷4　1999年厚生省社会・援護局保護課長通知「夫等からの暴力により保護を必要とする女性への対応について」においては，夫等からの暴力の社会問題化を受けて，「婦人保護事業においては，売春を行う恐れのある者に限らず，家庭関係の破綻，生活の困窮等正常な社会生活を営むうえで，困難な問題を有しており，かつその問題を解決すべき機関が他にないために，現に保護，援助を必要とする状態にあると認められる者について広く相談に応じ，当該女性の持つ問題の内容に応じて柔軟に保護，援助を行うこと」として，暴力への対応として婦人保護事業と母子福祉対策を並行して活用することとした。

参考文献

杉本貴代栄『フェミニスト福祉政策原論』ミネルヴァ書房，2004年。

林千代編著『女性福祉とは何か』ミネルヴァ書房，2004年。

I 女性と福祉を学ぶ視点

 ## フェミニズムとジェンダー

1 フェミニズムとは

　フェミニズムは，ラテン語のフェミナ（femina＝女性）から派生した言葉であり，女性の特質を備えているという意味です。フェミニズムの運動は2つの大きな波があったといわれています。その第1期は19世紀半ばから20世紀初頭の婦人参政権運動，第2期は1960年代のウーマンリブという女性解放運動でした。それが前史となって，その後のフェミニズム理論に引き継がれていきます。

2 社会福祉がフェミニズムの影響を受けにくかった理由

　フェミニズムの重要な主張に，既成の知識体系が男性中心に偏向していること，女性が見えない存在として置かれていることに異議申し立てをし，新しい教育・知の体系を求めるということがあります。
　社会福祉のジェンダーの視点からの検討は，1990年代になってようやく本格的に始まるのですが，それほどフェミニズムの影響を受けにくい分野といわれていました。それは可視化されていないということ，社会福祉の多くは貧困や高齢，子育てといった女性が多く遭遇する問題であることや，その担い手も女性であることから，その成り立ちや問題が構造的な性差別を組み込むために，フェミニズムの取り組みが1990年代まで遅れたのではないか，という指摘すらされています。
　社会福祉の課題は，ジェンダーと密接に関係せず影響を受けにくいと思われていました。それは，社会福祉が関わる問題の当事者，支援側とも，その多くが女性であるためと考えられます。それほど社会福祉とジェンダーは，深く広く関わっている視点といえます。

3 婦人福祉から女性福祉へ

　1990年代に入ると，婦人福祉は女性福祉と言い変えられるようになります。そこには，婦人という言葉が女性という言葉に置き換えられるようになったという時代背景を受けて，変更していったということもありますが，単に言葉だけでなく，そこにフェミニズムに立脚して社会福祉を再検討し，「女性問題」全体を視野に入れ，社会福祉の中にある性差別を問うという意図も込められていました。そうした研究が積み重ねられていく中で，「〈分野〉としての婦人福

▷1　フェミニズムという言葉を最初に使ったのは19世紀初頭のユートピア社会主義者のC.フーリエだが，1890年代に男女平等の理論や女性の権利運動をさして使われるようになり，日本では女性の解放をめざす思想と運動を広くフェミニズムと呼ぶようになったようである（杉本貴代栄・中田照美他『学んでみたい女性学』ミネルヴァ書房，1995年）。

▷2　杉本貴代栄『フェミニスト福祉政策原論』ミネルヴァ書房，2004年。

祉から，『ジェンダー問題』を取り上げる〈視点〉としての女性福祉に変化した」といわれています。

▷3 杉本貴代栄，前掲▷2。

4 フェミニズムの視点と福祉

女性福祉＝婦人保護事業という枠組みは，現在も強く引き継がれています。売春が女性の人権を阻害する要因であり，売春のない社会の実現が必要であることに異論はありませんし，その実現をめざしたいと思います。

けれども，そのことが女性を取り巻くすべての問題であるといわれると，違うといわざるを得ません。教育，労働，妊娠・出産・子育て，介護など婦人保護以外にも多くの女性が抱える問題があります。

1990年代半ばには，売春防止法を女性の自立を支援する法律として改正することが主張され，「女性福祉法を考える会」によって，女性福祉法が提案されました。こうしたことからも女性福祉という枠組みだけでは，女性が抱える固有の課題に対する総合的な福祉を包括しているとはいえないことがわかります。

▷4 女性福祉法を考える会は1995年婦人相談員，弁護士，研究者等によって結成。会の目的は売春防止法を名称内容ともに改正し婦人保護事業を女性の人権を確立する視点から発展させること等にあった。1998年に解散。

5 フェミニズムの視点からジェンダーの視点へ

フェミニズムは，生物学的な性別を示すセックスと区別したのですが，ジェンダーは，文化的・社会的性別を表わす概念を持ち込みました。ジェンダーの視点を持ち込んだ社会福祉の再検討は，1990年代から始まったといわれています。ジェンダーを社会福祉の視点として単に女性問題の分野を分析するのではなく，社会福祉教育や社会福祉援助，社会福祉労働，社会福祉政策などを視野に入れながらジェンダーから派生する問題を社会福祉の領域で取り上げ，社会福祉総体をとらえ直すという新しい社会福祉学の構築をめざした研究が始まりました。こうした研究は，当時始まっていた女性労働や心理学，社会学と連動し，社会福祉へもようやくその視点が明確になったということができます。そして，1995年の北京での国連第4回世界大会以降，ジェンダーという用語が行政でも使われるようになってきたのです。

ただ，フェミニズムの視点は既成の価値観が色濃いのに対して，ジェンダーの視点は「中立的」で客観的な響きがあるために，フェミニズムを排除したい行政サイドで使われるようになったともいわれていますが，ほぼこの概念は同じものとして使われています。

私たちが，本書で展開しようとしているのは，ジェンダーの視点を持ち込んで，女性のライフステージに起きるさまざまな問題を支える教育や労働，医療や保健など多様な支援の仕組みとの関係の中で，福祉のありようを考えるということですが，その土台として，こうした女性と福祉を取り巻く考え方を整理しておく必要があるのです。

(森田明美)

Ⅰ　女性と福祉を学ぶ視点

 社会福祉とジェンダー

1　国際的なフェミニズムの動向と日本への影響

　フェミニズムの視点からの日本の社会福祉研究では，1990年代の半ばを境に，2期に分けています[1]。第1期は1980年代から1990年代半ばまで，第2期は1990年代半ばから2000年代初めまでです。

　その分岐点を1990年代半ばにしたのは，国連を中心とした国際的な動きとそこからフェミニズムが社会福祉に直接影響を与えるようになったのが，その頃と考えられるからです。1995年9月に開催された世界女性会議（北京）では，「無条件で，これらの制約及び障害に取り組み，世界中の女性の地位の向上とエンパワーメント（力をつけること）をさらに進めることに献身し，また，これには，現在及び次の世紀へ向かって我々が前進するため，決意，希望，協力及び連帯の精神による緊急の行動を必要とすることに合意する」という北京宣言が採択されています。

　北京宣言では，こうした宣言に至る過程として，1993年6月の世界人権会議で採択された「ウィーン人権宣言と行動計画」の中で，「女性の権利」を明示したこと，また，この宣言を受けて，国連は12月に女性に対する暴力撤廃宣言」を採択しています。1994年にはカイロで国際人口開発会議が開催され，女性のリプロダクティブ・ヘルス／ライツが議論の焦点となり，1995年のコペンハーゲンにおける社会開発に関する議論での合意と進展に基礎を置くことを宣言することになったのです。

　それ以前には，問題を抱える一部の女性の問題（婦人保護や母子福祉として）は，社会福祉の課題の一つとして考えられていましたが，女性全体が抱える問題，言い換えればジェンダー課題としての共有は，十分にされていなかったといえます。

　国連は，1975年には国際婦人年，その後の1976〜1985年には国連婦人の十年の活動を行い，1979年には女性差別撤廃条約を採択しました。日本は，1985年にこの条約を批准しています。

2　女性労働政策とジェンダー

　1985年は，その後の日本での女性の暮らしに大きな影響を与えた男女雇用機会均等法が法制化された年でもあります。この法律によって，性別ではなく個

▷1　杉本貴代栄『フェミニスト福祉政策原論』ミネルヴァ書房，2004年。

人の能力によって働くことに対する平等な機会を勝ち取りました。しかしこの年には，専業主婦優遇の年金制度（第3号被保険者の創設）が導入されることになり，1987年には配偶者特別控除の税制がつくられ，結果としては，男女平等の雇用の現場で男性並みに働き続ける女性と，いったん子育てで退職し，専業主婦として子育てや介護などの家庭責任を引き受けながらパートで働く女性といった，女性の働き方を巡って階層化と多様化が進み，M字型就労を維持させていくことになりました（巻末図6）。

男性にとっては当たり前の働き続けるということが，女性には家庭生活と仕事の両立が乗り越えなければならない課題として浮上したのです。

③ 家族政策と社会福祉にあらわれるジェンダー課題

一方，1973年の第1次石油危機を契機として，家族責任で福祉課題を克服していくという形で進んだ「日本型福祉社会」は，高齢化の進展に伴い，家族責任だけでは担いきれなくなり，1988年には「新・日本型福祉社会」づくりへと展開させていきました。この年に出された経済計画（「世界とともに生きる日本——経済運営5カ年計画」）では，「公民の組み合わせによる独自の『日本型福祉社会』」が描かれ，そこでは，家族や地域の支援機能の弱体化や働く女性の増加を前提として，三世代同居を強調しないという特徴が出ています。また，この時期は，超高齢社会への対応として1997年に介護保険法が公布されたこと（2000年施行）や1989年には合計特殊出生率が1.57という少子化が顕著となったことを受けて，少子・高齢社会における新しい家族支援のあり方を考えなければならない時期であったといえます。

介護保険の実施体制では，高齢夫婦では男性よりも長寿な女性と，婚姻時の年齢が年下の女性が多いことから，夫亡き後の単身期間が長くなり，受給者としての女性と，介護の担い手としては家族的な介護者としての立場の問題に加えて，社会的な介護者であるホームヘルパーなどとして働く女性への期待が大きくなり，これまでの社会福祉における女性の位置づけを改めて問われることになったといえます。

象徴的には家族介護を巡ってなされた議論として，介護保険の創設に際して，「家族介護に現金給付をするかどうか」ということがありました。

そこでは，男女平等による女性の就労，家族役割の見直しを要請されながらも，少子高齢化の促進の中で女性の家族介護役割を堅持するといった相対する矛盾を抱えながら，地域での家族的な生活をどのように送るのかということが，政策上の大きな課題として浮上していたのです。

この時期の議論と制度設計が与えた家族のあり方や女性の生き方への影響は，計り知れないものがあります。

(森田明美)

▷2 女性の年齢階級別労働力率がMの字の形となっていることをさす。近年，Mの字の底となる年齢が30歳後半に移り，またその割合はあまり下がらなくなった。

▷3 高齢社会をよくする女性たちの会（樋口恵子代表）は，女性たちを家族介護に縛り付けるとして反対運動を展開している。けれども，介護保険法施行直前の1999年秋には，外部の介護サービスを利用せずに，重度の高齢者介護をしている住民税非課税世帯に対して，介護保険の枠外で慰労金が支給されることになった。

Ⅰ　女性と福祉を学ぶ視点

 少子化政策から子ども・子育て支援へ

1　少子化と女性

　日本では1989年に1人の女性が一生の間に産む子どもの数である合計特殊出生率が1.57と戦後最低を記録し，少子化が顕在化しました。そこで1992年に政府は育児休業制度，1994年にエンゼルプランを策定，女性が働きやすい環境の整備や保育の充実などの施策によって少子化を食い止めようとしました。一方で同じく1989年には，国連で基本的人権が子どもにも保障されるべきであることを定めた子どもの権利条約が採決されました。日本も1994年に同条約を批准，子どもの権利侵害が大きな問題であることの認識がようやく生まれ始めました。

　この間，こうした問題に対して，政府は労働力を増やすための少子化対策で事態を乗り切ろうとしていました。1994年には日本で初めての少子化に対する総合計画であるエンゼルプランが策定され，以降5年ごとに計画が作られて，施策化が図られてきました（**巻末表1参照**）が，少子化は一向に収まらずに出生率は下がり続け，2009年には1.37まで下がりました（**巻末図7参照**）。その理由を1990年代には女性の高学歴化と社会進出をその理由としていた政府も，21世紀になり，既婚夫婦の出産数が減ると，家族を応援するということを前面に打ち出す施策に乗り出していきます。

2　家族への国家による介入の決断

　2000年代に入ると，少子化に加えて，子どもの虐待やドメスティック・バイオレンス（DV）など，家族に対する暴力が深刻な問題として浮上してきました。こうした中で当時考えられていた保育制度を中心としたエンゼルプランという少子化政策では，少子化に歯止めをかけられないだけでなく，子どもたちや子育て家族が直面している問題も解決できないという認識が深まり，これまで手を出そうとしてこなかった家族のあり方への社会的な介入が，法制度化されたといえます。2000年の児童虐待防止法，2001年のDV防止法の制定や2007年の「子どもと家族を応援する日本」の策定などがその表れです。

　ようやく妊娠・出産・子育てを家族にのみ委ねておくことでは，少子化を克服できないこと，子育ても十分にできないことが認識されるようになってきました。子育てをしている女性に対しては，子どもを産む性としての支援，子育てをしている家庭へは子育て支援が少しずつされるようになってきたといえま

す。2003年には、少子化社会対策基本法と次世代育成支援対策推進法が成立・公布され、国やすべての自治体のみならず、301人以上の従業員のいる企業が次世代育成支援行動計画を作ることにもなりました。

3 子育て支援から子ども支援へ

そうした中でも、なかなか政策や制度ができなかったのが、子ども施策です。政権交代後の2010年1月、少子化から子ども子育て支援へという方向性の変更を打ち出した「子ども・子育てビジョン」、さらに7月には、40歳未満までを対象にした「子ども・若者ビジョン」が発表され、少子化対策しか見えなかった日本の取り組みでしたが、初めて子どもの育ちと子育ての両方をターゲットにした政策の方向性が打ち出され始めました。

4 実態に合わせた支援の必要性

従来、日本の社会は、子どもの育ちや子育てをほとんど家族に委ねてきました。しかし今や少子化の中で育った子どもたちが親になり始めており、ひとり親や再婚、外国人家族の増加など家族の姿はどんどん変わってきています。そうした中で親や子どもの価値観が大きく変化しているにもかかわらず、政府のみならず、直接子どもを支援する教員や保育士、地域の人たちまでが、その現実に気づいていませんでした。そのため、たとえば政府でいえば、夫婦と子ども2人からなる標準家庭を基準にして政策を立てたり、個人のレベルでは2009年では結婚が71万4,000件であるのに対して、離婚も25万3,000件もあるという時代であるにもかかわらず、自分のところだけは違うと考えたりするなど、現実を見ずにある種の思い込みで子どもたちや子育て家庭への支援をやってきたわけです。

5 問題の顕在化と情報公開による計画

2010年6月に日本政府へ出された第3回日本政府報告に対する国連子どもの権利委員会の勧告にもありますが、政権交代の2009年以来、子どもの貧困に関するデータが発表されたり、子どもの自殺についても明らかにされるなど、現実を踏まえたうえでの新しい取り組みが、ようやく始まっています。

(森田明美)

▷1 次世代育成支援対策推進法は2009年3月に改正され、従業員が301人以上の企業は2009年4月1日以降義務、101人以上300人以下の企業は2011年4月1日以降義務、100人以下の企業は2009年4月1日以降、仕事と子育ての両立支援について事業主の計画策定努力義務となっている。

▷2 厚生労働省「人口動態統計」2009年。

参考文献
子どもの権利条約総合研究所編『子ども計画ハンドブック』日本評論社、2008年。

Ⅰ 女性と福祉を学ぶ視点

 子ども・子育て支援政策の特徴と課題

1 保育制度を中心とした子ども・子育て支援

　少子化の進展とともに，在宅子育て家庭の育児不安の増加が健在化し，これまではほとんど支援が行われてこなかった専業主婦の家庭にも支援が必要という認識がもたれはじめ，1997年の児童福祉法改正では，保育所が措置から契約と制度の変更と子育て支援の法制化が行われました。またこうした支援をする役割を担うために，2001年には児童福祉法が改正され，保育士資格は国家資格となり，保護者に対して保育に関する指導を行うことが，新たに保育士の業務に位置づけられました。また保育内容の国家基準として，保育所保育指針を2008年に告示する法整備が行われてきました。

　こうした保育制度改革が，少子化問題の重要な課題であるとして，保育中心の子育て支援計画策定が1994年に始まりました。計画は5年ごとに作り変えられ，エンゼルプランや次世代育成支援行動計画として展開され，基礎自治体や事業者は計画を作り，問題の克服のための施策化を図ってきました。また急増する待機児への対応として，100万人分の保育所整備をする経済財政新待機児ゼロ作戦と，保育所が提供するサービスの多様化政策が進められてきました。

▷1　巻末表1参照。

2 三位一体改革

　それを側面から推し進めてきたのが，行財政の財源と内容の決定，実施方法の主体的な決定を進める三位一体改革です。特にその中でも，児童福祉施設として最大の数，予算をかけており，また基礎自治体に整備を委ねていた保育所は，その格好のターゲットとなりました。自治体立保育所は2004年から運営費が自治体の裁量となる地方交付税に一般財源化され，また新築改築には起債をして市町村の独自事業として設置・整備・運営していくことになりました。一方，社会福祉法人認可保育所は，国庫補助のままさらに，国の外郭団体からの貸付や，2009年には「安心こども基金」という基金を作って待機児対策をするという特別な財政制度のもとで一気に民営化が進められています。

　制度が始まった2004年には公立1万2,356，民間は1万134カ所でしたが，民営化がすすみ，2008年4月には，運営主体として民間施設が1万1,581カ所，公立は1万1,328カ所と，初めて民間施設が公立施設を上回る整備状況となりました。

　民営化をするということは，簡単なことではありません。保育所で暮らす子

▷2　公立保育所が，自治体の判断や基準によって行われる国から移譲された財源の運用の対象とされたが，その際に十分な財源移譲がなく，地方交付税の不交付団体にあっては何の財源補填もされないことから，多くの自治体では公立保育所の「民間委譲」が行われることになった。

どもにとって最も重要な保育士のほとんどが，入れ替えられます。新しい運営の担い手を探すだけでなく，保護者や子どもの不安への対応，移行期への対応などさまざまな業務が保育担当者にかかってきます。そうしたことへの対応も含め，ここ数年の自治体の行政は，財源の確保のみならず，保育所を中心とした制度改革と整備に奔走することになったといえます。

その結果，都道府県が管理する児童相談所を中心とする社会的支援について，急増する虐待対応として，重篤な相談以外は基礎自治体でするように2004年には児童福祉法改正が行われてきたにもかかわらず，自治体での取り組みは不十分であり，地域での手厚い支援が必要な保護からの回復期や，不安定な自立の中で支えが必要な家庭への支援は後回しとなり，保護からの回復の遅れや予防策を十分に整備できないでいます。地域や家庭に放任・放置される子どもたちは急増し，急増する虐待への緊急の対応が求められる自治体の状況が発生しています。できれば事後的な対応ではなく，予防的，早期の救済と自立に向けた地域での継続的な支援が求められています。

❸ 子どもの貧困と経済的支援

日本の相対的貧困率は，全体で15.7％，子どもは14.2％。子どもがいる現役世帯の相対的貧困率は10.2％であり，大人が1人いる世帯の相対的貧困率は54.3％，2人以上いる世帯は10.2％であり，全体では上昇傾向，大人1人世帯では下がっているものの，OECD加盟国では最高の水準となっています。

日本の家族関係社会支出の対GDP比（2005年）はわずか0.81％であり，スウェーデン3.21％，イギリス3.19％，フランス3.00％，ドイツ2.22％と比べると先進諸国の中で最も予算割合が低い国の一つとなっています。こうした問題への1つの対応として，子ども手当が2010年4月から中学終了までのすべての子ども1人につき1万3,000円，2011年4月からは3歳までは2万円が支給されることが検討されています。

❹ 新しい子ども・子育て支援制度

少子化社会対策大綱や子ども・子育て応援プランを見直し，2010年1月29日に閣議決定された「子ども・子育てビジョン」では子どもが主人公であると位置づけ，少子化対策から子ども子育て支援へ，生活と仕事と子育ての調和という考え方に変更しました。これに従い社会全体で子どもと子育てを応援する社会の実現をめざすために，5年間の施策内容と数値目標が示されました。

その中核に位置づけられているのが，幼保一元化を含む新たな次世代育成支援のための包括的・一元的な制度の構築といわれています。子ども・子育て支援システム基本制度案要綱も決定されており，財源の一元化と担い手である子ども家庭省の創設が提案されています。

（森田明美）

Ⅰ　女性と福祉を学ぶ視点

 女性の暮らしと男女共同参画

1　法律と計画の影響

　国連の男女平等施策は，1975年の国際婦人年と，その後の国連婦人の十年の活動によって，日本にも大きな影響を与えました（**巻末表1参照**）。

　日本における男女平等の基本法である男女共同参画社会基本法の制定もその1つでした。法が制定されて，10年が経ちました。男女平等社会ができ，この間2回の男女共同参画基本計画が策定されていますが，国連が発表する女性の政治・経済活動への参画度を示すジェンダーエンパワメント指数（GEM）[41]は，日本は109カ国中，第57位にしか達していません。「長寿」「教育」「所得」により人間開発の達成度を示す人間開発指数（HDI）では179カ国中8位であることを考えると，女性が政治経済活動や意思決定に参画する機会が不十分であることがわかります。

　そうした結果，女性差別撤廃委員会からは国内施策における課題の改善勧告が出されています。それを踏まえた議論の結果，2010年4月には，第3次男女共同参画基本計画策定に向けた中間整理の中で，10年間の反省として次の4点が挙げられました。

2　日本の反省

　第1は，固定的な性別役割分担意識[42]がいまだ根強いこと。第2は，男女共同参画は働く女性の支援という印象を与えたことなどにより，男女共同参画があらゆる立場の人々にとって必要という認識が広まらず，意識改革や制度改革が不十分であること。第3に制度が整備されても，M字型就労の解消や，長時間労働の抑制などの成果にはつながっていないこと。第4は最近の経済・雇用情勢の急激な悪化によって，さまざまな困難を抱える人々が増加し，高齢単身女性世帯や母子世帯層などで貧困者の割合が高いことです。

　これらの問題意識に対して，男女共同参画専門調査会が示した方向性は以下の通りでした。こうした方向性が現代日本では，了解されているといえます。

　第1は特に男性に着目した意識改革を進めること。第2は男性や専業主婦も含め，すべての人にとって，男女共同参画は自分の問題と感じてもらえるよう，身近な男女共同参画を進め，政治や企業のトップの強力なリーダーシップにより制度改革や実行を図ること。第3は雇用問題やワーク・ライフ・バランス，

▷1　政治及び経済活動への女性の参画を示すものであり，国会議員，管理職，専門職・技術職に占める女性の割合及び男女の推定所得格差を用いて算出される。国連開発計画（UNDP）「人間開発報告書」によれば2005年の日本の順位は80カ国中43位だった。

▷2　中間整理では本書で採用した「性別役割分業」ではなく「分担」を使用している。2つの概念はほぼ同義語として使用されているが，ここでは中間整理のまま紹介した。

意識改革への取り組みを強化すること。第4はセーフティネットを構築するということとなっています。

こうした反省と課題意識の中で、具体的な取り組みとして提示されたのは、第1に国際的な概念や考えを重視するということでした。ジェンダー、リプロダクティブ・ヘルス／ライツ（生殖に関する健康と権利）等の概念や考え方の重視といえます。経済協力開発機構（OECD）から指摘のあった、女性の活用が不十分であること、そのために日本経済が十分に活性化していないことなどを踏まえているといえます。

第2には、実効性あるポジティブ・アクション（積極的改善措置）の積極的な推進（クオータ性、公共調達や税制等におけるインセンティブの付与の検討）政治分野への働きかけです。

第3には、世帯単位の制度・慣行を個人単位の制度慣行へ移行することです。新政権のもとでの強力な政治的意思により、「税制、社会保障制度、家族に関する法制などについて、男性片働きを前提とした世帯単位の制度・慣行から個人単位の制度・慣行への移行に向けた見直しを行う」ことが打ち出され、配偶者控除の見直しや民法の改正などの検討がなされています。

第4には、雇用問題の解決を進める、セーフティネットを構築するということです。M字型就労を解消し、女性が当たり前に働き続け、暮らしていける賃金を確保できるよう、雇用問題にしっかり踏み込むとされています。貧困などさまざまな困難を抱える人々の自立支援、女性であることでさらに複合的な困難を抱えている人々への男女共同参画の視点に立った支援を行うとあります。ここでは直接の社会福祉政策が論じられ、母子家庭の生活の自立に向けた就業、子育て・生活支援、養育費確保のための方策の検討、外国人への教育、住宅、就労支援、多言語での情報提供等が提示されています。

第5には男性・子どもにとっての男女共同参画、地域における男女共同参画を進めるという視点です。違和感がある項目ですが、その中では、男性の育児・介護休業等の両立支援制度を利用しやすい職場環境の整備や、男性の地域活動への参加が進む地域環境の整備、子どものころからの男女共同参画の理解の促進や、地域での決定に女性の参画を進めることが示されています。

このような視点が示されていますが、女性の貧困が近年一層激化しているにもかかわらず、新しい支援の視点が示されているわけではありません。

これまでも繰り返し言われてきた男女平等が、実現できず今日まで来てしまい、その結果、女性の貧困の強化や女性から子どもの貧困への連鎖など、より一層問題が深刻化しています。

家族の抱える問題の多くは家庭や地域、社会での女性が抱える問題が未解決のままで放置されていることによって、起きているという認識とそれを克服するための取り組みに、早く着手することが必要です。

（森田明美）

▷3 Ⅲ-3 側注参照。

▷4 「日本の政策課題実現のために──OECDの貢献」(2009.11)では、「OECD諸国の中で、人口高齢化のもたらす影響は日本が一番大きく、労働参加率を高めることが優先課題となっている。最も明らかな対象は働き盛りの世代（25～54歳）の女性であり、彼女たちの就労率はOECD諸国の最低位グループに位置し、1990年代半ばからわずかに増えたに過ぎない。労働市場の二重構造を解消し、パート・タイムの仕事の質を上げることが、より多くの女性の就労を後押しすることになるだろう。（中略）仕事と家庭の両立を容易にすることは、日本の低い出生率を押し上げることにも資するに違いない」と提言している。

I 女性と福祉を学ぶ視点

9 地方分権と社会福祉

1 自治体と計画づくり

　計画に基づく実施という考え方が，古くからあったわけではありません。かつては，自治体は国の事業の実施機関として，国が指示したことを都道府県が受け，それを各基礎自治体は忠実に実施することが期待されていました。ですから，多くの事業は国の政策によって動き，実施されてきました。女性のための政策を検討するなら，国の政策を見ればよかったのです。それが動き始めたのは，1989年以降につくられたゴールドプランと呼ばれた高齢者計画や，1994年以降に5年ごとにつくられたエンゼルプランと呼ばれた少子化とそれに伴う子育て支援計画の実施によってです。

　この時期は，バブルが崩壊し，日本には当時社会党と新党さきがけと自由民主党の連立で村山富市首相の政権が誕生した時期でした。その時期以降，地方分権化が強く進められたことと連動しています。法律に基づいて自治体が計画を作り，それに基づき施策を進めるという方法です。自治体はそうした計画を独自に作るということに慣れておらず，シンクタンクに丸投げという自治体も多数あったのですが，この時から社会福祉ではようやく調査に基づき計画を作り，計画に基づき実施をし，評価をして新しい課題に取り組むという循環が作り出されています。

　また，2000年には国に男女共同参画基本法が作られ，行動計画が作られました。それに連動して基礎自治体でも法律や計画づくりが，盛んに行われるようになってきました。

　当然，高齢者福祉や子育て支援というのは，多く女性を含む施策であることから，地域で当事者として暮らしたり，支援者として活動する女性たちが計画策定や実施・評価にも多数参画する時代となっていきました。

　国が法律を作り，それに基づき計画を策定し，それを受けて自治体が法律や計画を策定していくこうした循環が基礎自治体の力を育て，またそうした活動に女性たちが参画することで，少しずつ女性たちの抱える現実に対応する社会福祉制度改革が行われるようになってきたといえます。

2 都道府県と基礎自治体の関係

　就労支援と在宅の子育て支援施策を地域の中心で担っている保育施策は，施

▷1　1994年には新ゴールドプランが発表されている。

▷2　村山富市内閣は1994年6月30日〜1996年1月11日。

設の認可は都道府県ですが，利用者と施設の通常保育に関する契約については基礎自治体が行うことから，事業量や事業の種類についての決定の多くは基礎自治体でなされており，基礎自治体主導型の事業であり計画であるといえます。そうした意味で，自治体の子育て支援事業の中心を占めてきた保育事業ですが，自治体（いわゆる公）立保育所の運営費は，2004年には一般財源化により自治体予算となり，それ以外の児童福祉分野の事業も三位一体改革に伴い基礎自治体の責任の強い施策が多くなってきています。

その結果，国が子育て支援計画を作ることを自治体に要請したからという理由だけでなく，自治体主体で計画を作るという必然性が生まれてきたともいえます。また，エンゼルプランは策定が義務づけられているのではなく任意の計画でしたが，少子社会対策基本法と次世代育成支援対策推進法に基づき，各自治体と事業主に策定が義務づけられた次世代育成支援行動計画は，すべての自治体と，301人以上の事業主が計画を策定しました（2009年度の後期計画では101人以上の従業員のいる事業主が計画を策定することになりました）。自治体が計画に基づく事業の推進に向けて一歩踏み出したということができます。

2010年には，地方主権改革の推進を図るための関係法律の整備に関する法律が提案されています。これが採択されると，関連する事業が地方主権の名のもとに，各事業が自治体の施策として作られていくこととなります。自治体の存在は重大です。

❸ 自治体における計画の総合性

近年自治体には，さまざまな計画が作られるようになってきました。自治体の土台となる基本計画をはじめ，さまざまな市民の暮らしを支える計画があります。それらが重なり合いながら，その自治体の動き方を作り出しています。

女性に関しての計画となると，単に男女共同参画計画を考えてしまいがちですが，実は自治体の総合計画を骨格として，地域の子どもや子育て家庭数や状況を大きく左右するまちづくり計画，次世代育成支援行動計画，健康づくり（母子保健）計画，教育計画，地域福祉計画，障がい児・者計画などが，さまざまな場面で女性の暮らしに深く関わっています。

それをどのような形で，自治体の女性と福祉に関わる計画として理念を一貫したものにするかということになります。具体的には，誰があるいはどの計画でその理念と骨格を作り，さまざまな計画にどのような手順で落とし込むかということです。

そこで，女性の立場から，いつも自治体施策を点検する人が必要となります。

基礎自治体には，男女共同参画計画策定や推進に伴い，男女共同参画室などが作られてきましたが，近年，そうした担当部署が少なくなってきています。一方，子ども部や子育て支援部など子ども施策を総合的に進行管理する部署が

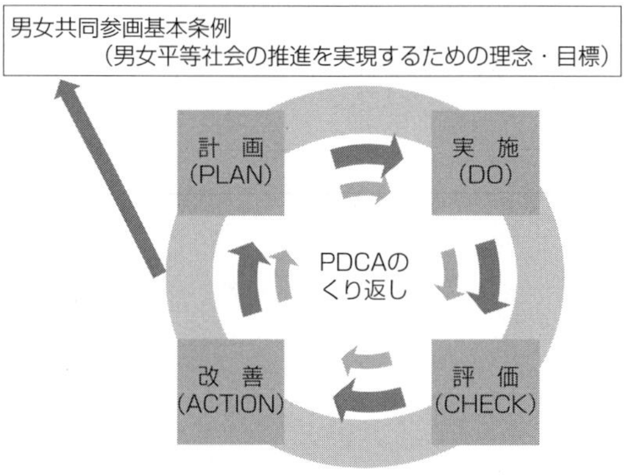

男女共同参画基本条例
(男女平等社会の推進を実現するための理念・目標)

計画(PLAN) 実施(DO)
PDCAのくり返し
改善(ACTION) 評価(CHECK)

図Ⅰ-1　PDCAサイクル

出所：筆者作成。

できてきました。

　このような形で調整が行われていけば，自治体全体の計画は，女性に対する支援はまとまった理念で進むことになります。さまざまな事業評価で使われている図Ⅰ-1のPDCAサイクルはここでも重要な方法であり，女性たちの生き方を支えられている仕組みになっているのかどうかを評価の基準として，実態調査を繰り返しながら進めていくことが求められています。

④ 保護と支援による予防と回復施策の重要性

　「地域主体」という形で，地方分権が進む現代では，基礎自治体を中心とした施策となっています。少なくとも私が専門としている子ども・若者・子育て家庭支援にかかわる福祉分野では，そうした動きは既定の方向として法制度づくりが進み，施策も少しずつですが，計画に基づき自治体ごとに独自の施策が作られています。けれどもそうした整備は，国→都道府県→基礎自治体と委任されてきた時代が長かっただけに，自治体で，固有な問題の把握とそれに対する取り組みに向かうことには困難が伴います。特に自治体内で起きている問題が増加すると，これまでの国→都道府県行政として保護を中心として，ニーズが発生したことに対応する形で措置を中心にした権限行政として展開させてきた福祉行政は，意識も実践も追いついていくことができないことになります。

　地域支援も相談や発見については少しずつ整備されはじめてきました。けれども地域で暮らす人たちの生活に対して，少し助けがあれば乗り越えられる困難を予防したり，いったんは陥った困難な生活状態から回復するための支援が地域では求められているのですが，これまでの社会福祉の仕組みだけでは，そうした地域でのその人らしい暮らしを支える基盤を整備するところまで，取り組みが向かないのです。またそうした結果，地域には，支援が必要な「要支援」状態の人々が，ふくれあがることになります。こうした状態を慢性化させないために，予防や回復のための地域支援を適切に用意し，市民の力を借りな

▷3　千葉県市川市では1992年にこども部を創設している。この頃から，各地に広がった。

▷4　Plan, do, check, actionは，一般には螺旋を描くように軌道を修正し，改善につなげ目標に向かっていく一連の行動のことである。

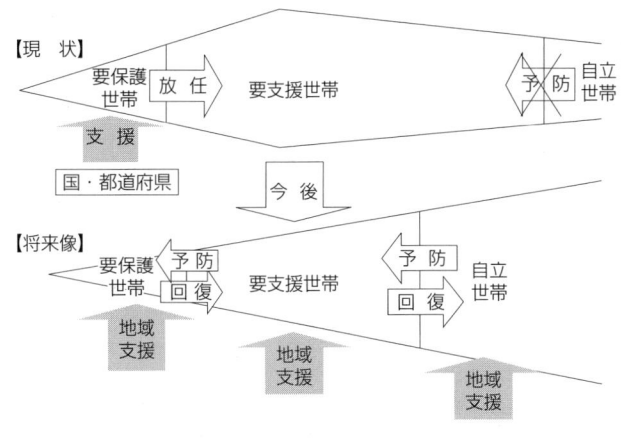

図Ⅰ-2 地域で暮らす世帯への支援の現状と今後の方向性

出所：筆者作成。

がら地域で暮らす仕組みが必要とされます（図Ⅰ-2）。

　2007年に，母子世帯の経済給付として出されている児童扶養手当を5年間支給後，半額以下に減額しようとする政策が打ち出されました。急増する母子世帯の自立を経済給付から就労支援に切り換え，自立を促す政策へ変更しようとしたのです。けれども，母子世帯の貧困は厳しく，子どもが成長し，食費や教育費が一層必要となる時期に経済給付を切り下げることは，自立よりも社会からの孤立を促進してしまうことになるとの当事者からの反対意見を支持する議員が国会での大勢を占めることになり，この変更は凍結された状態になっています。一方，その代わりに作られるはずであった基礎自治体での就労，子育てなどの総合的な母子世帯の自立支援は遅々として進みません。こうした状況で制度改革を進めたら母子世帯は経済的困難に加えて子育て困難や健康を崩すといった様々な問題をかかえることになります。

　三位一体改革で進む地方分権と，地域で頻発する暮らしの支えへの要請，問題を解決する地域支援の仕組みの多くは，既存の仕組みのリフォームで作られていくものであるだけに，その手順を1つ間違うと先の母子世帯の自立支援の改正のように人の暮らしが壊れたり，ときには命が奪われたりすることになってしまいます。

　暮らしを自分だけの力で組み立てることができない状態にある子どもや，そうしたことを学んでこなかった女性たちへの支援は，一層総合的に検討し，ていねいに進める必要があります。

（森田明美）

II 子ども期

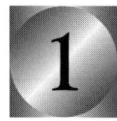 女の子として生まれる

1 権利の全面的な主体としての子ども

子どもは、生まれながらにして権利の全面的主体です。女の子として生まれたがゆえに、権利を奪われることはあってはなりません。

子どもの権利条約（Convention on the Rights of the Child；政府訳は「児童の権利に関する条約」）は、1989年11月20日、第44回国連総会において全会一致で採択されました。2010年4月現在、193の国と地域が批准しています。これは、子どもの権利条約が子どものことを考える際の「世界基準」であると認識されていることを示しています。日本政府は、1994年に158番目に批准しました。

子どもの権利条約によって、「権利の客体」から「権利行使の主体」へと、子ども観が大きく変わりました。条約ができる以前、「子どもの最善の利益（best interest of child）」は、大人が決めていました。ところが、大人がよかれと思ってやったことが、子どもの権利保障につながるとは限りません。そこで、大人が一方的に決めるのではなく、まずは「子どもにきく」ことが原則となりました。条約12条を中心とした子どもの参加の権利は条約の特徴ともいえ、「権利の全面的な主体」としての子ども観がよく表れています。

子ども時代は、大人時代とはまったく異なる大切な時間として保障されなければなりません。子どもは「権利の全面的な主体」として、自分なりのペースで育ち・遊び・学び・休み・自らの人生に参加することができます。

しかしながら、大人中心の世界においては、子どもが権利を行使するとき、大人の支援が不可欠といえます。つまり、子どもは「権利の全面的な主体」であるとともに、「社会的支援が必要な存在」でもあるのです。

そのため、社会的支援をする側の大人や大人社会の姿勢によっては、子どもの権利が保障されないことがあります。女の子の権利が男の子よりも侵害されている、という世界の状況はその1つの現われです。

2 奪われる女の子の「子ども期」

世界の多くの国では、女の子は「子ども期」を奪われています。

貧困下で生きる女の子は、家族やきょうだいの世話をしたり、家計を助けるために働いたり、大人の役割を担うことを男の子よりも期待されて育ちます。主として開発途上国では、毎年数百万人の女の子たちが早婚によって子ども期

▷1 子どもの権利条約1条では18歳未満を子どもと定義している。ただし、「子どもに適用される法律の下でより早く成年に達する場合」はこの限りではないとされている。日本では、民法753条に「未成年者が婚姻をしたときは、これによって成年に達したものとみなす」とあり、16歳以上18歳未満の女子が婚姻により成年に達したものと見なされると、親子関係に関する規定は適用されない。男女で婚姻年齢が異なる（女16歳、男18歳）ことも論点の一つである。

▷2 子どもの権利条約における「child」を日本政府は「児童」と訳しているが、この言葉は法律によって異なる年齢をさす。そこで、本書では、特に断りのない限り「子ども」を用いることとする。

を奪われ，学校に通うことをあきらめざるを得ない状況に追い込まれています。早すぎる妊娠・出産によって自分と赤ちゃん双方の命を危険にさらす場合も少なくありません。

子ども期を奪う最も大きなものに戦争があります。子ども兵士と聞くと男の子をイメージしがちですが，1990～2003年では女の子が政府軍・市民軍・準軍事勢力及び（または）反政府武装勢力に参加していた国は55カ国にも及びます。女の子は，戦士・情報要員・スパイ・運搬要員・衛生兵・奴隷労働者などのさまざまな役割を担っており，同時に性暴力の被害者ともなりうるために独自の支援プログラムが必要とされています。

また，性的搾取の被害にあうのは多くが女の子です。人身売買の後に買春やポルノグラフィの被害にあい，HIV（エイズ）に感染する危険性が高まります。

教育へのアクセスも奪われていることの一つです。2007年には推定1億1,000万人の就学年齢の子どもたちが初等教育に通っていませんが，その過半数は女の子です。中等教育では男女の格差がさらに広がり，南アジア・サハラ以南のアフリカ・中東・北アフリカ地域で顕著となっています。

教育にアクセスできないことは，商業的性的搾取や児童労働，子ども兵士といった権利侵害にあいやすくなることを意味します。子ども時代に保健ケアへのアクセスが低くなった結果，たとえばHIV（エイズ）とともに生きる青年期の女性は，同年代の男性よりも2～4.5倍も多いといわれています。一方，女の子の教育へのアクセスが保障され，基礎保健サービスを受けることができれば，乳幼児死亡率を大きく減らし，HIV（エイズ）から身を守ることなどが可能となります。女の子の権利保障は，その子どものみならず，次の世代の命を救うことにもつながるのです。

❸ 障がいのある女の子

2006年12月13日，第61回国連総会にて，障害者の権利条約が採択され，2008年5月30日に発効しました。日本政府は，2007年9月28日に署名しており早期の批准が求められます。障害者の権利条約では，6条において「障害のある女性」の権利に言及しています。

障がいのある女の子には，「女性であること」「障がいがあること」「子どもであること」から生じる差別が複合的に重なり降りかかってきます。そのため，特に障がいのある女の子の「人権及び基本的自由の行使及び享有」を保障するために，女性全体の地位の向上やエンパワメントを確保するための措置が締約国に求められています。

（安部芳絵）

▷3　ユニセフ『世界子供白書2009――妊産婦と新生児の保健』日本ユニセフ協会，2009年。

▷4　United Nations Children's Fund2009 *Children and AIDS : Third stocktaking report*, UNICEF, New York.

▷5　「1 締約国は，障害のある女性及び少女が複合的な差別を受けていることを認めるものとし，これに関しては，障害のある女性及び少女がすべての人権及び基本的自由を完全かつ平等に享有することを確保するための措置をとる。2 締約国は，女性に対してこの条約に定める人権及び基本的自由の行使及び享有を保障することを目的として，女性の完全な発展，地位の向上及びエンパワーメントを確保するためのすべての適切な措置をとる。」

参考文献

ユニセフ『世界子供白書2010――子どもの権利条約採択20周年記念』日本ユニセフ協会。

Ⅱ 子ども期

家庭で育つ①
――女の子になる

1 望まれる女の子

女の子がほしい――国立社会保障・人口問題研究所「第13回出生動向基本調査」（2005年実施）によると，理想の子どもの数について男女児数の組み合わせをたずねた結果では，女の子を望む夫婦が多いことがわかります。理想男女児数における女児比率は，1987年の第9回調査から過半数を超えました。

では，どうして，女の子が望まれるのでしょうか。「女の子は男の子よりも，育てやすいから」「女の子の方がずっとそばにいてくれそうだから」，そんな声が聞こえてきます。

1つには，父親よりも圧倒的に子どもと接する時間の長い母親にとって，同じ性である女の子は「育てやすい」と感じるのでしょう。確かに，男の子の場合，トイレトレーニングなど，生物学的な性が異なることでわかりづらいことも少なくありません。

また，第一生命経済研究所が2005年に実施した「6-18歳の子どもを持つ父母600名に聞いた『子どもの将来に向けた親の意識調査』」によると，女の子と「同居したい」と答えた父親は28.9％，母親は25.2％でした。一方，男の子と「同居したい」と答えたのは，父親ではわずか12.4％，母親は15.3％でした。「ずっとそばにいてくれそうだから」という言葉には，「老後の面倒はお嫁さんではなくて娘にみてもらいたい」という，将来の介護の担い手としての女の子への期待が透けて見えます。

2 「女の子らしさ」とは

「女の子らしさ」「男の子らしさ」は，子育てをする大人たちにどのような影響を与えているのでしょうか。

横浜市市民局・横浜市子育て支援事業本部が2005年に実施した「男女共同参画に関する市民意識調査」報告書によると，「男の子は男の子らしく，女の子は女の子らしくしつけた方がよい」という意見に対し，「そう思う」と答えたのは全体で51.7％（男性65.4％，女性42.6％）でした。しかし，「人にはそれぞれ向き不向きがあるのだから，男か女かによって生き方をきめつけてしまわない方がよい」という意見に対しては，「そう思う」が84.7％（男性84.5％，女性85.5％）となっています（図Ⅱ-1）。

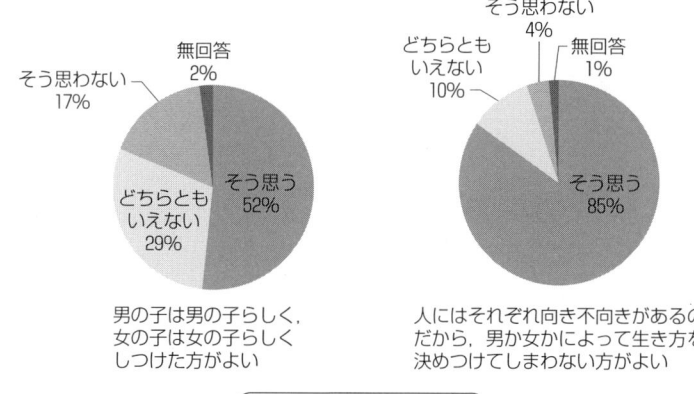

図Ⅱ-1　性別役割分担意識

出所：横浜市市民局・横浜市子育て支援事業本部「男女共同参画に関する市民意識調査」2005年。

「女の子らしさ」「男の子らしさ」を望む一方で，生きるために必要なことは男女共通に身に付けてほしい──「女の子らしさ」の内実は何かという問いの答えは見えにくくなっています。

3 乳幼児期とジェンダー形成

ところが「女の子らしさ」は，より具体的な形で子育ての場に現れてきます。新生児は，外性器以外にほとんど男女差が見られないにもかかわらず，「女の子」の象徴である赤やピンクの肌着・おくるみを身に付ける様子が見られます。デパートのベビー用品売り場に行けば，まず尋ねられることが月齢と性別であるのは，性別によって「ふさわしい」と考えられている色や形が違うことを示しています。このような違いは，子ども生来のものと考えてよいのでしょうか。

認知発達理論研究によると，「性の一貫性（gender consistency）」を獲得するのは3歳頃であることが明らかになってきました。つまり，この時期のおとなの関わり方が，子ども自身のジェンダーのとらえ方に影響してくることになります。

遊びの中でのジェンダー構築に着目して，幼児期におけるジェンダー形成を研究している藤田由美子は，保育所や幼稚園でのフィールドワークをもとにジェンダー規範を内面化する主体として幼児を位置づけています。幼児は，メディアの情報を利用し，あるいは保育者から発せられるメッセージによってジェンダーを主体的に内面化していきます。藤田の指摘するように，幼児をジェンダー形成の「被害者」としてとらえるのではなく，積極的な「主体」としてとらえたうえで，大人は「女の子」への関わりを考えていく必要があります。

（安部芳絵）

▷1　藤田由美子「幼児期における「ジェンダー形成」再考──相互作用場面にみる権力関係の分析より」『教育社会学研究』第74集，2004年。

(参考文献)

岩上真珠『ライフコースとジェンダーで読む家族　改訂版』有斐閣，2007年。

Ⅱ 子ども期

3 家庭で育つ②
—— 女の子と性

1 主体的に性と向かい合う

　思春期は，自分の身体と心の変化に戸惑い，友人や恋愛で悩み，性に関する情報に翻弄される時期です。特に女の子は，外見的な変化が大きく，初潮を迎えるなど，現実に直面せざるを得ない課題が多く見られる時期です。福祉の現場で留意しなければならないものとして，どのようなものがあるでしょうか。

○性自認（gender identity）

　女の子が戸惑うことの一つが，自分自身の性自認です。性自認は，「自分が女であるのか，それとも男であるのか」という性に関する自己のイメージです。性自認は，外性器に代表されるような身体的特徴や社会における性役割の学習を経て，少しずつ安定していきます。性自認には，女・男だけでなく中性・無性などさまざまなパターンがあるとされています。

　また，性自認とは違う身体を有するとき，人は性別に違和感を抱きます。心と身体の性が異なる場合を医学的には性同一性障害（GID）といいます。性自認と身体の性が異なると，普段の生活に具体的な影響が出てきます。たとえば，男の身体をしているのに性自認は女である場合，男の子用のトイレを使うことや水着を着ることは本人にとって大きな苦痛を伴うことになります。

○性的指向（sexual orientation）

　思春期に悩み始めるものとして性的指向があります。性的指向は，いずれの性を恋愛の対象とするかによって，同性愛・異性愛・両性愛などがあります。数としては異性愛者が多く，それ以外の性的指向の人が少ないことから，社会の中で不自由さを感じることもあります。たとえば，テレビや教科書で描かれるカップルや家族は，ほとんどが異性愛者です。そのうえ，子どもの場合は性的指向が同じ人と出会う機会も限られていることから，自分だけが周りと違うことに悩み苦しむことも少なくありません。

○性感染症・避妊・妊娠

　欧米諸国では横ばいといわれる性感染症ですが，日本では増加傾向にあります。感染しても気づきにくいものにクラミジアがありますが，感染を放置しておくと不妊症になることもあります。今井博久による高校生を対象とした大規模調査の結果，無症候性クラミジア感染は，女子高生13.1％，男子高校生6.7％と，女の子の方が多くなっています。この結果からも，高校生あるいは中学

▷1 『毎日新聞』2010年2月12日付朝刊によれば，埼玉県の公立小学校では，性同一性障害と診断された2年生男の子に対し，学年途中から女の子としての学校生活を認めている。

▷2 今井博久「高校生のクラミジア感染症の蔓延状況と予防対策」『日本化学療法学会雑誌』55(2), 2007年。

生世代に向けた性感染症の教育が必要といえます。

性感染症を予防するには，コンドームを使用すること，口腔など性器以外の粘膜からの感染にも気を付ける必要があります。また，性感染症予防だけでなく，避妊をしっかりとすることも大切です。日本では，年間約3万人の10代が中絶をしています。

ところで，思春期の性は，とかく負の側面が強調され，性から女の子を遠ざける方向に指導されがちです。しかし，そのような指導は，子どもを産む可能性のある性を否定し，女の子の自尊感情の低下にもつながりかねません。むしろ女の子自身が性感染症や避妊，妊娠について正確な情報を得て，性と向かい合うための支援が必要です。また，性の多様性や豊かさに光を当てた支えも重要です。そのためにはまず，現場の援助者が，セクシュアリティやジェンダーに敏感であることが求められます。

2 デートDV

「メールのレスが遅いと怒鳴られる」「他の男（女）と付き合っていないか，無断で着信履歴をチェックされる」。そんな経験がありませんか。

ドメスティック・バイオレンス（DV）は，一般的には「配偶者や恋人など親密な関係にある／あった者からの暴力」をさします。中でも，未婚のカップル間でふるわれる暴力をデートDVといいます。デートDVは，身体的・性的・心理的・経済的暴力などがあります。その根底にあるのは，一方が，相手を人として尊重せず，自分の思い通りに動かすためにあらゆる暴力を使うという権力関係です。

内閣府男女共同参画局「男女間における暴力に関する調査」（2006年）によると，10～20代で，交際相手から身体的暴力，心理的暴力，性的強要のいずれかをされたことがあるのは，女性13.5％，男性5.2％であり，女性が多くなっています。交際相手からなんらかの被害を受けたことのある人（女性118人）のうち，被害後に「相手と別れた」のは50.8％，「別れたい（別れよう）と思ったが，別れなかった」人は31.4％，「別れたい（別れよう）とは思わなかった」16.1％であり，交際相手からの被害を医療関係者や警察，各種相談機関に相談した人はほとんどいませんでした。相談しなかった理由としては，「相談するほどのことではないと思ったから」「自分にも悪いところがあると思ったから」が多く挙げられています。

宮里慶子は，青年期女子の暴力が潜在化している原因として，「社会福祉，女性，子どもという三重の周辺化」を挙げています。たとえ暴力の被害にあったとしても女の子が声を上げにくく支援の手が届きにくい社会構造であるからこそ，社会福祉の現場をめざす人やそこで働いている人は，この問題を念頭に置く必要があるといえます。

（安部芳絵）

▷3 宮里慶子「青年期女子の暴力経験とジェンダー——ある自立援助ホーム入所者の事例から」『平安学院大学研究年報』第7号，2006年。

(参考文献)

日本DV防止・情報センター編『デートDVってなに？ Q&A――理解・支援・解決のために』解放出版社，2007年。

Ⅱ 子ども期

4　女の子と学校

1　家庭科男女必修化の流れ

　1947年に制定された学校教育法施行規則によって，戦後の新しい科目として設置された「家庭科」は，社会の民主化の基礎となる家庭の民主化を理念としていました。『学習指導要領家庭科編（試案）』（文部省，1947年）によると，小学校5・6年の家庭科は「男女ともに課すべき」ものとされました。

　その後，1958年改訂の『中学校学習指導要領』では，産業界からの科学技術振興への要請を背景に，「家庭」に関わる内容から構成される「女子向き」と，「科学技術」に関わる内容から構成される「男子向き」の学習内容に分けられた「技術・家庭」が告示されました。続く1970年には，『高等学校学習指導要領』が告示され，1973年より「家庭一般」が女子のみの必修科目として実施されました。

　この間，1975年には国際婦人年があり，1979年に国連で採択された「女性に対するあらゆる形態の差別の撤廃に関する条約（女性差別撤廃条約）」では，「あらゆる形態の教育における男女の役割についての定型化された概念の撤廃」（10条）を求めるとし，「家庭科」のように男女で異なるカリキュラムを実施することが問題視されはじめます。

　日本国内では，1985年の女性差別撤廃条約の批准を前に，1984年に文部省（現・文部科学省）が「家庭科教育に関する検討会議」を発足させ，男女共習の方向で検討，12月には報告を出しました。これを受けて1987年の教育課程審議会答申「幼稚園，小学校，中学校及び高等学校の教育課程の基準の改善について」において男女同一内容の家庭科必修化が答申されました。1989年の学習指導要領改訂に際して，中学校技術・家庭科は男女共通に履修する領域として「木材加工」「電気」「家庭生活」「食物」の4領域が設けられ，高等学校家庭科は「家庭一般」「生活技術」「生活一般」の3科目から1科目を男女ともに必修となりました。

　文部科学省は中教審答申，教育基本法，学校教育法の改正を踏まえて，2008年3月に新中学校学習指導要領を公示しました。中学校では2012年から実施（高校は2008年度内公示，2013年より実施）されます。男女共同参画基本法が制定されて以来，実質的には初の改訂となります。しかし，中学校技術・家庭科には男女共同参画の理念が十分反映されているとは言えず，今後も注視していく

必要があります。

2 隠れたカリキュラム

学校で伝えられる教育内容には，家庭科のような正規のカリキュラムだけではなく，暗黙のうちに伝えられるものがあります。これを，「かくれたカリキュラム（hidden curriculum）」と呼びます。「かくれたカリキュラム」は，男女に割り当てられる色・呼び方・係りや委員の役割，教科書にみられる男女の描かれ方，教師から子どもへの声のかけ方・しかり方・ほめ方・期待・指導方法など多岐に渡ります。また，教師自身が意識せずして女の子への接し方を変えてしまっていることも問題といえます。このような，ジェンダー・バイアスに基づく教師の女の子への関わり方は，その瞬間だけでなく，女の子の進路や将来にも影響を与えることを理解しなければなりません。

ロール・モデルの問題もあります。文部科学省『平成19年度学校教員統計調査報告書』によれば，教員の女性比率は小学校から大学へと学年が上がるにつれて低くなり，小学校だけを見ても1年生から6年生にかけてだんだんと低くなります。女の子が多くの時間を過ごす学校で，学年が上がるにつれて指導的立場を占める女性が少なくなることは，ロール・モデルを獲得しにくくし，女の子の生きづらさにもつながっていくと考えられます。

3 女の子と自尊感情

日本の子どもたちの自尊感情の低さについては，少なからず言及されてきました。子どもを対象としたQOL調査を実施してきた古荘純一によると，日本の子どもたちは，男女ともに諸外国と比べて自尊感情が低くなっています。自尊感情と学校との関係について古荘は，「子どもたちにとって学校はストレスの多い場所であり，自尊感情も保てない場所になっている」と指摘します。

さらに，男女の差については，小学生は総得点では差がないものの，「『身体的健康』および『自尊感情』では女の子が低く，『家族』『友だち』では女の子が高い」結果になったといいます。中学生でも，「自尊感情」ではやはり女の子が低くなっています。そうであるならば，学校は，男の子よりも女の子にとって，よりストレスの多い場所となっているのかもしれません。いじめや不登校といった「問題行動」や，うつ，摂食障害，リストカットとして現れる女の子のSOSをどうすればキャッチすることができるのでしょうか。先に述べたように，学校では，学年が上がるにつれて女性教員が減ることを考えれば，男性教員であっても「女の子をどう支えるか」という視点を持ち続ける必要があるといえます。

（安部芳絵）

▷1 役割モデルともいう。自分にとって，具体的な行動や考え方の規範となる人物などをさす。「○○のようになりたい」というロール・モデルが身近にいることで，その人の生き方から学び，難しいことにチャレンジし，課題を解決する力とすることができる。

▷2 古荘純一『日本の子どもの自尊感情はなぜ低いのか——児童精神科医の現場報告』光文社，2009年。

(参考文献)
木村涼子編著『ジェンダーと教育』（リーディングス日本の教育と社会16）日本図書センター，2009年。

Ⅱ 子ども期

5 施設で暮らす

1 社会的養護の中で暮らす子どもの現状

児童福祉施設（乳児院，施設，児童自立支援施設，情緒障害児短期治療施設，**表Ⅱ-1**）で暮らす子どもたちは，年3万8,000人程度であり，うち女の子は1万7,000人程度です。

子どもたちは，虐待や経済的理由などさまざまな事情で親と離れて生活をしています。それらのさまざまな家庭事情や生活状況により子どもたちは家庭の機能が奪われ，安定かつ一貫した愛情と信頼が保障されてこなかった場合もあります。そのため，子どもたちは他人を信頼できなかったり，自分自身を受け止められなかったりなど，アイデンティティの確立が困難な状況にあり，それらは問題行動として表れることもあります。この問題行動は，子どもたち自身がどうしてよいかわからず戸惑い困っている状況にあることを意味しています。

子どもたちは，施設での生活を送る中で，基本的生活習慣の獲得や自己評価の回復，愛着関係の形成，学習の取り戻し，適切な人間関係のとり方など，さまざまな面で心身ともに少しずつ安定し成長をしていきます。しかし，その過程において，不安定に揺れ動く心身の状況から，学力が伸び悩んだり，いじめや差別にあったり，性的被害に遭ったり，反社会的行動をとってしまうなど，人権侵害の被害を受けるケースが見られます。

2 児童養護施設における学習・進学支援

施設入所児童等調査の結果によると，子どもの学業状況として，児童養護施設（以下，施設）の子どもの27.4％に「遅れがある」（前回2003年調査26.2％）とされています。学業の遅れや学習意欲の低下，学習意欲が学力に結びつかないといった問題は以前からありますが，84.5％（女の子85.5％，男の子83.6％）の子どもが高校等への進学を希望しており，学習支援が今後さらに重要となっています（**表Ⅱ-2**）。1973年以降，施設の子どもたちは公立高校等への進学のための特別育成費が支給されるようになりました。それにより施設の子どもの高校等への進学率は徐々に上がり，現在は87.7％の子どもが進学をしています。しかし，全国の高校進学率が97.7％と比較すると，いまだ低い状況にあります。また，全国の高校中途退学率は2.1％に対して，施設の子どもたちの高校退学率は，7.6％と高く，学業への不適応や問題行動がその理由となっています。

▷1 厚生労働省雇用均等・児童家庭局「施設入所児童等調査結果」2008年。
▷2 全国施設協議会「施設における子どもたちの自立支援の充実に向けて――平成17年度施設入所児童の進路に関する調査報告書」2006年。
この調査において高校進学には，全日制普通高校のほか，特別支援学校も含まれている。特別支援学校への進学率は10.0％である。
▷3 文部科学省「平成19年度学校基本調査」。

Ⅱ-5 施設で暮らす

表Ⅱ-1 児童福祉における入所型施設

施設名称	法規定	内容
乳児院	児童福祉法37条	乳児（保健上，安定した生活環境の確保その他の理由により特に必要のある場合には，幼児を含む。）を入院させて，これを養育し，あわせて退院した者について相談その他の援助を行うことを目的とする施設。
児童養護施設	児童福祉法41条	保護者のない児童（乳児を除く。ただし，安定した生活環境の確保その他の理由により特に必要のある場合には，乳児を含む。），虐待されている児童その他環境上養護を要する児童を入所させて，これを養護し，あわせて退所した者に対する相談その他の自立のための援助を行うことを目的とする施設。
児童自立支援施設	児童福祉法44条	不良行為をなし，又はなすおそれのある児童及び家庭環境その他の環境上の理由により生活指導等を要する児童を入所させ，又は保護者の下から通わせて，個々の児童の状況に応じて必要な指導を行い，その自立を支援し，あわせて退所した者について相談その他の援助を行うことを目的とする施設。
情緒障害児短期治療施設	児童福祉法43条の5	軽度の情緒障害を有する児童を，短期間，入所させ，又は保護者の下から通わせて，その情緒障害を治し，あわせて退所した者について相談その他の援助を行うことを目的とする施設。
養育里親	児童福祉法6条の3	養育里親とは，要保護児童を養育することを希望し，かつ，都道府県知事が厚生労働省令で定めるところにより行う研修を修了したことその他の厚生労働省令で定める要件を満たす者であって，養育里親名簿に登録されたもの。
自立援助ホーム	児童福祉法6条の2 児童福祉法33の6	児童自立生活援助事業で，義務教育終了児童等（義務教育を終了した児童又は児童以外の満20歳に満たない者で他の児童福祉施設などを退所した児童）に対して，住居にて共同生活を送りながら，日常生活上の援助及び生活指導，就業の支援を行い，相談その他の援助を行う施設。
母子生活支援施設	児童福祉法38条	配偶者のない女子又はこれに準ずる事情にある女子及びその者の監護すべき児童を入所させて，これらの者を保護するとともに，これらの者の自立の促進のためにその生活を支援し，あわせて退所した者について相談その他の援助を行うことを目的とする施設。
婦人保護施設	売春防止法36条	要保護女子を収容保護するための施設。
知的障害児施設	児童福祉法42条	知的障害のある児童を入所させて，これを保護し，又は治療するとともに，独立自活に必要な知識技能を与えることを目的とする施設。
盲ろうあ児施設	児童福祉法43条の2	盲児（強度の弱視児を含む。）又はろうあ児（強度の難聴児を含む。）を入所させて，これを保護するとともに，独立自活に必要な指導又は援助をすることを目的とする施設。
肢体不自由児施設	児童福祉法43条の3	肢体不自由のある児童を治療するとともに，独立自活に必要な知識技能を与えることを目的とする施設。
盲ろうあ児施設	児童福祉法43条の2	盲児（強度の弱視児を含む。）又はろうあ児（強度の難聴児を含む。）を入所させて，これを保護するとともに，独立自活に必要な指導又は援助をすることを目的とする施設。
重症心身障害児施設	児童福祉法43条の4	重度の知的障害及び重度の肢体不自由が重複している児童を入所させて，これを保護するとともに，治療及び日常生活の指導をすることを目的とする施設。

出所：児童福祉法条文より筆者作成。

表Ⅱ-2 児童養護施設における年長児の進学希望状況

(%)

高校（各種学校）への進学希望	希望する		希望しない		考えていない	
中学3年生	84.5		5.8		8.3	
女 / 男	85.5	83.6	5.5	6.2	7.7	8.8

大学（短大）への進学希望	希望する		希望しない		考えていない	
中学3年生以上の年長児	25.7		40.7		28.1	
女 / 男	29.5	22.1	38.6	42.6	26.6	29.5

出所：厚生労働省「児童養護施設入所児童等調査結果（平成20年）」より筆者作成。

表Ⅱ-3　児童養護施設の年長児童の将来の希望（職業）

(%)

職業内容	全体	女	男
1　先生・保育士・看護師等	12.6	20.9	4.8
2　飲食業・調理等	8.6	9.3	8.0
3　スポーツ・芸能・芸術	10.3	8.4	12.1
4　美容師・理容師	4.4	6.8	2.2
5　商店・デパートに勤める	4.0	5.5	2.6
6　会社や役所に勤める	4.9	3.9	5.7
7　工場に勤める	7.1	2.0	11.8
8　農業・漁業・林業・酪農等	1.7	0.9	2.4
9　医者・弁護士	0.9	0.9	0.8
10　警察・消防・自衛官	1.9	0.6	3.2
11　大工・建設業	4.1	0.5	7.5
12　運転手・船乗り・パイロット等	2.3	0.3	4.1
13　新聞記者・アナウンサー	0.2	0.3	0.2
14　その他	14.7	18.8	11.0
15　未決	20.0	18.8	21.2

出所：表Ⅱ-2と同じ。

高校に進学したとしても卒業まで学業を続ける困難さがあります。

　高校以降の大学等への進学希望について，施設の年長の女の子の29.5％（前回調査24.7％）が大学（短大を含む）等への進学を希望しています。年長男子の22.1％（前回調査18.4％）と比較すると，女の子の方7.4％も大学等への進学への希望が高い状況にあり，高校進学等への進学希望が女の子が男の子より1.9％高い結果でしたが，それ以上に女の子の進学への意識の高さが感じられます。

　将来の希望（職業）は，女の子の20.9％が，学校の先生や保育士，看護師等を希望しており，これは，他の職業希望を大きく引き離しています。これらの職業に就くには，大学等への進学が必要となり，女の子の大学等への進学希望の高さはこれらの職業希望と結びついているといえます（**表Ⅱ-3**）。しかし，2005年度で比較すると，実際大学等へ進学した子どもは16.0％であり，全国の高卒者の大学等進学率が67.5％と比較するとあまりにも低い状況です。社会的養護を必要とし，さまざまな課題を抱えながら自分の道を拓いていこうとする子どもたちにとって，「教育を受ける権利」の保障と機会の拡大はとても大きな意味を持っています。特に，女の子が希望する学校の先生や保育士，看護師などは，資格を有し，長期間にわたって働くことが可能であり，出産や育児などのライフイベントにも対応しやすい職業です。施設では，子どもたちが自分の力で人生をコントロールしていくためのキャリア支援として学習支援をしていくことが求められています。

　施設の子どもたちの高等教育進学を支援する助成制度や奨学金制度が，徐々に充実してきています。いくつかの大学では，施設等奨学金制度を創設してい

▷4　厚生労働省雇用均等・児童家庭局「施設入所児童等調査結果」2008年2月1日。

▷5　同上。

▷6　厚生労働省「第1回社会保障審議会少子化対策特別部会資料」2007年。
▷7　文部科学省「平成18年度学校基本調査」。

るところもあります。子どもたちが自らの人生を描き歩くために、高等教育進学支援のさらなる拡充を期待するとともに、施設だけでなく児童自立支援施設などへの教育支援の拡充も求められます。

③ 施設における生活支援

　施設においては、子どもたちの社会的自立を支援するために生活支援が行われています。施設の年長児の調査によると、「施設から出て自活する自身の有無」は、31.3％（女の子25.6％、男の子36.7％）であり、女の子が男の子より11.1％も低い状況にあります。また、「家庭復帰」は37.7％（女の子39.2％、男の子36.5％）、「結婚したい」については42.0％（女の子42.7％、男の子41.3％）、大切なことについての質問において「家族で仲良く生活すること」が39.9％（女の子44.2％、男の子36.0％）で、女の子が8.2％高い結果となっています。同様に、児童の社会的自立についても「赤ちゃんをあやしたり、おむつの世話をすること」は45.3％（女の子57.7％、男の子33.8％）と女の子が23.9％高い結果となっており、このことから、女の子に「家族」や「家庭」に高い関心と希望のあることがうかがえます。

　施設においては、将来家庭を持つことを想定したうえで、女の子に対して「産む」性として性教育を行うとともに、ジェンダーの積極的「主体」となることを意識した支援を行う必要があります。そのため、子どもたちに、子どもと特定の職員による特定愛着関係の形成による信頼関係構築、プライベート・ゾーンの確立、適切な人間関係などについて幼児期より伝え、思春期になると、女の子には「産む」性としての認識を持ってもらうために「産む」性としての科学的知識だけでなく、自分の性を豊かに受け止め自分自身に自信を持つこと、異性との協力や平等の関係の中で相手を尊重していくこと、自分の体を大切にすることなどについて考えていく支援を行っています。

④ 退所後の支援

　このように施設ではさまざまな支援が行われていますが、高校中退、就職困難だけではなく、退所後にも、低賃金、短い期間での離職、生活困難、孤立などの問題を抱えます。しかし、彼らを支援する窓口、サポートする社会的手だてはあまりにも少ないのが現状であり、出身施設に頼って相談に来るケースが多くみられます。そのため、施設では20歳までの入所延長を行ったり、自立援助ホームや婦人保護施設などへの入所を紹介したりして、退所後の生活の安定を支援しています。18歳以降の子どもを支援するサービス、制度、施設の拡充が今後求められます。

（田谷幸子）

▷8　厚生労働省雇用均等・児童家庭局「施設入所児童等調査結果」2008年。

▷9　一般的に下着や水着でおおわれる体の部分をさし、他人に触れさせることのない大切な場所である。自分の体の大切さを知ることは、自分を大切にすることにつながり、自尊感情を高めることになる。幼児期より性教育の一環として伝えられる事である。

▷10　児童福祉法33条の6に規定された義務教育を終了した子どもと生活を共にしながら、相談その他の日常生活上の援助、生活指導、就業支援等を行い、子どもの自立を支援する施設である。全国に54施設（2008年度）ある。

Ⅱ 子ども期

6 子ども期を支える

1 子どもの相談

　現代社会は，さまざまな問題が鬱積し，その中で子どもたちは問題に巻き込まれたり，また子どもたち自身も多くの問題を抱えたりして生活をしています。いじめや不登校，虐待や非行，子どもの貧困などその問題は多岐に渡っています。子ども自身が自分の権利を守り，しあわせに生活することができるために，子どもが何か問題を抱え，困ったことがあった時に相談できる場所としてどのようなものがあるでしょうか。

2 子どもが相談する場所

　子どもが身近に相談できるところとは，たとえば地域にある児童館です。児童館は0歳から18歳までの児童を対象としており，地域の中で気軽に集い交流し，遊びを通した居場所の確保を行っています。

　また生活の大半を過ごす学校では，教師だけでなく，スクールカウンセラーやスクールソーシャルワーカーといった専門職も配置されています。子どもたちの学校内外の問題や不登校などの相談や対応を主な業務とし，子どもたちの学校での相談役になっています。

　また，子どもたちがいつでも相談できるものとして，チャイルドラインがあります。チャイルドラインとは，子どもを対象とした電話相談室です。チャイルドラインは，匿名での相談できることから，子どもたちが友だちや親，教師などに相談できないことを気軽に相談できる電話として活用されています。

3 子どもの救済機関

　子どもの相談だけでなく，大人との関係調整などまで含めた重大な問題を抱えたときに，子どもを救済する機関も設置されています。その代表的な機関が児童相談所です。

　児童相談所は，養護，障害，非行，育成相談などさまざまな相談に応じる機関ではありますが，近年増加し中心業務となっているのが虐待の対応になります。虐待は子どもの権利侵害の代表的なものです。「児童虐待」とは児童虐待防止等に関する法律において，保護者がその監護する児童に対し，身体的虐待・性的虐待・ネグレクト・心理的虐待の行為をすることと定義されています。

▷1　児童館は地域の子どもに健全な遊びを与え，子どもの健康を増進し，情操を豊かにすることを目的として設置される施設で，屋内型のものを児童館，屋外型のものを児童遊園という。

▷2　児童相談所は，児童福祉法12条に基づいて設置された行政機関である。すべての都道府県及び政令指定都市（中核市も設置可）に最低1以上の児童相談所が設置され，2010年4月1日現在全国に204カ所ある。児童相談所のみが持つ権限として，一時保護というものがある。子どもが何か問題を抱え，保護者と一時期でも分離して生活する必要が生じたとき，児童相談所は一時保護を行い，子どもを保護することができる。

2008年度に全国の児童相談所で対応した児童虐待相談対応件数は，4万2,662件で，統計を取り始めた1990年度より約40倍増加していることになります。2000年に児童虐待防止等に関する法律が制定・施行され，児童虐待が世間的に広く認知されたことも増加の大きな一因です。虐待の調査において男女別の統計はほとんど見られず，また実際には男女差はほとんどないというのが実態のようです。しかし，性的虐待に関しては女児が被害者となっているケースが多いようです。

　虐待の通報を受けた児童相談所は，調査を行い，状況に応じて一時保護を行い，親子関係の調整を行っていきます。一時保護所の利用は虐待の増加に伴い増加の一途をたどり，1年中空きのない状況が続いています。一時保護所の利用は，18歳までの児童が対象ですが，現状としては中学生までの利用が多く，高年齢児の保護が困難な状況となっています。しかしながら，10代後半の子どもたちも多くの問題を抱えており，その問題からの避難場所としての居場所が必要となっています。そこで設立されているのが，子どものシェルターです。現在では，東京・神奈川・愛知・岡山においてシェルターが設立され，子どもの救済に当たっています。

　子どものシェルターは，弁護士が中心となって活動しています。子ども自身や子どもから相談を受けた大人から電話があり，シェルター利用の必要性を鑑みて子どもの同意を得たうえで入居に至ります。その場所は安全面の配慮から非公開です。シェルターに入居後は自立をめざしていきます。10代後半の子どもたちの自立はさまざまな困難があり，それをどうサポートしていくのか大きな課題でもあります。

　子どもたちの地域での居場所と相談を結びつけた取り組みとして挙げられるのが，オンブズパーソンです。オンブズパーソンとは，子どもの救済を図るため，子どもの最善の利益の観点から市町村など機関に対して是正や改善を求めて，勧告や意見表明などの提言を行う人です。兵庫県川西市や神奈川県川崎市などで，子どもに特化したオンブズ活動を行うオンブズパーソンが創設され，取り組まれています。

　川西市の子どもの人権オンブズパーソンを例に挙げてみると，子どもの権利救済のための相談機関としてのオンブズパーソン機能と同時に，川西駅前に子どもオンブズ広場を展開し，子どもたちの日常的な居場所の確保を行っています。これにより，地域での子どもが安心できる居場所を作ること，何かあった時に相談できる大人との関係作り，そして相談内容により権利救済が必要な場合のオンブズパーソン，といった相談の仕組みができあがっています。

（若林ちひろ）

▷3　たとえば東京のカリヨン子どもセンターは，家庭で安全に暮らせないなどの困難を抱える子どもを対象に設立され，そのような困難を抱えた子どもたちが緊急に逃げ込むためのシェルターと自立支援ホームを運営している。

Ⅱ　子ども期

7　若者期を支える①
―女性の生きにくさを支える

1　子どもから大人への移行期

　2000年代には，子どもから大人へ，あるいは学校から仕事への移行の困難さに注目が集まるようになりました。若年無業者（15～34歳の非労働力人口のうち，家事も通学もしていない者）の増加，ひきこもりの顕在化などを背景として，子どもから大人への移行期に社会的な支援が必要であるという認識が高まりました。

　2003年の「若者自立・挑戦プラン」（若者自立・挑戦戦略会議）を皮切りに，同年12月には青少年育成施策大綱，2004年には「若者の自立・挑戦のためのアクションプラン」，2007年には「キャリア教育等推進プラン」（キャリア教育等推進会議），2008年12月には新しい青少年育成施策大綱が制定されました。この中で，子どもと若者は大人による育成の対象とされ，また子どもから大人への移行期の課題が労働の問題に矮小化されました。

　厚生労働省によると若年無業者は63万人，文部科学省によるとひきこもりは推計で69万9,000人といわれ，依然として何らかの支援が必要な状況が続いています。

　2009年には子ども・若者育成支援推進法が制定され，これを受けて2010年7月に「子ども・若者ビジョン」が取りまとめられました。「子ども・若者ビジョン」では，日本国憲法と子どもの権利条約の理念に則り，子ども・若者を大人とともに生きるパートナーと位置づけたうえで，大人になることを支援するという視点で構成されています。

▷1　厚生労働省「平成22年版労働経済の分析」2010年。
▷2　文部科学省「若者の意識に関する調査（ひきこもりに関する実態調査）」2010年。

2　見えにくい若者期の女性の生きにくさ

　金井淑子は，社会的ひきこもりの状態にある者は約8割が男性であるといった「若者問題」の認識の中で，女性をめぐる「若者問題」が不可視化されていること，女性の自立困難がメンタル系の危機として表出している可能性を指摘しています。それは，「女性にも多様な生き方の選択肢が開かれつつあるがゆえの，それと逆説的な形で起きている若い女性のアイデンティティ・クライシス」であり，うつやアディクション，リストカット，摂食障害として表出するものです。加えて，高学歴女性に対しては科学技術政策や男女共同参画政策によって追い風が吹く一方で，高卒女性の非正規雇用者化が極端に進み，若者期

における女性間の格差が存在すると金井は指摘します。このような状況は、若者期の女性の生きにくさを一層わかりにくく、複雑にしているといえます。

また、若年無業者の中には、家事手伝いをしている者は含まれません。若者期の女性は社会から排除された状況にあっても、「家」にいることで、その存在が見えにくくなり、そのために具体的な支援が届きにくいことが考えられます。

たとえば、10代で親となる場合を考えてみましょう。日本の19歳以下の出生数は、2008年では人口1,000人あたり5.2人です。10代で妊娠した場合、高校に通っている女の子であれば、学業の継続を望んだとしても、そのほとんどが中退を余儀なくされます。中退に至らないとしても、妊娠しながら学業を続ける支援はなされないのが現状であり、不登校せざるを得なくなる場合もあります。なお、先に触れた子ども・若者ビジョンでは、10代の親への支援として妊娠に伴う学業の継続支援や、出産・子育ての知識や経験の不足に対する相談、支援の整備が挙げられています。

とはいえ、現状ではこれらの支援は十分とはいえず、学校から離れて働こうと考えても、中卒・高校中退では仕事も思うようには見つかりません。ましてや幼い子どもがいる場合はなおさらです。

大川聡子によれば、日本の10代の出産は先進国の中でも少ないにもかかわらず、10代の婚姻率は飛びぬけて高いといいます。これは、これまで日本には10代の妊娠・出産を支える政策がなかったために、家族に頼らざるを得なかったことを示しているといえるのではないでしょうか。教育や労働を望んでいても、どちらからもはじかれてしまいます。そして、支援を求めようにも10代の「母」であることで、一層支援が届きにくい存在となっています。

以上のことから、生きにくさを抱える若者期の女性を支えるには、彼女たちを「家」に囲い込むのではなく、それ以外の居場所を作り出していくことが必要です。少なくない若者期の女の子たちが、生きづらさの原因を自分の才能や努力不足だと思い込まされ、もがき、苦しんでいます。若者が使える児童館やフリースクール、フリースペース、10代の母親が集える場で、自分自身の生きにくさを語ることは、構造化された差別や制度と現実とのミスマッチに気づく契機となります。その意味では、児童館やフリースクール等のスタッフには、若者期の女性の生きにくさをジェンダーの視点から問い直すようなまなざしが必要だといえます。

(安部芳絵)

▷3　金井淑子「不可視化される女性の「若者問題」」労働政策研究・研修機構『ビジネス・レーバー・トレンド』2009年10月号。

▷4　国立社会保障・人口問題研究所「人口統計資料集　2010年版」。

▷5　森田明美「10代の出産・子育ての現状と福祉的支援の課題」思春期学会『思春期学』VOL26, No.1, 2008年参照。

▷6　大川聡子「10代の出産をめぐる家族の調整──アメリカ、イギリス、日本の社会構造の比較を通して」『立命館産業社会論集』第45巻第1号。

参考文献

中西新太郎・高山智樹編『ノンエリート青年の社会空間──働くこと、生きること、「大人になる」ということ』大月書店、2009年。

Ⅱ 子ども期

8 若者期を支える②
──学びを支える

1 子どもの貧困と「就学援助」

　経済協力開発機構（OECD）によると日本の子どもの貧困率は13.7％（2008年），7人に1人が貧困の状況下にあるといわれています。なかでも，ひとり親世帯の子どもの貧困率は54.3％（2007年）であり，OECDで最悪の数字となっています。ひとり親世帯のうち，母子世帯は約71万7,000世帯，父子世帯は約10万世帯です。

　あなたや家族が，なんらかの理由でお金に困っており，それでも「学びたい」「進学したい」と思っている時，どんな支援があるでしょうか。

　学校教育法では「経済的理由によつて，就学困難と認められる学齢児童又は学齢生徒の保護者に対しては，市町村は，必要な援助を与えなければならない」（19条）と就学援助について定めています。就学援助の対象者は，生活保護法6条2項に規定する要保護者，及び，市町村教育委員会が6条2項に規定する要保護者に準ずる程度に困窮していると認める準要保護者です。たとえば，市民税が非課税あるいは減免されている，母子家庭であり児童扶養手当を支給されている場合などが考えられます。

　具体的な補助の対象は，新入学時の学用品費，通常の学用品費，実技用具費，通学用品費，通学費，修学旅行費，校外活動費，学校給食費などです。申請書類は市町村のホームページや学校を通じて手に入れ，提出します。支給方法は市町村のよって異なり，保護者に直接振り込む場合，校長を通じて支給する場合，現物を支給する場合があります。

　市町村が実施する就学援助事業のうち，要保護者に対して行う事業の経費は国が補助を行っていますが，準要保護者に対しては2005年度より税源移譲を行ったうえで国の補助を廃止しました。現在では，一般財源化された中から就学援助に費用を割くかどうかは各自治体の裁量となっています。加えて，広報の充実度も自治体によって異なることから，女の子を支援する専門職が制度を知っていることが重要です。

2 高校・大学の授業料減免と奨学金

　高校や専門学校，大学，大学院への進学を，経済的な理由で断念する女の子もいます。家庭に経済的な余裕がない場合，「男の子はせめて大学まで行って

▷1　進学に関して，東京都は2008年より，学習塾に通う費用を無利子で貸し付ける制度を始めた。都市部では，塾に通う子どもが多数派となり，塾に行かなければ希望する進学や就職ができない現状がある。この事業の狙いは，親の経済力によって子どもの教育格差が生まれるのを阻み，貧困の連鎖を防ぐことである。貸付限度額は中学3年生15万円，高校3年生20万円であるが，高校・大学へ入学した場合は返済が免除される。詳しくは，区市町村窓口で相談できる。

ほしい」「女の子なら無理をしないでもいい」という家庭は，まだまだあります。そんなときに利用できるのが授業料の減免と奨学金です。

　親が失業したり，離婚した場合，災害にあった場合など，公立高校では，入学検定料などについて免除あるいは一部を減額する制度があります。また，大学にも入学料や授業料の免除や一部減額，徴収を猶予する制度があります。いずれも，各自治体・大学の担当窓口に直接問い合わせましょう。

　上記の減免制度のほかに利用者の多いものとしては，独立行政法人日本学生支援機構による奨学金があります。対象は，高等専門学校・専修学校専門課程・大学・大学院に在籍する者であり，利子のない第1種と，利子のある第2種があります。学びの経済的な支援は不可欠ですが，貸与奨学金の場合，専門学校や大学を卒業したと同時に数百万単位の借金を抱えることになり，返済に苦心する人が少なくないのも現状です。

　また，病気や事故，災害，自殺などで親を亡くした子どもに対して高校・大学・専門学校に通うための奨学金を貸与するのは，「あしなが育英会」です。「あしなが育英会」では，経済的な援助のみならず，親を亡くした子どもたちの「つどい」を行い，交流を図っています。

3　求められる学び支援の再構築

　このように各種の制度はあるものの，就学援助の規模縮小や，給付奨学金の少なさ，貸与奨学金の返還への不安など，学びを支える経済的支援は十分とはいえない状況にあります。「学びたい」という思いはあっても，あるいは制度を知っていても，状況の厳しさから自ら学ぶことをあきらめてしまう女の子も多くいます。とはいえ，学ぶ代わりに働こうとしても，中卒や高卒の女の子が就職可能なところは，低賃金であったり，過酷な労働環境であったりと，より厳しい現実が待ち受けることもしばしばです。

　看護学校などでは奨学金制度が比較的充実しており，免許取得後に指定の病院で数年間勤務することで返還を免除されます。これをヒントに，保育士や教員など実践力を育む資格に関しては，学びの現場が将来の職場となりうることを考えても，実習に対して給与を支払うような仕組みを考えてもいいのではないでしょうか。

　高卒後，どんなに努力しても，希望の職はおろかアルバイトにさえ就けない女の子が少なくない中，社会にとって必要な人材を育てるという視点で，学びを支える制度を編み直していくことが求められています。

（安部芳絵）

参考文献

子どもの貧困白書編集委員会『子どもの貧困白書』明石書店，2009年。

Ⅱ 子ども期

9 若者期を支える③
──女の子の進路選択

1 女の子の進学率

2007年度の文部科学省「学校基本調査」によると，高等学校への進学率は女子が96.6％，男子が96.1％となっています。大学への進学率は，女子40.6％，男子53.5％であり，男子の方が10ポイント高くなっていますが，女子の11.9％が短期大学（本科）へ進学していることをあわせると大学進学率は52.5％となります。大学卒業後，すぐに大学院へ進学する割合は，女性7.0％，男性15.0％と男性が高くなっています。このように男女差はあるものの，女子の大学・大学院への進学率は上昇傾向にあります（巻末図8）。

2 専攻分野の偏り

大学における学生の専攻分野には隔たりがあります。2008年では専攻する女子学生が最も多い分野は社会科学で28万6,348人です。専攻分野別に男女の割合をみると，社会科学では31.8％，人文科学では66.4％が女子です。一方，工学分野を専攻する女子は全学生のわずか10.5％にすぎません。

大学院における専攻分野は，修士課程では人文科学，社会科学が多く，工学・教育・保健分野が続いています。博士課程では，保健，人文科学分野が多く，法科大学院では30.2％が女子となっています。

3 男女の学力差と周囲の期待

このように，専攻する学問分野に偏りが見られるのは，「男子は理系，女子は文系」であって，女子は理系に向かないからでしょうか。

経済協力開発機構（OECD）が2006年に実施した学習到達度調査（PISA）の結果によると，科学的リテラシーでは男子が女子よりも3点高いものの統計的に優位な差はありませんでした。読解力では，女子の平均点513点に対して男子は483点で，女子が31点高くなっています。数学的リテラシーでは，男子が女子よりも20点高く，統計的に優位な差が見られました。一方，2008年12月に発表された，国際教育到達度評価学会（IEA）実施の2007年国際数学・理科教育動向調査（TIMSS）によると，理数ともに男女の得点差は見られず国際平均では女子が優位との結果も出ています。

このように，かならずしも女の子が理系に向いていないわけではありません。

▷1　総務局統計局平成20年度データ（http//www.star.go.jp/data/nihon/22htm22-12, 2011/3/15）より。以下割合も同じ。

▷2　OECD参加国が国際的に開発した15歳児を対象とする学習到達度調査。2000年に最初の本調査を実施し，以後3年後とのサイクルで実施。読解力・数学的リテラシー・科学的リテラシーの3分野について調査。2006年調査には，57カ国・地域から40万人の15歳児が参加した。

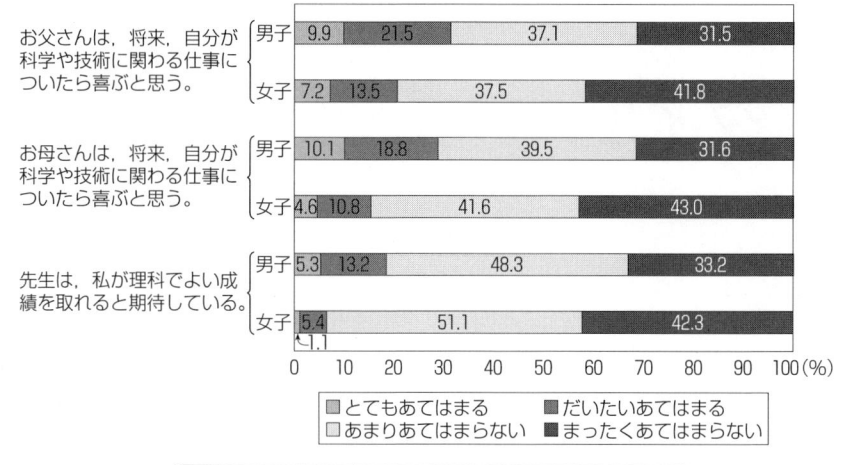

図Ⅱ-2 中学2年生からみた理科の学習に対する周囲の意識

項目	性別	とてもあてはまる	だいたいあてはまる	あまりあてはまらない	まったくあてはまらない
お父さんは，将来，自分が科学や技術に関わる仕事についたら喜ぶと思う。	男子	9.9	21.5	37.1	31.5
	女子	7.2	13.5	37.5	41.8
お母さんは，将来，自分が科学や技術に関わる仕事についたら喜ぶと思う。	男子	10.1	18.8	39.5	31.6
	女子	4.6	10.8	41.6	43.0
先生は，私が理科でよい成績を取れると期待している。	男子	5.3	13.2	48.3	33.2
	女子	1.1	5.4	51.1	42.3

（備考）文部科学省「学校教育におけるジェンダー・バイアスに関する研究」（2000～2002年度）より作成。
出所：内閣府編『男女共同参画白書　平成17年版』。

しかし，進学・就職先として理工系分野を選択する女の子が少ないのも事実です。

これは，女子中高生が進路を選択する際には，「男子は理系，女子は文系」という社会通念（図Ⅱ-2）や，身近な理系女性ロール・モデルの不在が影響を及ぼしていると考えられます。そのため，理系に興味を抱いた女の子が夢を実現するためには，積極的な進路選択への支援が必要であるといえます。

4　女の子のキャリア形成を支える視点

理系女子のみならず，進路・職業選択の支援は女の子にとっては特に重要と言えます。たとえば，「平成20年3月高等学校卒業予定者の就職内定状況に関する調査の結果について」（文部科学省，2007年）によると，就職内定率には男女差があり，男子は72.2％，女子は61.0％です。就職希望者のうち就職内定に至っていない者は約7万人いますが，そのうち女子は約3万6,000人と過半数を超えています。

大卒後，就職をしても，非正規雇用であったり，出産・育児・介護で会社を辞めざるを得なかったりと，女の子のキャリアには自分ひとりの力ではどうにもならない不安定要素がつきまといます。就職して，あるいは就職の直前になってこれらのことに直面し，戸惑い，誰にも相談できずに問題を自分で抱え込んでしまう人も少なくありません。

ライフイベントと仕事との折り合いをどうつけていくか，困った時は誰に相談すれば良いのか，自分を守ってくれる法律にはどんなものがあるのかを含めたキャリア形成支援が求められるといえます。

（安部芳絵）

▷3　1つには，理工系分野に関する親や教師の期待が男女によって異なることが挙げられる。中学校2年生に理科の学習に対する周囲の意識を聞いた調査（文部科学省「学校教育におけるジェンダー・バイアスに関する研究」平成12～14年）では，母親や父親が科学や技術に関わる仕事に就いたら喜ぶかどうかという設問に関しても，教師が理科でよい成績を取れると期待しているか，という設問に関しても，女の子は男の子よりも「とてもあてはまる」「あてはまる」を選択した者が低くなっている（内閣府編『男女共同参画白書　平成17年版』）。

▷4　文部科学省では，女子中高生の科学技術分野に対する興味・関心を喚起し，理系への進路選択を支援する委託事業として，「女子中高生理系進路選択支援事業」を2006年度より実施している。

参考文献

都河明子『理系に行こう！──女子中高生のための理系案内』九天社，2006年。
松下祥子『科学者たちの奇妙な日常』日本経済新聞出版社，2008年。

III ライフスタイルの選択

1 ライフスタイルの選択と女性の自立

III章では，社会保障制度の仕組みを説明しながら，ジェンダー問題を考えていきます。まず，ライフスタイルを築いていくうえで，社会保障制度がどのように関わるのかを概観します。次に，①結婚，②妊娠・出産，③子育て，④高齢期というライフステージ別にみてから，生涯にわたる貧困の問題の所在を明らかにし，生活保護制度を取り上げます。

1 人生80年＋αの時代へ

日本人の平均寿命は，戦後どのように変化したでしょうか。1950年には，男性58.00歳（年），女性61.50歳でしたが，その後，70代へ，80代へと伸び，2009年には，男性79.59歳，女性は86.44歳と，男女ともに過去最高を更新しました。1950年と2009年とを単純に比べると，男性は21.59歳，女性は24.94歳まで延びました。国際的にみても，男女ともに長寿です。

人生80年＋αをどのように生きるのか，生きたいのかを，長期的な視点を含めて考えていく必要があります。シングルで生きる，子どもを持つ・持たない…ことも含めて考えてみましょう。

2 人生のリスクと社会保障制度との関わり

人生80年＋αを過ごしていく間には，けがをしたり，病気になったり，また，勤めている会社の倒産やリストラにより，家族や自分自身が失業することもありうるでしょう。子どもが独立する前に，父または母が死亡することもありえます。祖父母や父母が高齢になると，介護サービスを必要とするでしょう。

社会保障制度は，出生前（妊娠期）から，高齢期に至るまでさまざまなかたちで関わっています（巻末図9）。社会保障制度には，疾病，けが，失業，老齢，死亡を社会的リスクとして対応する社会保険制度，経済的に困窮した場合の救済策として生活保護制度，保育・子育て支援サービスや障がい児・障がい者福祉サービス等の社会福祉制度，社会手当等があります。社会保障制度は，税金や社会保険料を財源とし，金銭給付（現金給付），または福祉サービスや医療（現物給付）として給付されます。

3 女性の自立と社会保障

社会保障制度の給付や社会保険料の設定は概して，世帯単位となっています。

▷1 厚生労働省大臣官房統計情報部人口動態・保健統計課「平成21年簡易生命表」等。平均寿命は「年」で表わされる。

▷2 社会保険制度は，医療保険（健康保険），年金保険，介護保険，労働者災害補償保険，雇用保険の5つである。

特に雇われて働く人の世帯の場合，妻（法律上の文言は配偶者）等には特別な規定がおかれています。たとえば，雇われて働く人の被扶養の配偶者等は，医療保険の社会保険料を負担することなく，医療サービスを受けることができます。基礎年金（国民年金）では，雇われて働く人（第2号被保険者）の被扶養の配偶者（第3号被保険者）は社会保険料を負担せず，雇われて働く人が加入する厚生年金・共済年金が国民年金に拠出するという仕組みとなっています。国民年金のこうした仕組みは，1985年の制度改正で，専業主婦を任意加入から強制加入とすることにより，主婦の年金権の確立という意味を持ちました。しかし，自営業者の妻は，専業主婦であっても第3号被保険にはなりません。

そして，社会保険における被扶養の経済的な基準は年収130万円未満なので，130万円以上にならないように就労時間を調整する女性が少なくありません。このことは，女性の就労意欲を削ぐとも指摘されています。また，税制上，配偶者控除や配偶者特別控除という，被扶養の配偶者に対する特別な規定（優遇措置）があります。

社会保障政策は，「世帯・家族」の枠組み――扶養・被扶養関係――を維持し，配偶者を優遇する措置を設けています。法律の文言は「配偶者」とするように，適用対象者を男女どちらかの性に限定していません。制度上は，性に中立である仕組みであると言えるでしょう。しかし，たとえば，基礎年金の制度創設にあたり念頭においた専業主婦という対象が，その後，実態として「性に中立な」状態と変化したのでしょうか。そして，「世帯・家族」の枠組みから外れる場合には，被扶養の恩恵を享受できず，不利な状況になるといえます。

▷3 同一世帯の場合は，年収130万円未満かつ，被保険者（扶養者）の年収の1/2未満であること等。60歳以上・障がい者は180万円未満である。

❹ 女性の就労と社会保障

日本の女性の働き方の特徴として，M字型就労と指摘されるように，出産・子育て期には，離職する女性が少なくありません。しかし，いったん離職すると，正社員としての再就職は難しく，また女性の意識としても，パートやアルバイトで働かざるを得ない状況があります。勤め人の妻がパートやアルバイトで働く場合には，扶養の枠内で働くことを意識するでしょう。

しかし，正社員として働いても，現実には男女の賃金格差があります。こうした男女の賃金格差は，社会保険料や給付の算定にあたり，賃金（報酬額）が基礎となる場合には影響を及ぼすことになります。たとえば，厚生年金の場合には，保険料や年金額は賃金（報酬額）によって算定されるからです。

社会保障政策における，「世帯・家族」の枠組み――扶養・被扶養関係――は，男女共生社会をめざす方向性とは逆方向にあり，女性のライフスタイル（生き方・働き方）の選択という点で女性の選択を狭めているといえます。また，女性の「扶養者」という立場には，男女の賃金格差等が経済的に不利な状況として関わってくるので，複合的に問題が絡んでいます。

（野城尚代）

III ライフスタイルの選択

2 ライフステージと社会保障①
―― 結　婚

1 結婚するということ

　男性は18歳、女性は16歳になれば婚姻（結婚）できます（民法731条）。婚姻は、戸籍の届出をすることによって、その効力を生じます（民法739条1項）。夫婦は、婚姻の際に夫の氏か妻の氏かをどちらかを選んで、共同の氏とします（民法750条）。再婚の場合、女性は、前婚の解消または取消しの日から6カ月を経過した後でなければ、再婚をすることができません（民法733条1項）。

　法律上、婚姻適齢は男女で2歳の年齢差があり、再婚の場合には女性に対してのみ、6カ月の再婚禁止期間を規定しています。夫婦の氏については、法律では夫婦どちらの氏でも選択できますが、ほとんどの場合が男性の氏を名乗ります。仕事の都合や個人の価値観から、旧姓を「通称」として使う女性も増えました。夫婦別姓（夫婦別氏）の導入については現在、議論されています。そして、さまざまな理由から、婚姻届を出さないで、事実婚を選択するカップルもいます。

2 法律婚主義をめぐる子の問題

　事実婚を選択しても、子どもができたら婚姻届を出すというカップルが少なくありません。それは、法律上の婚姻によらない子ども、婚外子（嫡出でない子ども、非嫡出子）には差別があるからです。戸籍法は出生届について、「嫡出子又は嫡出でない子の別」の記載をしなければならないと定めています（戸籍法49条2項）。民法では、相続について、「嫡出でない子の相続分は、嫡出である子の相続分の二分の一」とする規定があります（民法900条4号但書き）。

　出生届の父母との続柄の記載については是正されてきましたが、まだ解決されたとはいえません。相続については、法の下の平等を定めた日本国憲法14条1項に違反するかが論点となっています。最高裁（大法廷）は1995年に合憲と判断しました。しかし、2010年に最高裁（第3小法廷）は、婚外子への相続差別規定は憲法に違反するかが争われた裁判で、審理を最高裁（大法廷）に回付した（2010年7月7日付）ことから、今後の判断の行方が注目されます。

　そして、民法772条の「嫡出の推定」も問題となっています。民法772条は、妻が婚姻中に懐胎した子どもは夫の子どもと推定し、婚姻成立の日から200日経過後または婚姻解消の日から300日以内に生まれた子どもは婚姻中に懐胎し

▷1　戸籍における続柄欄の記載については、従前、「男」又は「女」とされていたが、2004年11月から、母が分娩した、婚外子の出生の順に、「長男（長女）」等と記載されるようになった。住民票については1995年から「子」という記載に統一された。

▷2　最高裁大法廷は、新たな憲法判断の必要がある場合、判例変更の必要がある場合等に開かれ、15人の最高裁判事全員で審理する。

▷3　国際結婚では、子どもの国籍の問題も絡んでくる。

たものと推定する規定です。しかし，離婚後300日以内に子どもが生まれたけれど，離婚した前夫の子どもではないケースもあります。こうしたケースの時，離婚後に懐胎したことが医学的に証明できる場合には，前夫を父としない出生の届出をすることができるようになりました。

▷4　2007年5月7日法務省民事局長通達。

以上のさまざまな問題に対しては，国連の女性差別撤廃委員会から，指摘されています。国連の「女性差別撤廃委員会の最終見解」（2009年8月7日）では，日本の「差別的な法規定」として，①婚姻適齢，②離婚後の女性の再婚禁止期間，③夫婦の氏の選択，④婚外子の差別の4点を挙げて，法的整備を講じるように指摘しました。そして，①男女ともに婚姻適齢を18歳に設定すること，②女性のみに課せられている6カ月の再婚禁止期間を廃止すること，③選択的夫婦別氏制度を採用すること，④婚外子とその母親に対する民法及び戸籍法の差別的規定を撤廃すること，を要請しました。

3 結婚の動向

結婚に関する動向をみると（**巻末表2**），平均初婚年齢は，1950年から2008年の間で，男女ともに上昇しました。婚姻率は低下し，離婚率は上昇しています。こうしたデータから，晩婚化の傾向と，そもそも結婚をしないという非婚化（未婚化）の傾向を読み取ることができます。

30代の男性の未婚率は上昇し，2005年には，30～34歳47.1％，35～39歳30.0％となりました。非婚化・晩婚化の理由として，女性の社会進出が進んだことにより女性が経済的に自立したこと，結婚への価値観が変わったこと，若者が経済的に不安定であること等が指摘されています。

▷5　総務省「国勢調査」による。内閣府編『子ども・子育て白書　平成22年版』参照。

4 結婚，家族・世帯のゆらぎ

かつて，「結婚は女性の最終就職である」といわれ，性別役割分業観（男性が働き，女性が家庭を守る）が社会的な風潮でした。実際に，女性の企業等への就職は限られるとともに，就職したとしても，「結婚までの就労（腰かけ）」という考え方が主流でした。

しかし，晩婚化や非婚化の傾向に加え，結婚したとしても離婚する夫婦の割合が高まる中，結婚に対する価値観の変化や結婚生活のゆらぎが出てきています。熟年離婚も増えてきました。こうしたことを背景として，年金制度では2004年改正で，離婚時等の厚生年金の報酬比例部分（保険料納付記録）について，分割制度（合意分割，3号分割）を導入しました。しかし，1つの世帯から2つの世帯に分かれて，生計を維持できるほど受給額が多くはないという指摘もあります。

家族の形態の変化，女性の生き方の多様化にあわせて，また，子どもの権利といった視点からの制度の検討が望まれます。

（野城尚代）

Ⅲ　ライフスタイルの選択

3 ライフステージと社会保障②
——妊娠・出産

1　リプロダクティヴ・ヘルス／ライツ

　妊娠・出産におけるリスクは医療の発達とともに低下したとはいえ，妊婦が合併症を生じる危険性や，出産時に母や子が死亡する危険性もあります。女性にとって，妊娠・出産，子育ては，ライフスタイルを左右する出来事です。こうしたことからも，リプロダクティヴ・ヘルス／ライツは，尊重されなければなりません。

　日本では，母体保護法で「妊娠の継続又は分娩が身体的又は経済的理由により母体の健康を著しく害するおそれのあるもの」（母体保護法14条1項1号），「〔前略〕姦淫されて妊娠したもの」（同項2号）に対して人工妊娠中絶を認めています。人工妊娠中絶数は，2009年度は22万3,405件であり，人工妊娠中絶実施率（15～49歳の女子人口千対）は8.2です。

　一方で，10組のカップルのうち1組は不妊であるともいわれています。不妊治療は，アドバイス的な指導から，高度な技術を要する不妊治療までさまざまな段階があり，一部の検査等を除き，原則的に医療保険適用外の自由診療です。少子化対策として，所得制限はありますが，高度な技術を要する不妊治療（体外受精等）については，特定不妊治療費助成が行われるようになりました。もちろん，倫理的な問題も含んでおり，代理母や卵子提供等さまざまな深い検討課題があります。

2　出産に備える——出産費用の助成

　通常の出産は，医療保険の現物給付の対象となりませんが，医療保険制度から，出産費用として現金が給付されます。健康保険制度では出産育児一時金（健康保険法101条）として，2010年現在，42万円（1子につき）が給付されます。勤め人に扶養される妻が出産した場合には，家族出産育児一時金が支給されます（健康保険法114条）。自営業等の国民健康保険では自治体の条例により規定されますが，原則42万円です。

　出産費用については経済的負担感があることから，少子化対策との関係で（暫定措置），従前の38万円から42万円に引き上げ，また，給付方法も保険者から病院へ直接支払う方法に変更されました。従前は，退院時に出産費用を事前に用意しておかなければなりませんでした。

▷1　世界保健機関(WHO)がリプロダクティヴ・ヘルス／ライツを定義し，1994年のカイロの国際人口開発会議で認識され，翌年の第4回世界女性会議（北京会議）でセクシュアリティについて女性が男性と平等に決定する権利が提唱された。

▷2　厚生労働省大臣官房統計情報部人口動態・保健統計課「平成21年度衛生行政報告例結果の概況」。

▷3　産科医療補償制度に加入していない病院等で出産した場合は39万円である。

3 母性保護規定等

　妊娠・出産を経て仕事を継続する女性は増えたとはいえ，現在も妊娠・出産を理由に退職する女性は少なくありません。妊娠・出産に関わる制度は，労働基準法による母性保護規定や男女雇用機会均等法による母性健康管理措置として規定されています。

　妊娠がわかり，働きつつ出産・子育てをする場合には，上司または事業主に出産予定日や休業の予定を申し出ましょう。健康診査等を受けるための時間の確保を事業主に義務づけています（男女雇用機会均等法12条）。主治医から，つわり等の症状に対して勤務時間の短縮等の指導を受けた場合には，措置を講ずることを事業主に義務づけています（男女雇用機会均等法13条）。こうした母性健康管理措置のほか，妊娠中には，時間外・休日労働・深夜業の制限，簡易業務転換等の措置があります（労働基準法65条3項，66条等）。

　妊娠・出産のための休業保障としては，産前・産後休業制度があります。本人の請求により産前6週間（多胎妊娠の場合は14週間），産後8週間（うち6週間は強制休業）の休業を取得できます（労働基準法65条1・2項）。産前・産後休業中の経済的保障として，出産手当金が健康保険の被保険者（勤め人本人・女性）に対し，1日につき標準報酬日額の2/3相当額給付されます（健康保険法102条）。

　生後1年に達しない子どもを育てる女性は，育児時間を請求できます（労働基準法67条）。また，妊娠中と同様に産後1年を経過しない女性は，時間外・休日労働・深夜業の制限等の措置が適用となります（労働基準法66条等）。

4 母性保護と育児休業

　女性が働きながら，妊娠・出産，子育てしていくうえで，妊娠・出産と育児は連続したものととらえますが，労働法政策では，別個の法理念でとらえています。妊娠・出産に関わる制度は，母性保護として妊娠・出産する女性を対象とし，次節で取り上げる育児休業制度は，子どもを養育する男女労働者を対象とし，雇用の継続を図ること等を目的としています。

　また，生理休暇は従来，母性保護制度の一つと考えられていましたが，現在は妊娠・出産機能をもつ女性の健康の保護として位置づけられています。

　産前・産後休業はもちろんのこと，母性健康管理措置が法的に整備されていますが，もしも，上司や事業主が権利の行使を認めない等，問題が生じた場合には，都道府県労働局雇用均等室等に相談しましょう。雇用均等室は，育児・介護休業制度も対応しています。働く女性が妊娠・出産し，子育てしながら仕事を継続するために，母性保護制度や育児休業制度等を活用しましょう。

（野城尚代）

▷4　産前・産後休業制度と同様に，育児休業・介護休業制度も，休業時の経済的保障が別の制度（雇用保険法）から保障される。休業を取得しても，健康保険法や雇用保険法の被保険者でない場合には経済的保障の対象とはならない。

Ⅲ　ライフスタイルの選択

4　ライフステージと社会保障③
―― 子育て

1　子育ての経済的支援――児童手当制度から子ども手当制度へ

　児童手当制度は、子育て家庭における生活の安定と次代の社会を担う児童の健全な育成及び資質の向上を目的として、1972年に始まりました（当初は第3子以降）。児童手当制度は、1992年には従前の第2子以降から第1子にも拡大し、少子化対策における、子育て家庭への経済的負担の軽減策という観点から、数次の改正で、対象となる子どもの年齢を徐々に拡大し、2006年4月から小学校修了前まで対象となりました。児童手当制度には徐々に緩和されたとはいえ、所得制限がありました。給付額は、第1子、第2子は月額5,000円、第3子以降は月額10,000円でした。さらに、2007年4月からは、3歳未満の乳幼児に対する給付額を、第1子、第2子について倍増し、月額10,000円としました。

　2010年4月には、民主党政権の政権公約の一つとして、子ども手当制度が創設されました。子ども手当制度は、対象となる子どもの年齢を「中学校修了までの子」に広げ、所得制限を撤廃することにより、支給対象者の範囲を広げました。支給額は2010年度では、1万3,000円です。

　子育ての経済的支援策に関連して、自治体による、乳幼児や小学生・中学生を対象とする医療費助成制度があります。この制度は、経済的支援という意義に加え、子どもの医療そのものを保障する仕組みでもあるといえます。

2　子育てと仕事との両立を図る①――育児休業制度等

　育児休業制度は、仕事と育児との両立を図るもので、女性に限らず、男性も取得できます。育児・介護休業法では、民間企業等の男女労働者に子どもが1歳に達するまで（保育所に入所できない場合等は、1歳6カ月に達するまで）育児休業を取得できることを定めています。少子化対策の一環として、事業主が、法の規定を上回るより長い育児休業制度を設けている事例もあります。

　育児・介護休業法の2009年改正では、男性の育児休業の取得を促進するための仕組みを導入しました。それは、①パパ・ママ育休プラス（両親ともに取得する場合は、1歳2カ月まで取得できる）、②出産後8週間以内の父親の育児休業取得の促進（出産後8週間以内に育児休業を取得した場合には特別な事情がなくても再度の取得が可能になった）、③労使協定による専業主婦（夫）の除外規定の廃止（専業主婦（夫）家庭の夫（妻）も含め育児休業を取得できる）です。

▷1　子育てには、さまざまな保育・子育て支援サービスがある（Ⅴ～Ⅷ章参照）。
▷2　児童手当制度という国の法制度に対して、自治体の中には、①支給対象年齢の拡大、②支給額の上乗せ、③所得制限の撤廃等、独自の取り組みをする自治体もあった。
▷3　子ども手当制度は、「平成22年度における子ども手当の支給に関する法律」等による。2011年度の子ども手当法案では、3歳未満の子どもに限り、7,000円引き上げて月2万円となるという。しかし、財源的に難しい状況が指摘されている。
▷4　子どもが医療機関にかかると、医療費の2割又は3割を支払う（患者負担）が、この負担分を一部又は全部自治体が助成する仕組みである。自治体により、対象となる子どもの範囲や所得制限の有無等、異なる。東京都23区等では所得制限がなく、中学生までが対象となる。
▷5　正式には「育児休業、介護休業等育児又は家族介護を行う労働者の福祉に関する法律」という。国家公務員については「国家公務員の育児休業等に関する法律」で、子どもが3歳に達するまで取得できると規定されている（3条）。

こうした，男性の育児休業制度の取得を促進するための施策を導入した背景には，法制度上は男女労働者を対象とした「性に中立な」制度とはいえ，実際には，女性の取得率が圧倒的に高いという偏在がみられるからです。

　「雇用均等基本調査」（厚生労働省雇用均等・児童家庭局雇用均等政策課，2009年度）によると，女性の育児休業取得率は85.6％（前年度90.6％）ですが，男性は1.72％（前年度1.23％）です。男性の取得率は微増したとはいえ，法制度上は性に中立な制度にもかかわらず，取得にあたっては明らかに男女差があります。2009年改正は，男性の取得を促進するためのいわば積極的な優遇施策を導入したといえます。

　育児休業制度の他に，育児・介護休業法では，①介護休業制度（対象家族1人につき要介護状態に至るごとに1回，通算93日まで），②育児や介護のための勤務時間の短縮等の措置等，③子の看護休暇，④介護休暇，⑤育児や介護のための時間外労働・深夜業を制限する制度等を定めています。

3　子育てと仕事との両立を図る②——育児休業給付等

　育児休業・介護休業期間の経済的保障としては，雇用継続給付として，雇用保険制度から給付されます。介護休業給付金は休業開始時賃金の4割ですが，育児休業給付金は少子化対策の一環として，暫定的に4割から5割に引き上げられました。給付方法は従前，育児休業中に3割，職場復帰して半年後に2割と分けていましたが，2010年4月1日以降に育児休業を開始した場合には育児休業中に統合して給付されるようになりました。また，厚生年金保険や健康保険の社会保険料については，育児休業期間は免除される等の特別な定めがあります（健康保険法159条，厚生年金保険法81条の2等）。

　雇用保険制度は，求職者給付（失業保険）を中心としていますが，教育訓練給付等の仕組みもあります。教育訓練給付は，労働者の主体的なキャリア開発の取り組みを支援する仕組みです。

4　育児休業と働くこと

　育児休業は法的権利とはいえ，育児休業の申出を事業主に拒まれる等，何か問題が生じた場合には，都道府県労働局雇用均等室に相談しましょう。ケースによっては，労働者の権利が救済されることもあります。

　育児休業の取得はキャリア上，ブランクといえるかもしれません。しかし，育児休業を取得し，より長期にわたり勤続していくことが，ひいては，男女の賃金格差の是正につながるでしょう。現役時代の賃金は，厚生年金の給付水準（社会保険料も比例）にも関わります。女性の長期勤続を図るとともに，キャリア開発，ポジティブ・アクションを通じて，現役時代の男女の賃金格差を是正していくことが必要です。

（野城尚代）

▷6　一定の条件を満たす雇用保険の一般被保険者・離職者が，ホームヘルパー2級や簿記検定等の厚生労働大臣の指定する教育訓練を受講して修了した場合に，教育訓練経費の2割に相当する額（上限10万円）が支給される。

▷7　育児休業の申出を理由とする雇止めや育児休業取得を理由とする職種変更という女性労働者からの申立に対し，事業主の事情聴取を経て，労働局長による助言により，紛争が解決した事例がある。厚生労働省雇用均等・児童家庭局職業家庭両立課「平成21年度育児・介護休業法施行状況について」の資料「都道府県労働局長における紛争解決の援助事例」を参照。

Ⅲ ライフスタイルの選択

5 ライフステージと社会保障④
――高齢期

1 経済的保障としての年金制度

　高齢者世帯においては，所得のうちの年金の占める割合は大きく，2009年の高齢者世帯の平均所得（297万円）の70.6％（209万8,000円）が「公的年金・恩給」です。しかし，この数値は厚生年金等が含まれることに注意しなければなりません。日本の年金制度は3階建てで，1階部分が基礎年金（国民年金），2階部分が厚生年金・共済年金，3階部分が企業年金等となっています。働き方や勤務先等によって，対象となる仕組みが変わります。

　老齢基礎年金は，資格期間が25年以上ある人が65歳になった時に給付されます。老齢基礎年金額は2010年度，月額6万6,008円（国民年金保険料は2010年度，月額1万5,100円）です。夫婦2人とも，基礎年金（国民年金）の場合（自営業等）には，年間158万4,200円程度となります。この年金額は満額の場合で，保険料納付済期間が短いと減額になります。厚生年金（雇われて働く人）は基礎年金に上乗せされますが，現役時の報酬に比例するので，男女の賃金格差，世帯間の賃金格差が高齢期に反映されることになります。

　年金制度は，高齢期の経済的保障に留まらず，障がい者になった場合には障害年金が，主たる生計維持者が死亡した場合には遺族年金が給付されます。障害年金の給付額は障がいの重さによって異なり，障害基礎年金は1・2級，障害厚生年金は1～3級に分かれています。障害基礎年金の場合，1級（両手の機能に著しい障がいを有する人等）の人は老齢基礎年金の満額の1.25倍，2級（片手の機能に著しい障がいを有する人等）の人は老齢基礎年金の満額と同じです。障害厚生年金は，1級の人は老齢厚生年金の計算額の1.25倍，2級と3級（2級より軽度）の人は計算額の同額です。軽度の障がいの場合には，障害手当金（一時金）があります。

2 高齢者医療制度

　高齢者の医療は医療保険制度の枠組みの中で，従前，老人保健制度として対応してきました。2008年4月に，老人保健制度を廃止し，75歳以上の高齢者を別建ての制度とする，後期高齢者医療制度（長寿医療制度）が導入されました。

　後期高齢者医療制度では，ひとりひとりが個人単位で被保険者となり，保険料を負担します。保険料は，地域の所得水準や医療費等を反映し，保険者である後期高齢者医療広域連合（都道府県の区域を単位）ごとに異なります。自己負

▷1　厚生労働省大臣官房統計情報部社会統計課「2009年国民生活基礎調査」。
▷2　主たる生計維持者が死別した場合，遺族基礎年金，遺族厚生年金等が給付される。遺族基礎年金は，死亡した被保険者等によって生計を維持されていた，子どものある妻又は子どもに給付され，夫には遺族基礎年金が給付されない。遺族基礎年金の基本額は，老齢基礎年金の満額と同じである。遺族厚生年金は，子どものある妻，子どものほか，子どものいない妻，夫等に給付される。また，子どものいない30歳未満の妻は2007年4月からは，5年間の有期給付となった。遺族厚生年金の額は，老齢厚生年金の計算額の3／4である。
▷3　制度発足時に「後期高齢者」という名称への批判が起こり，現在は，長寿高齢者制度という表記が用いられている。他にも，社会保険料の設定や高齢者の特性に沿った医療サービスに対する批判があった。民主党は，制度の見直しを行うことを政権公約とした。
▷4　家族（同居）は「福祉における含み資産」ともいわれた（厚生省編『厚生白書　昭和53年版』1978年）。
▷5　市町村は，申請した被保険者が「要介護（要介

担は1割ですが，現役並み所得者は3割です。後期高齢者医療制度で受けられる医療サービスの内容は，他の医療保険制度と同様です。しかし導入直後から，名称や年齢区分，保険料徴収方法等が批判され，現在，2013年の導入に向けて制度改正が議論されています。

③ 介護保険制度

　高齢者介護は，従来女性を中心とする家族が担い，制度上は，老人福祉制度や老人保健制度で対応していました。しかし，高齢社会を迎え家族介護の限界や社会的入院の問題等が指摘されるようになりました。こうしたことを背景に，介護サービスを保障し，介護の社会化を進めていくために，介護保険制度が創設され，2000年4月1日から施行されました。

　保険者は市町村・特別区であり，被保険者は，65歳以上の「第1号被保険者」と，40歳から64歳までの「第2号被保険者」です（**巻末図10**）。財源構成は，保険料と公費（税）が半分ずつの折衷方式です。

　介護保険制度における介護サービスの利用の特徴は，①まずは，要介護認定を受ける，②要介護度に応じた給付額が設定されている，③ケアマネージャー（または本人）がケアプラン（居宅介護サービス計画）を立てる，④利用者が介護サービスを選択できる等です。利用者は介護サービスの利用にあたり，原則として1割を負担します。利用者負担が高額になる場合には，医療保険制度（患者の一部負担）と同様の仕組みとして，高額介護サービス費・高額介護予防サービス費が設定されています。2008年4月からは，高額医療・高額介護合算制度が導入されました。

④ 自己決定を支える仕組み

　女性の長寿化に伴い，長期にわたる高齢期にも自立して生活できるような仕組みが必要です。社会保障政策では，「高齢者像」を「活力ある高齢者」ととらえ，高齢者にも応分の負担を求めるように変容しています。雇用政策では，高年齢者等雇用安定法により，定年の引き上げ等の措置を講ずるよう，事業主に義務づけています。仕事と介護の両立支援法制としては，介護休業制度が法制化されました（前述）。

　高齢期になるとどうしても，医療や介護サービスを受ける機会が多くなります。介護保険制度は，従前の措置制度とは異なり，利用者が選択できるような仕組みを導入しました。しかし，認知症の高齢者が適切に選択し契約できるのか，介護サービスの量や質が確保されているのかが問題となります。こうした問題に応えるため，苦情解決の仕組みや成年後見制度，福祉サービス利用援助事業の仕組みを法的には整備しました。適切な介護サービスや医療が現実に受けられるような仕組みを構築していくことが求められています。（野城尚代）

▷5 「要介護（要介護1から要介護5）」・「要支援（要支援1または要支援2）」または「自立」にあたるかを判断し，介護保険給付が必要か否か，必要な場合にはどの程度であるかを判断する。

▷6 被保険者（利用者）の心身の状況にあったサービスが適切に総合的かつ効率的に提供されることを目的としている。

▷7 厚生労働省監修『厚生労働白書 平成15年版』の副題は「活力ある高齢者像と世代間の新たな関係の構築」であった。

▷8 苦情解決制度は，利用者の権利擁護という意義と，介護サービスの質の向上という意味を持つ。利用者・家族からの介護サービスに関する苦情に対し，介護サービス事業者等は，迅速かつ適切に対応しなければならない。区市町村・地域包括支援センター，国民健康保険団体連合会は利用者の苦情を解決するために指導・助言等を行っている。

▷9 成年後見制度は，認知症の高齢者のように判断能力が十分でない人が，介護サービスを利用するための契約や財産管理等を行えるように，判断能力を補い，権利が守られるように法的に支援する制度である。法定後見（判断能力に応じて「補助」・「保佐」・「後見」）と任意後見（予め後見人を選任）がある。成年後見人は親族が選任されることが多いが，第三者の司法書士，弁護士，社会福祉士といった専門家が選任されることも少なくない。独立型社会福祉士として活躍している人もいる。

Ⅲ ライフスタイルの選択

6 ライフステージと社会保障⑤
──女性と貧困

1 貧困の所在

かつては日本人の多くが中流意識を持ち，また，日本は他国と比べて，平等度の高い国であるといわれていました。しかし，バブル経済の崩壊後，雇用不安とともに世帯の所得や教育等に関して「格差社会」が指摘され，2008年秋のリーマン・ショック後には100年に１度ともいわれる経済不況に陥っています。

経済協力開発機構（OECD）による「2000年代半ば」の相対的貧困率[1]は，日本では14.9％とOECD平均の10.6％より高く，加盟国30カ国の中で27位でした。同様の方法で日本政府が算出した，2006年（調査対象年）の相対的貧困率は15.7％でした[2]。このことは，貧困線（114万円）に満たない世帯員が15.7％いることを示しています。「子どもがいる現役世帯」をみると[3]，「大人が２人以上」いる世帯では，10.2％と低いのに対して，ひとり親世帯を示す「大人が１人」の世帯では54.3％と高い値です。

厚生労働省による2008年「所得再分配調査」では[4]（**表Ⅲ-1**），母子世帯への所得再分配機能が弱いといえます。当初所得（雇用者所得や仕送り等の私的給付）は，一般世帯が568万5,000円，高齢者世帯が90万1,000円，母子世帯が207万5,000円ですが，再分配所得（当初所得から税金，社会保険料を控除し，社会保障給付を加えたもの）は一般世帯が572万6,000円，高齢者世帯が374万9,000円，母子世帯が234万9,000円となります。高齢者世帯は，年金・恩給や医療の受給額が高いことによります。

▷1 貧困率は国内の低所得者の割合を示す指標であり，相対的貧困率に対し，絶対的貧困率がある。

▷2 相対的貧困率とは，等価可処分所得（世帯の可処分所得を世帯人員の平方根で割って調整した所得）の中央値の半分に満たない世帯員の割合をいう（厚生労働省大臣官房統計情報部国民生活基礎調査室他「相対的貧困率の公表について」（2009年10月20日））。

▷3 厚生労働省大臣官房統計情報部国民生活基礎調査室他「子どもがいる現役世帯の世帯員の相対的貧困率の公表について」（2009年11月13日）。

▷4 「所得再分配調査」とは，社会保障制度における給付と負担，租税制度における負担が所得の分配にどのような影響を与えているかを明らかにするものである。所得再分配調査も相対的貧困率の算出も，「国民生活基礎調査」をベースとしている。

表Ⅲ-1 世帯類型別所得再分配状況

	総数	一般世帯	高齢者世帯	母子世帯
世帯数	4,792	3,532	1,167	87
世帯人員数	2.56	2.90	1.54	2.59
当初所得(A)(万円)	445.1	568.5	90.1	207.5
可処分所得(万円)	447.1	514.0	263.4	208.9
再分配所得(B)(万円)	517.9	572.6	374.9	234.9
再分配係数((B−A)／A)(％)	16.4	0.7	316.3	13.2
拠出合計額(万円)	100.5	122.5	39.4	28.2
受給合計額(万円)	173.3	126.6	324.2	55.6

（注） 1 「高齢者世帯」は，65歳以上の者のみで構成するか，又はこれに18歳未満の未婚の者が加わった世帯をいう。
2 「母子世帯」は，死別・離婚・その他の理由で，現に配偶者のいない65歳未満の女性と20歳未満の子どものみで構成している世帯をいう（筆者注：世帯総数には父子世帯も含む）。

出所：厚生労働省政策統括官付政策評価官室「平成20年所得再分配調査報告書」より該当部分を引用。

❷ ひとり親世帯・母子世帯

　以上の調査から，ひとり親世帯・母子世帯は，経済的に厳しい状態にあることがわかります。ひとり親世帯は，女性が世帯主であるケースが多いです。母子世帯等を対象とした社会手当として児童扶養手当制度があり，従前，父母が婚姻を解消した児童，父が死亡した児童等を養育する母又は児童の養育者に対して給付されました。[5]

　児童扶養手当制度は改正され，2010年8月から，父子世帯も対象となりました。所得制限がありますので，所得の低いひとり親世帯への支援ともいえ，性に中立な仕組みとしたともいえます。しかし，母子世帯特有の根本的ともいえる経済的な問題は改善されているのでしょうか。再就職の難しさ，職業生活のキャリアを活かせるのかどうかという課題を抱えています。

❸ 高齢者世帯

　高齢者世帯には所得の再分配機能が有効に働いていると，所得再分配調査からは読みとれます。しかし，内閣府「高齢者の地域におけるライフスタイルに関する調査」(2010年)によれば，孤独死を身近な問題としてとらえる60歳以上の高齢者は4割を超え，単身世帯では64.7％でした。[6] 高齢期には，女性の単身世帯（単独世帯）の割合が圧倒的に高いのです。高齢期の女性の自殺者も少なくありません。孤独死への不安や自殺ということも，現代的な貧困の諸相といえるのではないでしょうか。

　さらには，2010年7月に東京都足立区で発覚した，戸籍上111歳の男性の事件に端を発する，全国的な高齢者の調査の中で，所在不明の多数の高齢者の存在と，高齢者の死亡を隠した，遺族の年金不正受給など，高齢者をめぐる家族を含めた複雑な状況が明らかになりました。

❹ 国民皆保険・皆年金というけれど──無保険・無年金の問題

　医療保険制度は制度上，国民皆保険として国民がいずれかの健康保険制度に加入していますが，保険料の滞納により「無保険」の状態になってしまうことがあります。[7] 国民健康保険の保険料納付率は2009年度には88.01％となり，前年度よりも低下し，1961年度以降で最低となっています。[8]

　高齢期の生活を経済的に保障する年金制度においても，国民年金保険料の納付率が低下し（2009年度分60.0％，2008年度の現年度分62.1％），[9] これは「国民年金の空洞化」と指摘されています。年金制度は，基礎年金の資格期間が25年以上あることが厚生年金も含めて要件となりますので，年金を受給できない「無年金」となることもあり得ます。こうした問題を含め，国民年金の税方式化（社会保険方式ではない）も議論されています。

　　　　　　　　　　　　　　　　　　　　　　　　　　　（野城尚代）

▷5　ただし，父又は母の死亡により公的年金給付（遺族年金）を受けられる時は，支給されない。

▷6　内閣府政策統括官（共生社会政策担当）付高齢社会対策担当「高齢者の地域におけるライフスタイルに関する調査」(2010年4月2日)。

▷7　『日本経済新聞』2010年3月4日付朝刊「『病院にいけない』」等。

▷8　厚生労働省保険局国民健康保険課「平成21年度国民健康保険（市町村）の財政状況等について」(2011年2月4日)。

▷9　厚生労働省年金局・日本年金機構「平成21年度の国民年金保険料の納付状況と今後の取組等について」(2010年8月5日)。
〔参　考〕
20歳以上の学生には，保険料の納付を猶予される学生納付特例制度がある。

Ⅲ　ライフスタイルの選択

7　生活保護制度にみるジェンダー

1　生活保護制度とは

　生活保護法の目的は，日本国憲法25条に規定する生存権の理念に基づき，「国が生活に困窮するすべての国民に対し，その困窮の程度に応じ，必要な保護を行い，その最低限度の生活を保障するとともに，その自立を助長すること」（同法1条）にあります。

　生活保護は，生活困窮者がその利用し得る資産，能力その他あらゆるものを，最低限度の生活の維持のために活用することを要件として（同法4条1項），民法上の扶養，その他法に定める扶助は生活保護に優先して行われます（同2項）。生活保護制度は，社会保障制度の最終的なセーフティネットといえます。

2　生活扶助基準にみる男女差の解消

▷1　生活扶助のほかに，住宅扶助，医療扶助，教育扶助，出産扶助，介護扶助，生業扶助，葬祭扶助がある。

　生活保護には，衣食その他日常生活の需要を満たすために必要な生活扶助を含め，8種類の扶助があります。生活扶助は，地域別（6区分）に，飲食物費や被服費等の個人単位に消費する生活費である第1類費（年齢別）と，光熱水費や家具什器費等の世帯単位として支出される第2類費（世帯人員別）からなり，特別の需要のある者には各種加算が上積みされます。

　従前，第一類費は，栄養所要量等の差を考慮して，性別，年齢別に設定され，女性の第一類費は，平均して男性の85％程度でした。しかし，こうした男女差については，1980年代初めに，①男女平等の時代におかしい，②実態的に男女の消費支出に差はない等の意見があることから，中央社会福祉審議会生活保護専門分科会で審議され，第一類費の男女差は，1982年度には90％程度に縮小され，1985年度からは解消されました。

▷2　厚生省社会局保護課「昭和57年度の生活保護」（全国社会福祉協議会『生活と福祉』313号。検討を重ねた結果，総体的にみれば，男女の消費支出総額は接近する傾向が明確であることから，男女差については速やかにその実態に応じて是正を図ることとされた（中央社会福祉審議会意見具申「生活扶助基準における男女差について」1982年1月23日）。

3　被保護者としての女性

　被保護者の男女比を，厚生労働省「被保護者全国一斉調査（個別調査）」からみましょう。2008年の被保護人員（総数）153万6,210人のうち，男性が47.0％，女性が53.0％です。被保護者を性別・年齢階級別にみると（図Ⅲ-1），男女比が年齢階級により異なることがわかります。子ども期にあたる，「～19歳」の場合は，男性50.4％に対して女性49.6％と，他の年齢階級と比べて男女比の差異は小さく，ほぼ同じであると言えます。しかし，「25～29歳」と「30～34歳」，

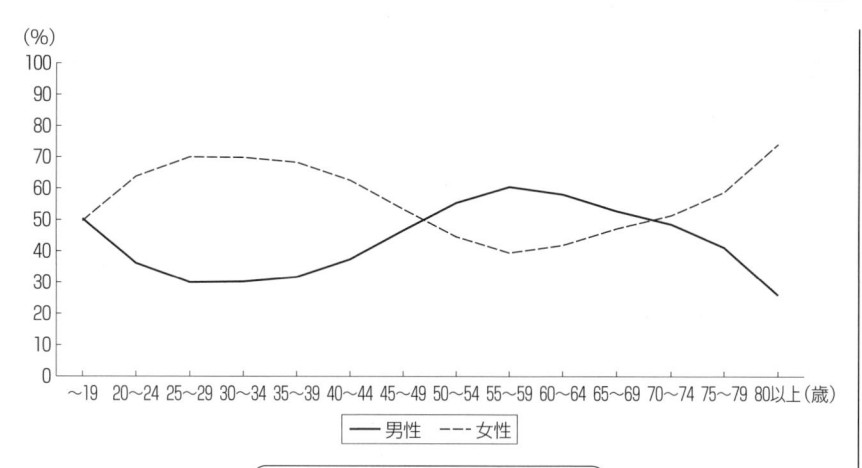

図Ⅲ-1 被保護人員の年齢階級別男女比

（注）1　年齢階級別の被保護人員の男女比を筆者が算出。
　　　2　男女を合わせた総人数は，153万6,210人である。
出所：厚生労働省社会・援護局保護課「平成20年被保護者全国一斉調査（個別調査）」。

「35～39歳」はほぼ女性7に対して男性3という割合です。「45～49歳」では男女比は接近していますが，60歳前後には男性の比率が高まり，「55～59歳」では60.5％の割合です。これより年齢の高い層の男性の比率は低くなり，70歳前後では男女差は接近し，「70～74歳」の男性は48.6％となり，女性の比率が高くなります。「80歳以上」では女性の割合が男性よりも，48.2ポイントも高いです。女性の長寿化による母数が多いとはいえ，大きな差異があります。

貧困に陥る原因は，疾病や失業，離婚，高齢等さまざまです。しかし，性別・年齢階級別にみて，女性と男性の割合が圧倒的に異なる場合には，ジェンダー的な背景があるといえるのではないでしょうか。子どもを抱えた母子世帯，高齢期の女性が，貧困の深刻な状況にあります。生活保護制度の見直しにより，老齢加算や母子加算（ひとり親世帯を対象）は廃止されましたが，母子加算は民主党の政権交代により，2009年12月に復活しました。

4　自立に向けて

被保護者の就労の状況を，同じ，厚生労働省「被保護者全国一斉調査（個別調査）」からみると，総じて，女性の就労者は男性よりも高い傾向にあります。2008年の就労者は，男性4万8,530人，女性10万560人で，就労率（被保護人員に対する就労人員の割合）は男性6.7％，女性12.3％です。女性の場合は就労しても，経済的に自立することは厳しい状況です。

生活保護制度は，2005年度から自立支援プログラムを実施しています。高等学校の就学費については，生業扶助で対応することとなりました。経済的自立とは，単に就職することではなく，正規雇用等の安定した仕事への就職支援であるべきです。そのためには，資格取得や職業訓練をも含めた，中・長期的な視点に立った支援策が必要です。

（野城尚代）

▷3　老齢加算は2004年4月以降に段階的に減額され，廃止された。母子加算は2009年3月に廃止された。老齢加算に関して，東京高裁（2010年5月27日）では，国の財政状態など合理的な理由があったとの判断だったが，福岡高裁（2010年6月14日）では，老齢加算の廃止は不利益変更であり，違法という判断が出された。
▷4　自立支援プログラムとは，就労による経済的自立，日常生活における自立，地域社会の一員として生活をめざす等である。
〔参　考〕
J. K. ローリング氏は離婚後，シングルマザーで生活保護を受給しながら，『ハリー・ポッターと賢者の石』を執筆した。

IV 働く

1 働くことと女性

1 働くということをめぐって

　働くということは，人間が人間らしく生きるために欠くべからざるものです。エンゲルスの『サルが人間になるにあたっての労働の役割』という書物の題名が示す通りです。人間たるゆえんが働くということに象徴されているのです。

　しかし，この働くということをめぐって，現在の状況はどうでしょうか。「派遣切り」「雇い止め」「リストラ」といった働きたいのに働けないという人間らしくあるための基盤が崩れ，「ワーキングプア」「ダブルワーカー」のように働いても働いても人間らしく生きることが保障されない事態が広がっています。特に，女性には深刻です。もともと男女格差が存在する働くという労働の場面で，男性にも広がって社会問題化しているわけですから，男性以上に打撃が大きいのです。

　では，なぜ，働くことに関して，どのような男女格差が存在しているのでしょうか。また格差是正のためにどのような課題解決策があるのでしょうか。そもそも女性が働くことについての権利は，どのように保障されているのでしょうか。

　第IV章では，働くことと女性について，人間らしく生きるという視点からとらえ，働き続けることを支援する立場から考えていきたいと思います。

2 男女格差の原点——日本型雇用システム

　働くということに関しては，なぜ女性は男性に比べ賃金が低く，非正規の働き方が多く，昇進・昇格が遅く，結婚や出産・育児，介護という局面で退職するかどうか悩まされるのか，またなぜ女性の多い職場は労働条件が悪いのか，女性ということでなぜ雇用しないのかなど，さまざまな男女格差が存在しています。こうした男女格差の原点は，日本型雇用システムに見出すことができます。

　日本型雇用システムは「職務のない雇用契約」で「一種の地位設定契約あるいはメンバーシップ契約」[1]であり，男性正規雇用者のみ適用されるシステムです。このシステムの源流は，戦時体制下に遡ります。「皇国の産業戦士」です。「企業をあたかも国家の一分岐であるかのように見なす思想が，企業による労働者の生活保障の強制を生み出し」，戦後に受け継がれました。企業は正

▷1　濱口桂一郎「「正社員」体制の制度論」佐藤俊樹編『労働——働くことの自由と制度』（自由への問い6）岩波書店，2010年。

規雇用者を定年まで雇用し，生活を保障します。正規雇用者は，職務，時間，場所などに制限なく企業のために働きます。24時間戦う体制を整えられる正規雇用者とは，専業主婦やパートで働く妻を持つ男性労働者が想定されたのです。残業や配転を自由に命じることができる拘束力は拘束のない非正規雇用者との待遇格差の理由を正当化します。その代わり，企業による終身雇用，年功序列，福利厚生という3種の神器が整備され，国の福祉の肩代わりをはたすことになりました。正規雇用者は，要望があれば企業に対してであったため，労働組合の組織は企業別組合が有効となりました。

女性は，新規採用から結婚退職までの短期勤続，教育訓練のいらない職務，労働時間や勤務場所が限定されるという制限つきの準メンバーとされていました。ですから，女性正規雇用者には，男性のように生活保障はいりません。

また，職務や期間を定めた雇用契約を結ぶ非正規雇用者はメンバーとは見なされず，正規雇用者の生活保障の庇護のもとにあることを前提とした位置づけであり，家計補助的賃金あるいは低賃金が妥当と考えられていたのです。そして何より，景気の調整弁の役割を持っているわけです。男女格差，正規非正規格差は日本型雇用システムのもとに温存されてきたのです。

3 男女格差，正規非正規格差拡大のプロセス

こうした中で，グローバル化，IT化による産業構造の変化にあっても，この日本型雇用システムをむしろ強化する形で，「新時代の日本的経営」（日本経済団体連合会，1995年）論が登場します（図Ⅳ-1）。正規雇用者の絞込みを誘導し，その他の働き手に対しては雇用の流動化を促進しました。そして働く人々を，企業が必要とする正規雇用者を「長期蓄積能力活用型」のみとし，委託が可能な「高度専門能力活用型」と一般的・定型的業務の「雇用柔軟型」という非正規雇用者とに二極化し，格差拡大に拍車をかけました（図Ⅳ-2）。2000年以降，非正規化が進んでいることが確認できます。

もともと正規雇用者の仲間に入っていなかった女性はもとより，若年層を巻

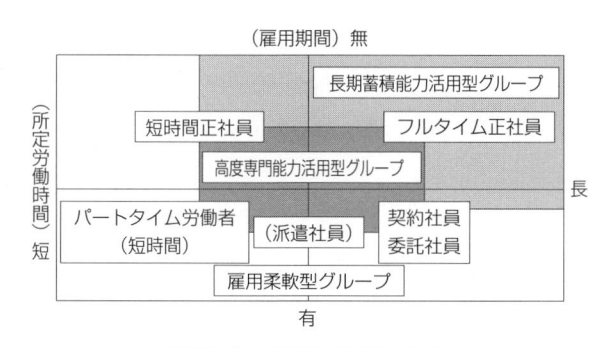

図Ⅳ-1 雇用者の3つのグループ

出所：日本経営者団体連盟『新時代の「日本的経営」——挑戦すべき方向とその具体策』1995年。

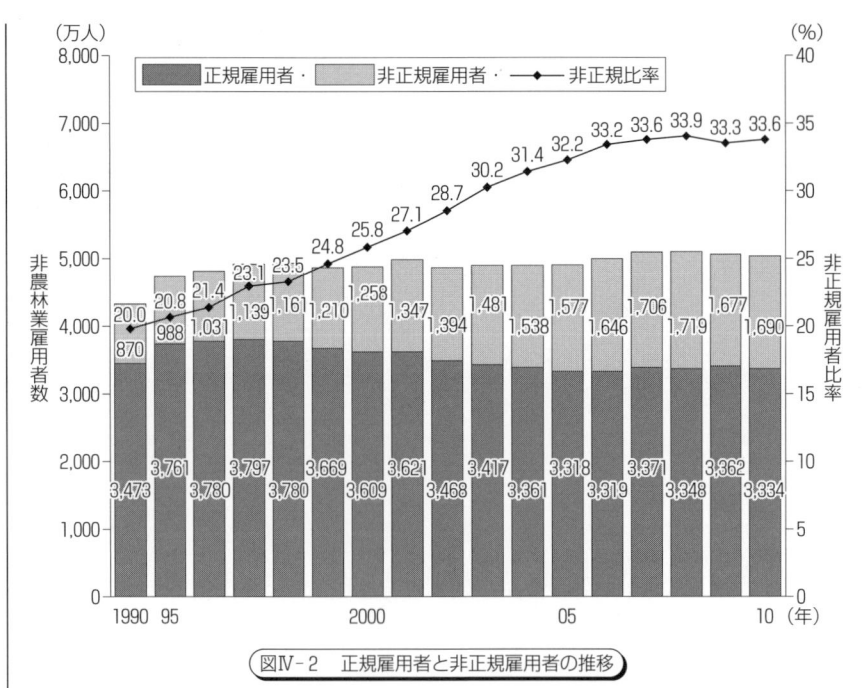

図Ⅳ-2　正規雇用者と非正規雇用者の推移

(注)　農林業は含まず。2001年以前は2月調査，それ以降1～3月平均。非正規雇用者にはパート・アルバイトの他，派遣社員，契約社員，嘱託などが含まれる。正規には役員を含む。
資料：労働力調査。
出所：「社会実情データ図録」(http://www2.ttcn.ne.jp/honkawa/index.html, 2010/1/15)。

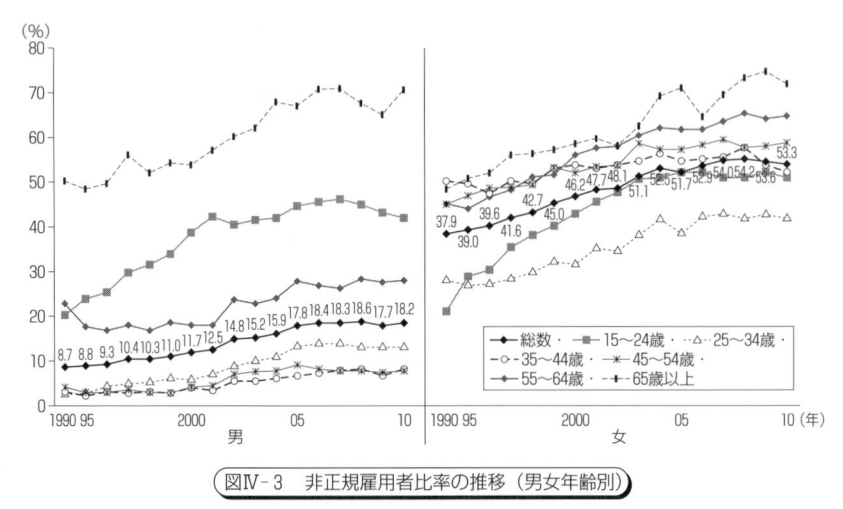

図Ⅳ-3　非正規雇用者比率の推移（男女年齢別）

(注)　非農林業雇用者（役員を除く）に占める割合。2001年以前は2月調査，それ以降1～3月平均。非正規雇用者にはパート・アルバイトの他，派遣社員，契約社員，嘱託などが含まれる。数値は男及び女の総数の比率。
資料：労働力調査。
出所：図Ⅳ-2と同じ。

き込んで非正規化が進んだ背景は明確（**図Ⅳ-3**）です。そして相変わらず企業に任せきりで，国が責任を果たしていない福祉は，セーフティネットの役割を果たすわけもなく，「ワーキングプア」や母子家庭に顕著な貧困世帯を拡大しているのです。

4 これからの働くことと女性

　先にみたように，日本における働くことにおいての女性は，男性とは同等の立場ではなく，最初から「皇国の産業戦士」，企業戦士を支える役割が想定されていました。しかも男性正規雇用者家族の生活保障を前提としていたため，夫や父親の働きにぶらさがる労働条件の劣悪な非正規雇用者という構造のもとでの役割分担というジェンダー問題も抱えていました。

　しかし，グローバル化が生活保障のセーフティネットを揺るがし，家族の安全も危うくなる中で，ドメスティック・バイオレンス（DV）や児童虐待という新たなジェンダー問題を引き起こすことにもなっています。一方で，女性差別撤廃条約の批准や男女共同参画社会基本法制定のもと，性別役割分業意識からジェンダー・センシティブとなった女性たちや若者たちが変わり始めています。家庭科の男女共修は大きな影響力を持っています。男女ともに働くことを前提とした新たな社会のあり方を創造していく時期ともなってきているのです。

5 ディーセント・ワーク

　ディーセント・ワークという言葉は，1999年に就任したフアン・ソマビアILO事務局長報告に初めて掲げられたといわれています。ILOによれば「『ディーセント・ワーク』を一言で言えば，職業生活における人々の願望，と表現することができる。それは，生産的で公正な所得をもたらす仕事の機会，職場における保障と家族に対する社会的保護，個人としての能力開発と社会的統合へのより良い見通し，人々が不安や心配を表現する自由，自分たちの生活に影響を及ぼす決定に団結して参加すること，すべての男女のための機会と待遇の平等，などを意味する」としています。そして現在，「仕事の創出」「仕事における基本的人権の保障」「社会的保護の拡充」「社会対話の推進と紛争解決」の4つの戦略目標を掲げて取り組みを進めています。

　このディーセント・ワークの実現に向けた取り組みは，私たちが働き続けるための具体的な支援の実現と重なっています。日本においても「ディーセント・ワーク国別計画」の策定が始まっています。働くということの意味をディーセント・ワークの視点から考え，私たちの課題から発言していくことが重要です。2008年から2009年にかけてのILOの広報キャンペーンは「ジェンダー平等はディーセント・ワークの中心」としています。

　このような国際的な潮流を味方に，働く女性たちが連帯し，人間らしい働き方への発信を続けることが重要です。女性差別撤廃条約の理念を理解し，道を切り拓いてきた先達の経験を活かして，働くことが基本的人権であることを再確認してほしいのです。女性の人間らしい働き方は，男性にとっても人間らしい働き方になるのです。

（赤塚朋子）

▷2　田口晶子「格差社会とディーセント・ワーク」『季刊労働法』217号，2007年。
▷3　堀内光子「最近のILO・国連のジェンダー雇用平等政策と日本の課題」『社会政策』第1巻第3号，ミネルヴァ書房，2009年。

(参考文献)
佐藤俊樹編『労働——働くことの自由と制度』（自由への問い6）岩波書店，2010年。
日本経済団体連合会「新時代の日本的経営」1995年。
「社会実情データ図録」(http://www2.ttcn.ne.jp/honkawa/index.html)。

IV 働く

2 女性と働くことに関する法律・制度

1 女性差別撤廃条約と ILO 条約

まず,働くということについて国際的な視点を押さえておきましょう。

是非,覚えておいてほしいのは「女性に対するあらゆる形態の差別の撤廃に関する条約」(女性差別撤廃条約)です。1979年の国連総会で採択され,日本は1985年に批准しました。11条が労働に関する条文です。「1(a)すべての人間の奪い得ない権利としての労働の権利」「(b)同一の雇用機会(雇用に関する同一の選考基準の適用を含む。)についての権利」「(c)職業を自由に選択する権利,昇進,雇用の保障並びに労働に係るすべての給付及び条件についての権利並びに職業訓練及び再訓練(略)を受ける権利」「(d)同一価値の労働についての同一報酬(手当てを含む。)及び同一待遇についての権利並びに労働の質の評価に関する取扱いの平等についての権利」など労働関係の基本が盛り込まれています。日本において,この条約批准に向けて整備されたのが男女雇用機会均等法です。1986年に募集・採用,配置・昇進,教育訓練などの機会の均等が制度化されました。2007年の改正では,性別による差別禁止範囲の拡大,雇用形態の変更など禁止される差別の追加と明確化,間接差別の禁止,妊娠・出産等を理由とする不利益取扱いの禁止,セクシュアルハラスメント対策の義務化などが規定されました。

次に国際労働機関(ILO)の存在です。1919年に創設されたILOの重要な活動は,労働条件の改善のための国際労働基準の設定にあります。ILO条約は加盟国の批准により効力が生じます。批准国は,その条約の規定を国内法に取り入れる義務を負います。

育児・介護休業法の制定にはILO156号条約批准が大きな影響を与えていたことは周知の通りですが,日本は未批准の条約が多く,是正勧告も受けています。

ILO156号条約は,「家族的責任を有する男女労働者の機会及び待遇の均等に関する条約」です。「被扶養者である子」及び「介護又は援助が明らかに必要な他の近親の家族」に対し責任を有する男女労働者が「職業上の責任と家族的責任との間に抵触が生ずることなく職業に従事する権利を行使することができるようにすることを国の政策の目的とする」と規定しています。この目的のもと,日本において育児・介護休業法が制定されました。

2 日本でも女性の働く権利は保障されている

　日本国憲法27条1項において、「すべて国民は勤労の権利を有し、義務を負う。」としています。この前提に憲法13条の個人の尊厳の保障ならびに14条の法の下の平等があり、男女の別なく働く権利が保障されています。そしてその働く権利を守るために、労働基準法、労働組合法、職業安定法、最低賃金法、労働安全衛生法、労災保険法、男女雇用機会均等法、パートタイム労働法、労働者派遣法、育児・介護休業法、個別労働関係紛争解決促進法、労働契約法等が配されています。

```
労働者の権利を守る法律
　憲法──労働権（27条1），
　　　　労働条件の基準（27条2）──労働基準法・同施行規則
　　　　　　　　　　　　　　　　──職業安定法，最低賃金法，労働安全衛生法
　　　　　　　　　　　　　　　　　男女雇用機会均等法，女性労働基準規則
　　　　　　　　　　　　　　　　　労働者災害補償保険法
　　　　団結権，団体交渉権，争議権（28条）──労働組合法
　　　　──パートタイム労働法，労働者派遣事業法，育児・介護休業法
　　　　──個別労働関係紛争解決促進法
```

　労働基準法は労働の条件を規定している法律です。1条1項には「労働条件は、労働者が人たるに値する生活を営むための必要を充たすべきものでなければならない」としています。生活の権利については、憲法25条により「すべて国民は、健康で文化的な最低限度の生活を営む権利を有する」と保障されています。このように、「人たるに値する生活」のために働く権利は保障され、その労働の条件等については、労働組合法以降の法律で補完されています。たとえば「労働者が主体となって自主的に労働条件の維持改善その他経済的地位の向上を主たる目的として組織する団体」（2条）が労働組合であり、「労働者の合意があれば労働条件を変更することができる」（8条）と労働契約法に明記されています。また女性労働基準規則により、坑内業務や危険有害業務の就業制限の範囲等が規定されています。

　あなたは働く権利を保障している法律をどのくらい知っていますか。「産前産後」の休暇は何日でしょうか。「生理休暇」は取れるでしょうか。働きたいときの情報はどのように得るのでしょうか。労働条件とは具体的にどのような条件ですか。困ったことがあったらどこに相談しますか。これらの答えは、労働に関する法律から得られます。是非、参照してみてください。

　しかし、法律は万全ではありません。私たちが直面する困難を課題として社会問題化することで新たな法律が誕生したり、法律が改正されたり、新しい制度が作られたりしています。あなたが働き続けることが実はあなたを含めた労働者全体の労働条件の質を高めることに繋がっていることを忘れないでください。

（赤塚朋子）

参考文献
北原照代『現代の女性労働と健康』かもがわ出版，2008年。
下山智恵子・平野敦士『労働基準法がよくわかる本』成美堂出版，2008年。
首都圏青年ユニオン監修，清水直子『おしえて、ぼくらが持ってる働く権利』合同出版，2008年。
道幸哲也『15歳のワークルール』旬報社，2007年。
労働政策研究・研修機構編『労働関係法規集』労働政策研究・研修機構，2008年。

Ⅳ　働く

3　女性と雇用形態

1　働き方の多様化というが

　雇用形態別の労働者の構成をみたものが，**図Ⅳ-4**です。女性の働き方は多様です。2009年の「労働力調査（詳細結果）」によれば，その内訳は，正規雇用者46.7％，パートタイム労働者32.9％，アルバイト7.4％，派遣社員3.2％，契約社員6.6％等となっています。男性と比較すると，正規雇用者率は低く，正規雇用者以外の労働条件下で働いている女性が多いことがわかります。近年，この非正規雇用者化が男性にも急速に進んでいますが，女性はずっと非正規の働き方を強いられてきました。

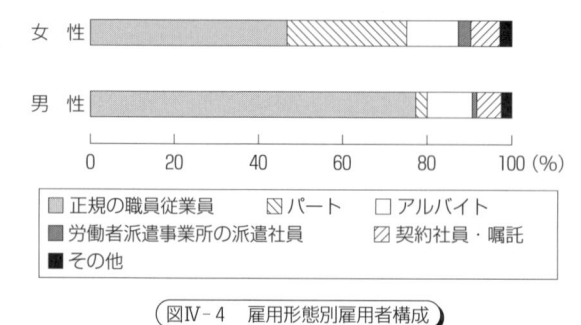

図Ⅳ-4　雇用形態別雇用者構成

出所：総務省「労働力調査（詳細結果）」2009年。

2　非正規雇用を選ぶ理由と選ばれる理由

　「就業形態の多様化に関する総合実態調査結果」（厚生労働省，2008年11月）によれば，非正規雇用者が現在の就業形態を選んだ理由は，「自分の都合のよい時間に働けるから」42.0％，「家計の補助，学費等を得たいから」34.8％，「家庭の事情（家事・育児・介護等）や他の活動（趣味・学習等）と両立しやすいから」25.3％です。

　しかし，次の理由は看過できません。「正社員として働ける会社がなかったから」は全体では18.9％と少なくみえますが，「派遣労働者」の37.3％，「契約社員」の31.5％，特に25～29歳という若年層で33.8％と，3割以上を占めていることは注目すべき点です。

　一方，非正規雇用者を活用する企業側の理由では，「賃金の節約のため」40.8％，「1日，週の中の仕事の繁閑に対応するため」31.8％，「即戦力・能力のある人材を確保するため」25.9％，「専門的業務に対応するため」24.3％，

「正社員を確保できないため」22.0％，「景気変動に応じて雇用量を調節するため」21.1％となっています。

就業形態別では，「パート労働者」は「賃金の節約のため」が41.1％，「派遣労働者」は「即戦力・能力のある人材を確保するため」35.2％，「契約社員」では「専門的業務に対応するため」が43.6％と，企業側は就業形態のそれぞれの特色に合わせてうまく活用している実態がみてとれます。これに対して，働く側にはそうなっていない現実があります。「派遣労働者法」改正論議はありますが，働く側の目線でなくてはなりません。推移から目を離さず発言しましょう。

③ これからの雇用形態

誰もが自分のライフステージに合わせて，就業形態を柔軟に選択しながら働くことを継続していく生き方がこれからの働き方となるでしょう。こうした働き方を実現しているのがオランダといわれています。労働条件は同一で，ライフステージに合わせて時間を選択する働き方です。育児期や学びたい時期には労働時間を短時間に設定し，フルで働きたければ通常の労働時間に戻すことが柔軟に選択できます。日本でも「短時間正規雇用者」という言葉が登場していますが，今後，ジェンダー平等の推進とともに働く側のステークホルダー，イニシアチブが重要となります。そのためには，企業の経営方針に参画する働き方の選択も必要です。

④ 役職という働き方

役職者に占める女性の割合は少しずつ上昇してきましたが，係長級でも13.8％にすぎません（図Ⅳ-5）。女性たちももっと経営に参画することで企業内部の変革に目を向けるべきです。パートやアルバイトといえども正規雇用者と同じ質や量の働き方が求められています。「パート労働法改正」などにも敏感でなければなりません。女性が求める働き方への発信や行動を一緒に起こしてみませんか。

（赤塚朋子）

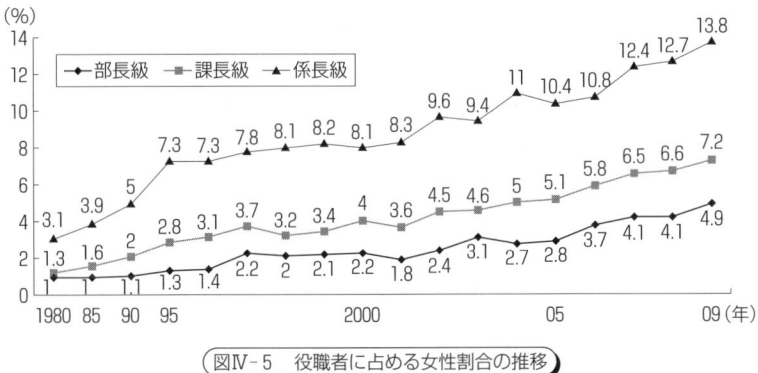

図Ⅳ-5　役職者に占める女性割合の推移

出所：厚生労働省「賃金構造基本統計調査」（企業規模100人以上）2010年。

参考文献

竹信三恵子『ルポ雇用劣化不況』岩波新書，2009年。

IV 働く

4 女性と雇用環境①
――賃　金

1 男女賃金格差の実態――命の値段

賃金格差について，みてみましょう。まず，国際的な観点から見てみると，製造業における男女賃金格差のデータがありますが，日本は格差の大きい国としてワースト5に入っています。次に「賃金構造基本統計調査」（厚生労働省，2007年）から考察してみます。

図IV-6は，労働者の1時間当たり平均所定内給与格差の推移を表したものです。男性一般労働者を100としたとき，女性一般労働者の給与水準は68.1となっています。短時間労働者の給与格差についてみると，男性一般労働者の給与水準を100としたとき，男性短時間労働者は53.8。女性の短時間労働者の給与水準は男性一般労働者の47.7と非常に低い水準です。女性短時間労働者は，男女格差に加え，正規非正規格差とあいまって二重に差別を受けています。

また，国税庁「民間給与実態統計調査」（2006年度）によれば300万円以下の所得者の割合が男性では21.6％に対し，女性では66.6％に達しています（**図IV-7**）。女性のパートタイム労働者は，100万円未満が53.0％にのぼります。賃金格差の問題は，職種制限とも関わって見えにくくなっています。職種制限は，配置における一定の職務からの排除であり，男女雇用機会均等法違反です。

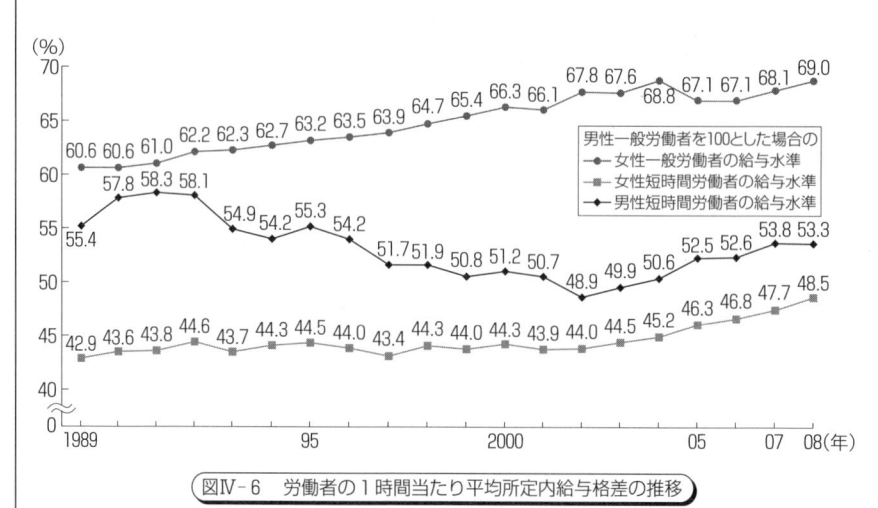

▷1　堀内光子「最近のILO・国連のジェンダー雇用平等政策と日本の課題」『社会政策』第1巻第3号，ミネルヴァ書房，2009年，32頁。ILO「グローバル・レポート2007」によれば，2004年の数値で，バーレーン，ヨルダン川西岸・ガザ地区，ボツワナ，韓国に次いで格差の大きい国である。

図IV-6　労働者の1時間当たり平均所定内給与格差の推移

（注）　1　厚生労働省「賃金構造基本統計調査」より作成。
　　　2　男性一般労働者の1時間当たり平均所定内給与額を100として，各区分の1時間当たり平均所定内給与額の水準を算出したものである。
出所：内閣府編『男女共同参画白書　平成21年版』。

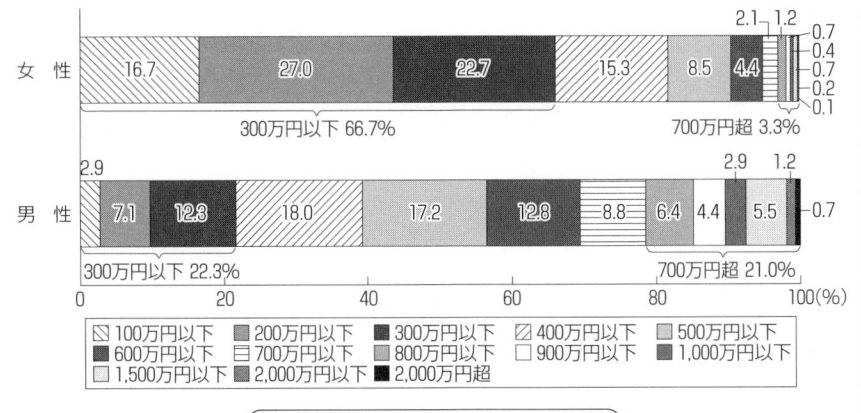

図Ⅳ-7 給与階級別給与所得者の構成割合

女性: 100万円以下 16.7、200万円以下 27.0、300万円以下 22.7、400万円以下 15.3、500万円以下 8.5、600万円以下 4.4、700万円以下 2.1、800万円以下 1.2、900万円以下 0.7、1,000万円以下 0.4、1,500万円以下 0.7、2,000万円以下 0.2、2,000万円超 0.1
（300万円以下 66.7%、700万円超 3.3%）

男性: 100万円以下 2.9、200万円以下 7.1、300万円以下 12.3、400万円以下 18.0、500万円以下 17.2、600万円以下 12.8、700万円以下 8.8、800万円以下 6.4、900万円以下 4.4、1,000万円以下 5.5、1,500万円以下 2.9、2,000万円以下 1.2、2,000万円超 0.7
（300万円以下 22.3%、700万円超 21.0%）

資料：国税庁「民間給与実態統計調査」(平成20年度)。
出所：内閣府編『男女共同参画白書　平成22年版』。

男女の賃金格差は，「命の値段」をも規定しています。2001年に交通事故にあった女児の逸失利益に対する判例によって，これまでの女性の平均賃金ではなく，男女の平均賃金で算定したことに関して，当時先進的な見解とされました。「命の値段」という補償額の算定基準が平均賃金になっているからです。しかし，男性の平均賃金には及ばず，根本的な解決には至っていないのが現状なのです。男女の賃金格差は，年金額にも関係し，生涯賃金という点からも根深い問題です。

2 ライフスタイルと生涯賃金

2005年の「国民生活白書」は，女性のライフスタイルと生涯賃金について特集しました。28歳で第1子を生み，31歳で第2子を生む場合の機会費用＝就業を継続した場合と中断した場合の生涯所得との差額による試算の方法で，ライフスタイルのタイプ別に算定しています（**図Ⅳ-8**参照）。

① 就業継続型

大卒女性が定年（60歳）まで勤務した場合に得られる賃金は，2億7,645万円

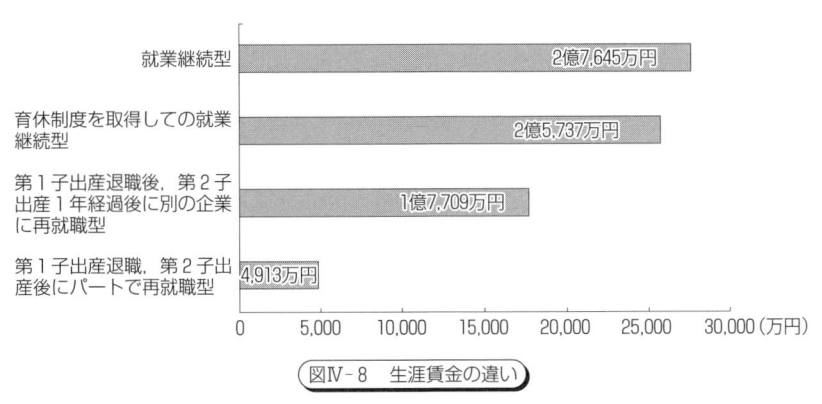

図Ⅳ-8 生涯賃金の違い

- 就業継続型：2億7,645万円
- 育休制度を取得しての就業継続型：2億5,737万円
- 第1子出産退職後，第2子出産1年経過後に別の企業に再就職型：1億7,709万円
- 第1子出産退職，第2子出産後にパートで再就職型：4,913万円

出所：内閣府編『国民生活白書　平成17年版』。

（2億5,377万円＋退職金2,269万円）です。

② 育休制度を取得しての就業継続型

勤続年数の面では休業期間があるため退職金の算定において不利となる一方で，賃金の上昇が休職しなかった場合と比べて2年遅れつつも，定年までの間に着実に賃金が上がっていくため，結果として逸失率は，6.9％となります。

③ 第1子出産退職後，第2子出産後に別の企業に再就職型

第1子出産で退職し，第2子出産1年経過後に別の企業に再就職する場合の所得逸失額は5,880万円です。同じ企業に復職する場合と比べ，経験年数がゼロから再スタートになり，賃金カーブが下がるとともに退職金も低くなるため，逸失率は21.3％となります。なお，出産後3年経過してから再就職をする場合の逸失率は25.2％，6年では35.9％と機会費用は広がります。

④ 第1子出産退職，第2子出産後にパートで再就職型

現実には，最も多いと考えられるパートとして再就職する場合については，第2子出産1年後の再就職では2億2,100万円，同3年後では2億2,400万円，6年後の再就職では2億2,700万円の逸失額となり，6年後に復帰する場合の逸失率は82.2％に達します。

このように働くということについては，働き方によって生涯賃金の差が2億円以上あることを念頭に置くべきでしょう。男性との差はもっと開くことは容易に想定できます。先の「命の値段」です。

生涯賃金は，老後の年金額にも当然関わってきます。女性が生涯にわたって積み上げてきた成果が，夫の遺族年金に直面したときにもろくも砂山のように崩れる思いをしてきた女性も多いはずです。ここでも男女格差を思い知らされます。とことん日本型雇用システムが貫かれています。これをどう打破するかが，女性の人間らしい働き方を得る鍵です。

③ 子どものいる世帯の相対的貧困の問題

2009年11月に厚生労働省から発表されたのが，相対的貧困率というものです[42]。中でも，図Ⅳ-9は，子どものいる世帯の相対的貧困率ですが，2007年で12.2％，ひとり親世帯では，実に54.3％を示しています。OECD諸国中，最も高い水準といわれていて，賃金格差は，子どもの貧困問題にも影響を及ぼすため，早急な改善が必要です。

子どもを産むために働くことを辞める女性は約7割であり，辞めてしまう理由も「1つはそれほど仕事に執着していないケースで，もう1つは，出産前と同じような働き方が不可能なケース」[43]の2つに大別されます。育児・介護休業法が施行されて制度があるとしても「絵に描いた餅」ではありませんか。保育所の待機児童問題も解決されていません。子どもを産み育てながら働く女性たちに冷たい社会のしわ寄せが子どもの貧困に連鎖しているのです。

▷ 2 厚生労働省「子どもがいる現役世帯の世帯員の相対的貧困率の公表について」（2009年11月13日）。

▷ 3 高橋伸子執筆監修『新女性の選択』マガジンハウス，2008年。

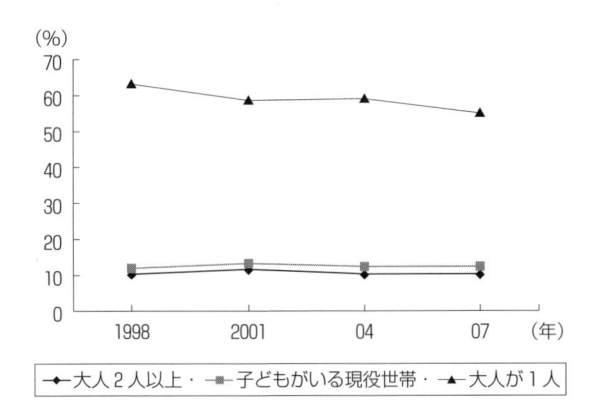

図Ⅳ-9 子どもがいる現役世帯の世帯員の相対的貧困率

資料：厚生労働省。

4 働きやすい雇用環境のために

　同一価値労働同一賃金の原則があります。これは，職種が異なる場合であっても，労働の価値が同一つまり同等であるならば，同一の賃金を支払うべきであるという原則です。同じ意味で，ペイ・エクイティ（pay equity）またはコンパラブル・ワース（comparable worth）ともいいます。

　本来は，性別，雇用形態の違い，職種の違いに関係なく，職務を客観的に評価すべきですが，そうなっていないのも日本型雇用システムが貫かれているからです。日本経団連の「経営労働政策委員会報告2010」で，同一価値労働同一賃金について触れています。「将来的な人材活用の要素も考慮して，企業に同一の付加価値をもたらすことが期待できる労働（中長期的に判断されるもの）であれば，同じ処遇とするというものである」との見解を示しています。

　日本以外の国々では，賃金をはじめとする労働条件は，職務ごとに決められるため，同一価値労働同一賃金の原則が貫かれます。労働組合も企業を超えて産業別に組織され，労働条件の交渉が行われます。労働者も同じ職務でキャリアアップができるため，労働条件のいい企業へとステップアップしやすく，男女による職務内容を理由とした差別ができにくいのです。

　日本においては，同一価値労働同一賃金の原則を踏まえた労働のあり方に是正することが喫緊の課題となっています。ILO100号条約（同一価値の労働についての男女労働者に対する同一報酬に関する条約）は1951年に採択され，日本では1967年に批准しています。第4回世界女性会議（1995年，北京）の「行動綱領」165項(a)では，各国政府が「同一労働同一賃金又は，同一価値労働同一賃金に対する女性及び男性の権利を保障するための法律を制定し施行すること」を求め，日本の現状に関してILOから是正勧告を受けていますが，遅々として是正が進んでいないのが現状です。

（赤塚朋子）

参考文献

高橋伸子執筆監修『新女性の選択』マガジンハウス，2008年。

森ます美『日本の性差別賃金』ドメス出版，2005年。

Ⅳ　働く

5　女性と雇用環境②
——女性が働きやすい環境とは

1　女性が働きやすい企業・職場を探すには

表Ⅳ-1をみてください。女性が働きやすい企業・職場を探す際のポイントを挙げてみました。

表Ⅳ-1　女性が働きやすい企業を探す際のチェックポイント

- ●女性の採用率
- ●女性正規社員割合
- ●女性の平均勤続年数
- ●女性の既婚率
- ●女性の役職割合
- ●育児休業取得率
- ●雰囲気の確認——OG訪問，説明会参加，インターンシップ
- ●企業比較研究——『就職四季報女子版』（東洋経済新報社），「働きやすい会社調査ランキング」（日本経済新聞社）
- ●ホームページ——両立支援のひろば（http://www.ryouritsushien.jp/），各企業，就活経験者のブログやツイッター，就職情報サイトなど
- ●企業表彰——「均等・両立推進企業表彰」（厚生労働省）
- ●「くるみん」マーク取得企業

出所：女子就活ネット編『2012年度版　ホンネの女子就活』実務教育出版，2010年，『就職四季報女子版』東洋経済新報社を基に筆者作成。

女性の採用率や女性社員数が全体の5割以上であること，3年後新卒定着率の男女差が小さいこと，有休休暇消化率が高いこと，女性社員の平均勤続年数が10年以上であること，女性の既婚率が3割以上であること，女性の管理職が前年より多く，女性の役員がいるかなど，企業・職場で，女性がどのように位置づけられているかの環境を数値化してみてみると色々なことがわかります。また，制度として，産休育休制度取得者がいるか，育児休業取得率は100％か，子どもの看護休暇制度があるか，介護休業制度があるか，短時間勤務制度があるか，再雇用制度があるかなども，各企業を比較できる『就職四季報女子版』などを参考にしてみてください。

厚生労働省では，1999年から実施していたものを統合して2007年から「女性労働者の能力発揮を促進するための積極的な取組」または「仕事と育児・介護との両立支援のための取組」を推進している企業を表彰する，職場環境の整備の促進に資することを目的にした「均等・両立推進企業表彰」を実施しています。また，次世代育成支援対策推進法では，常時雇用する労働者が301人以上の企業に対し，労働者の仕事と子育ての両立支援に関する取り組みを記載した

一般事業主行動計画を策定し、その旨を厚生労働大臣に届け出ることが義務づけられていて、その際、適切な行動計画を策定・実施し、その目標を達成するなど一定の要件を満たした企業は厚生労働大臣の認定を受け、「くるみん」マーク（図Ⅳ-10）を使用することができます。2009年12月末現在における、従業員301人以上の企業の届出数は1万3,653社（届出率98.3％）、「くるみん」認定企業は818社です。内閣府では2010年度より、ワーク・ライフ・バランスや男女共同参画に関連する調査について、一般競争入札総合評価落札方式により入札を行う際に、ワーク・ライフ・バランス等に積極的に取り組む企業を評価できるような仕組みを導入しました。女性が働きやすい企業は、男性にとっても働きやすく、何より企業にとってもプラスのはずです。

　女性社員が多ければ、それだけ女性の働きやすい環境を作っていけるはずなのですが、実情はそうなっていますか。働く女性がもっと連帯していけば、課題は解決されるはずです。非正規雇用形態が多いため、どのように連帯すればいいのかわからない部分もあるでしょう。個人で加入できるユニオンも各地にあります。「コミュニティ・ユニオン全国ネットワーク」や「女性と貧困ネットワーク」、労働基準局の相談窓口など、ひとりで悩まず「ほうれんそう（報告・連絡・相談）」することが大事です。

　たとえば「セクハラ労災（セクシュアル・ハラスメントによる心の病の労災認定）」という労災認定があることを知っていますか。「パープルリボンプロジェクト」は、「セクハラ労災を知っていますか？」という労災申請のノウハウをまとめています。女性はセクハラによる「後遺症で退職に追い込まれると、そのまま貧困に陥る例もある。深刻な暴力だという理解が現場に」必要です。

2　女性が働きやすい環境とは

　経済産業省の男女共同参画研究会の「企業活動基本調査」（2005年）によれば、「女性比率と利益率は正の相関関係があり、利益率が高いのは、男女の勤続年数格差が低い企業、再雇用制度のある企業、女性管理職比率の高い企業」だということです。

　ダイバーシティ・マネージメント（多様性を尊重する人事・労務管理という意味）の時代、女性の能力活用なしには企業は生き残れないことは明白です。

　これまでのジェンダー・バイアスから開放され、性別に関係なく働くひとりひとりが大切にされる環境、個人の能力を最大限に発揮し、伸ばすことができる環境が、女性が働きやすい環境ということになるのではないでしょうか。

　どのような制度があり、実際に機能しているのか、子育てしながら働き続けている女性労働者数、役職割合、ワーク・ライフ・バランスの認知度など、企業を選ぶ視点を押さえながら自分なりに評価表を作成して就活に挑んでほしいのです。あなたが企業を選ぶのです。

　　　　　　　　　　　　　　　　　　　　　　　　　　　　（赤塚朋子）

図Ⅳ-10　「くるみん」マーク

▷1　『朝日新聞』2010年5月13日付朝刊。

▷2　高橋伸子執筆監修『新女性の選択』マガジンハウス、2008年。

参考文献

女子就活ネット編『2012年度版　ホンネの女子就活』実務教育出版、2010年。
『就職四季報女子版』各年版、東洋経済新報社。

IV 働く

6 アンペイドワークとジェンダー

1 アンペイドワークとジェンダー

アンペイドワーク（unpaid work）とは，支払われない労働・無償労働を意味し，対語は支払われる労働・有償労働のペイドワーク（paid work）です。アンペイドワークと同義の言葉として，無償労働（unremunerated work），非賃金労働（no wage work），シャドウワーク（shadow work）などがあります。

アンペイドワークとは，具体的には，「家族（世帯）内で主に女性が担う家事労働や，農業労働などの『家内労働』，地域でのボランティア・サービス活動など，男性本位の経済活動の中で長年『見えなくされてきた』」もので，「従来の国民経済計算でカウントされなかったインフォーマル・セクターでの労働（特に途上国で膨大な量存在する法的・行政的規制や保護から外れている非正規労働）や家族内サブシステンス・セクターでの生存や生活の質にかかわる基本的ニーズに答える労働，ボランティア・サービス活動（EUでは『基本的社会活動』と規定）など」をいいます。

ジェンダー（gender）とは，社会的・文化的に作られた男女の性差のことで，生物学的・遺伝的な男女の性差（sex）と区別して用いられています。

アンペイドワークはジェンダーの最も根深い現実を示しています。アンペイドワークに対する「国際的議論の多くが，ジェンダーに敏感な視点（ジェンダー関係の衡平・公正・平等の実現を目指す視点）に立」っていることは重要です。

2 アンペイドワークの国際的潮流

アンペイドワークが問題とされるようになった背景には，1975年の国際女性年以降の女性問題に関する国際的潮流があります。同年開催された第1回世界女性会議（メキシコシティ）で最初に取り上げられました。1979年に国連で採択された女性差別撤廃条約では，「社会および家庭における男性の伝統的役割を女性の役割とともに変更することが男女の完全な平等の達成に必要」（前文）と謳っています。女性差別の解消のためには，男はペイドワーク，女はアンペイドワークというジェンダーによる性別役割分業そのものを変更する必要があるという共通認識を広めるきっかけとなりました。

1985年の第3回世界女性会議（ナイロビ）では，社会の発展に「女性のアンペイドワークが大きく貢献している」と記述されました。大きく進展を見せた

▷1 産業社会において，賃労働の影にある賃金が支払われない，有用性のない，強制された活動（イバン・イリイチ，玉野井芳郎・栗原彬訳『シャドウ・ワーク──生活のあり方を問う』岩波書店，1982年）。

▷2 川崎賢子・中村陽一編『アンペイド・ワークとは何か』藤原書店，2000年。

▷3 同前書。
▷4 女性に対するあらゆる形態の差別の撤廃に関する条約（Convention on the Elimination of All Forms of Discrimination against Women）。2009年5月現在，署名国は98カ国，締約国は186カ国。「女性に対する差別は，権利の平等の原則及び人間の尊厳の尊重の原則に反するものであり」などと具体的に「女性に対する差別」を定義し，締約国に対し差別の撤廃のための措置ならびに報告を義務づけている。

のは1995年の第4回世界女性会議（北京）です。採択された「行動綱領」のF項「経済と女性」にアンペイドワークの評価を加盟国政府に義務づけたのです。

これを受けて日本では、1996年策定の「男女共同参画2000年プラン」に無償労働の評価の検討とサテライト勘定の整備を明記しました。1996年には「無償労働に関する研究会」を発足し、1997年12月、経済企画庁経済研究所国民経済計算部は社会生活基本調査に基づいて「あなたの家事の値段はおいくらですか——無償労働の貨幣評価についての報告」を発表しました。マスコミは「専業主婦の経済的貢献、年間276万円」に代表される「家事＝無償労働＝専業主婦の役割」という構図を強調・流布しました。なぜアンペイドワークを評価するのかへの無理解、ジェンダーに敏感な視点の欠如、ジェンダー統計の問題（基礎データの不備、男女の賃金格差前提の貨幣換算方法の不備）等が浮き彫りになりました。アンペイドワークの問題が家事に集約され、そして何より、アンペイドワークのジェンダーの偏りが大きい日本の現状が露呈しました。

3 ジェンダーと人間開発

国連開発計画（UNDP）による『人間開発報告』の1995年版のテーマは「ジェンダーと人間開発」でした。この報告書の表紙がアンペイドワークの状況を図式化したもの（巻末図11）で、アンペイドワークとジェンダーの関係を象徴しています。世界の国民勘定体系（SNA）総額が23兆ドルで、アンペイドワーク総額が16兆ドル、そのうち女性のアンペイドワークは11兆ドルです。

UNDPが導入した手法にHDI, GDI, GEMがあります。HDI（Human Development Index）は人間開発指数で、生存、健康、教育、知識、生活水準等で測られます。GDI（Gender Development Index）はジェンダー開発指数で、HDIの達成度の男女差を見たものです。GEM（Gender Empowerment Mesurement）はジェンダー・エンパワメント測定です。これは、女性が経済活動や政治活動に参画しているかどうかを測る指標です。

日本のGEMは先進国中最低の水準です。数値は、1.00が男女平等です。2009年のGEMは、第1位のスウェーデンは0.909、日本は0.567です。アンペイドワークのジェンダーの偏りが大きいという日本の問題が、そのままこの数値に表れているといえます（巻末表3）。

2009年の日本の順位はそれぞれHDIは10位、GDIは14位、GEMは57位です。世界経済フォーラム「The Global Gender Gap Report 2009」によれば更に順位は下がり、GGI（ジェンダー・ギャップ指数）は101位、0.645という数値です。GGIの4分野ごとの数値と順位は、経済108位（0.549）、教育84位（0.985）、健康41位（0.979）、政治110位（0.065）となっています。（赤塚朋子）

▷5 アンペイドワークは家事、育児、介護、そして家族の食料生産、水汲み、たきぎ採りなどの重労働にはじまり、コミュニティ活動、環境を守る運動を含む。加盟国政府と国際機関は、その価値を評価し、貨幣計算、もしくは他の方法で、社会計算システム（GDP）と並行したサテライト勘定とするとした。

▷6 SNAとは、System of National Accountsの略称で、「国民経済計算」又は、「国民経済計算体系」と訳される。一国の経済の状況について、生産、消費・投資といったフロー面や、資産、負債といったストック面を体系的に記録することをねらいとする国際的な基準、モノサシである。

参考文献

国連『人間開発報告』各年版。

IV 働 く

7 家族的責任

1 性別役割分業意識の変化

　女性が働き続けるうえで課題となっているのが，家庭との関係です。女性の家庭責任は重く，困難を招いています。総務省「社会生活基本調査」(2006年)によれば，妻の就業状況別に夫婦の1日の生活時間をみると世帯での夫の家事・育児・介護等にかける総平均時間が30分であるのに対し，妻は4時間15分です。夫が有業で妻が無業の世帯では，夫は39分，妻は6時間21分です。女性は共働きの場合は仕事をしながら家事も育児も介護も担い，地域活動もしています。図IV-11のように性別役割分業意識は変化していますが，男女で築いている家庭での役割が偏っている現状を解決し，女性も男性もいきいきと働き続けるための方策はどうなっているのでしょうか。

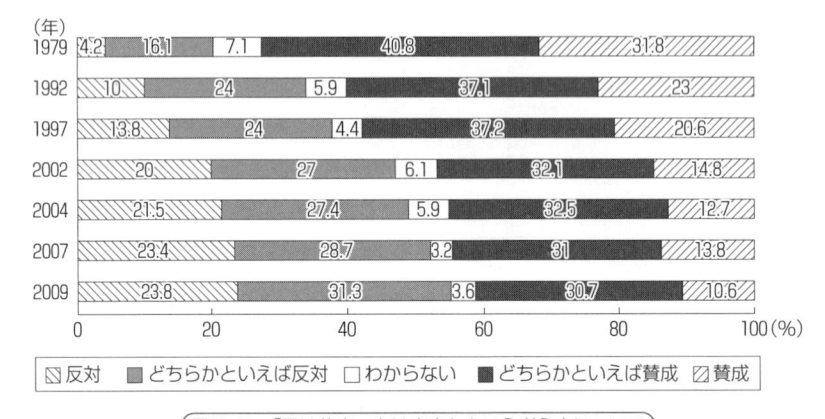

(年)	反対	どちらかといえば反対	わからない	どちらかといえば賛成	賛成
1979	4.2	16.1	7.1	40.8	31.8
1992	10	24	5.9	37.1	23
1997	13.8	24	4.4	37.2	20.6
2002	20	27	6.1	32.1	14.8
2004	21.5	27.4	5.9	32.5	12.7
2007	23.4	28.7	3.2	31	13.8
2009	23.8	31.3	3.6	30.7	10.6

図IV-11 「男は仕事，女は家庭」という考え方について

出所：内閣府「男女共同参画に関する世論調査」。

2 国際労働機関（ILO）156号条約

　ILO156号条約は，「家族的責任を有する男女労働者の機会及び待遇の均等に関する条約」というものです。1981年6月23日に国連で採択されました。日本では，条件整備が遅れて1995年6月9日に批准しています。
　この条約の中で，「家族的責任を有する労働者」を次のように定義しています。

> 第1条　この条約は，被扶養者である子について責任を有する男女労働者であってこの責任により経済活動への準備，参入若しくは参加又は経済活動における向上の可能性が制約されるものについて適用する。
> 2　この条約の規定は，被扶養者である子以外の近親であって保護又は援助を必要とすることが明らかであるものについて責任を有する男女労働者であってこの責任により経済活動への準備，参入若しくは参加又は経済活動における向上の可能性が制約されるものについて適用する。（中略）
> 4　1及び2に規定する労働者は，以下「家族的責任を有する労働者」という。

　家族的責任とは，子だけでなく保護や援助を必要とする子以外の近親に対して，男女労働者が共に責任を有していることをさしています。そしてこの家族的責任を理由に差別されることなく，「就業し又は就業しようとする権利を行使することができるようにすることを国家の方針の目的とする」としています。

　育児や介護等を理由とする差別は条約違反です。育児や介護といった家族的責任を男女共に遂行できる条件を整備することが国の責務です。そのため日本は，育児・介護休業法の成立をもってやっと批准できた経過があります。このILO156号条約とILO165号勧告，さらに女性差別撤廃条約によって，家族的責任は男女が共に有していることと，女性が働き続けることが保障されていることを確認できます。

③ ワーク・ライフ・バランス

　最近の動向として家庭と仕事の両立は「仕事と生活の調和（ワーク・ライフ・バランス）」へと変化しました。

　2007年12月に関係閣僚，経済界・労働界・地方公共団体の代表等からなる「ワーク・ライフ・バランス推進官民トップ会議」において「仕事と生活の調和（ワーク・ライフ・バランス）憲章」ならびに「仕事と生活の調和推進のための行動指針」が策定されました。「憲章」では，仕事と生活の調和が実現した社会を「国民一人ひとりがやりがいや充実感を感じながら働き，仕事上の責任を果たすとともに，家庭や地域生活などにおいても，子育て期，中高年期といった人生の各段階に応じて多様な生き方が選択・実現できる社会」としています。また男女共同参画会議「仕事と生活の調和（ワーク・ライフ・バランス）に関する専門調査会」は，「企業が仕事と生活の調和に取り組むメリット」を2008年4月に取りまとめています。

　2010年9月には「仕事と生活の調和（ワーク・ライフ・バランス）レポート2010」により今後に向けた課題と重点的に取り組むべき事項が提示されました。

　長い時間労働していれば良かった時代は終わり，労働時間も含めた生活時間そのものを自分で管理する時代なのです。働きながら，どんな生活がしたいのかを考え実現するという生活の質の重視が今後問われることになるでしょう。

（赤塚朋子）

参考文献
内閣府編『男女共同参画社会白書』各年版。

Ⅳ 働く

8 社会福祉労働と女性

1 社会福祉労働とは

▷1 厚生統計協会編『国民の福祉の動向 2009』。

　社会福祉労働を担っている社会福祉従事者は，2007年には約328万人にのぼっています。分野別でみると**表Ⅳ-2**のようになっています。

　社会福祉労働に女性がどのくらい関わっているのでしょうか。統計的に把握できるのは「国勢調査」です。結果報告（総務省統計局，2005年）によれば，**表Ⅳ-3**のような状況です。女性の割合は8割以上を占め，児童福祉事業には94.2％，老人福祉事業には77.5％となっています。

　2007年8月に福祉人材確保指針が改正，告示されました。「①労働環境の整備の推進，②キャリアアップの仕組みの構築，③福祉・介護サービスの周知・理解，④潜在的有資格者等の参入の促進，⑤多様な人材の参入・参画の促進」が，主な改正点です。⑤に関連して，すでに外国人の人材育成が2008年から解禁になりました。

表Ⅳ-2　福祉・介護サービス従事者の現状（2007年）

(人)

	総　数	サービス形態	
		施　設	在　宅
老人分野	1,971,225	654,872	1,316,353
障害者分野	671,718	129,457	542,261
児童分野	556,008	24,547	531,461
その他	77,604	53,295	24,309
総　数	3,276,555	862,171	2,414,384

出所：厚生統計協会編『国民の福祉の動向　2009』。

表Ⅳ-3　社会福祉関係の男女別就業者数

(人)

産　業（小分類）	総　数	男	女	女性割合(%)
社会保険，社会福祉	1,240,300	236,900	1,003,300	80.9
社会保険事業団体，福祉事務所	76,200	36,800	39,400	51.7
児童福祉事業	516,700	29,700	486,900	94.2
老人福祉事業	392,200	88,100	304,100	77.5
その他の社会保険，社会福祉	255,200	82,300	173,000	67.8

出所：総理府統計局「国勢調査」2005年。

② 社会福祉労働の担い手の現状

「社会福祉施設等調査」（厚生労働省大臣官房統計情報部，2009年）によると，2007年10月1日現在，全国の社会福祉施設等の総数は98,702施設です。「定員は約333万人に達し，国民約38人に1人の割合で施設を利用していること[2]」となっています。常勤換算した従事者数は109万1,032人[3]で，施設の種類別に多い職種は「保育所」の保育士28万7,982人，「介護老人福祉施設」の介護職員142,785人等となっていて，福祉・介護サービスの多様化に伴う従事者の多様化がみられます。

保育士では，延長保育や病児保育など付加価値のニーズは高まり，労働条件は厳しくなっていることが予想されます。

「介護労働実態調査」（介護労働安定センター，2008年度）によれば，介護職員の悩み，不安，不満等のトップが「仕事内容のわりに賃金が低い」58.3%，訪問介護員の約4割が年収103万円未満です。

介護職員の1週間の実労働時間は37.6時間と産業全体の35.3時間（2004年）より長く，平均夜勤回数が月4.4回となっています[4]。長寿社会文化協会の「介護保険制度改定と影響調査報告書」では，訪問介護事業の離職率が21.8%，入職率が18.0%となっています。「仕事の価値に燃えて入職した人々が実際にやってみてどうかというと，賃金は低いし，職種によっては仕事がきつい[5]」という状況が示されています。以上のように，社会福祉労働の担い手の状況は，女性が大半を占め，労働の質は高いものを求められながら労働への評価が低く，ニーズの増加に比べて人材が不足している実態が浮き彫りになりました。

③ 社会福祉労働の課題

社会福祉労働は多くの女性労働者に担われています。福祉とは「満足すべき生活環境」を意味し，英語では welfare；well-being と表され，「よく暮らす」とか「よく生きる」とかという意味を持っています[6]。日々の暮らしや生活と常に向き合ってきた女性の歴史を振り返れば，女性に担わされてきた社会的な労働が社会福祉労働に多いことが背景として考えられます。

誰もが幸福になれる社会の実現を目的とした社会福祉労働のあり方をどう考えていくのか，福祉の追求という仕事に直接携わっているからこそ，よりよい生活のための人間らしい働き方を提案する必要があります。

日本学術会議社会学委員会社会福祉学分科会は，2008年に「近未来の社会福祉教育のあり方について」の中で生活課題が多様化・拡大化・複合化する現状に対し，利用者の権利の保障への高度な専門性を考慮した人材育成の具体的な構想を提言しています。

（赤塚朋子）

▷2　同前書。

▷3　厚生労働省「社会福祉施設等調査」「介護サービス施設・事業所調査」2009年。

▷4　全国老人保健施設協会編『介護白書　平成22年版』。

▷5　高木郁朗「介護の現場における経営および人材確保の現状と今後の課題」『クリエーター』No. 13, 2008年。年収試算では生活援助型のホームヘルパーの時給が1,057円で年収180万円という数値は「ワーキングプアになっていると言わざるをえない」と指摘している。

▷6　元々は福祉，幸福を意味し，social welfare は社会福祉を表している。セーフティネットとしての社会保障給付制度が特徴の日本では，「経済成長なくして福祉なし」という福祉予算の財源確保が中心課題となっている。

参考文献

厚生統計協会編『国民の福祉の動向　2009』。

Ⅳ 働く

9 障がいとともに働くことと女性

1 障がいとともに働くことと制度

"Nothing about us without us"をスローガンとして，2006年の国連総会で採択された障害者の権利条約では，次の7つの原則が盛り込まれています。「☆固有の尊厳，個人の自律及び人の自立に対する尊重　☆非差別　☆社会への完全かつ効果的な参加及びインクルージョン・差異の尊重，並びに人間の多様性の一環及び人類の一員としての障害のある人の受容　☆機会の平等　☆アクセシビリティ　☆男女の平等　☆障害のある子どもの発達しつつある能力の尊重，及び障害のある子どもがそのアイデンティティを保持する権利の尊重」（障がい者制度改革推進会議「障害者制度改革の推進のための基本的な方向（第一次意見）」2010年6月7日）です。2010年6月29日の閣議決定では，障害者自立支援法を「障害者総合福祉法」（仮称）とする制定案が出されています。

障害者雇用促進法（1970年制定，改正施行2010年）により，民間企業，国，地方公共団体は，一定の割合以上，身体に障がいのある人又は知的障がいのある人を雇用しなければならないという障害者雇用率制度があります。いわゆる法定雇用率です。現在の基準は，民間で1.8％，国，地方公共団体で2.1％となっています。しかし民間の平均は1.63％，制度の普及率は45.5％（『障害者白書』2010年）という現状です。

2 障がい女性労働者の実態

障がい者の雇用の実態に関しては，2009年に発表されている「平成20年度障害者雇用実態調査結果の概要について」（職業安定局高齢・障害者雇用対策部）がありますが，障がい女性労働者の実態把握はできません。

このような中「障害女性の働くことと生きることをめぐる諸問題──障害×ジェンダー×労働の視点から」（臼井久実子・瀬山紀子）は，「障害女性の有業率および正社員率は全体に低く，収入は一般の男性・女性および障害男性と比較して極端に低い。また，障害年金制度も，障害女性に安定した生活をもたらすものとはなっていない。そのため，多くの障害女性は，他の世帯員に経済的に依存させるをえず，自らの生活を築くだけの基盤をもつことが極めて困難な状況にある」と障害学会第5回大会（2008年）で報告しています。実に7割以上が99万円未満の年収とのことです。（http://www.jsds.org/jsds2008/2008pdfppt/

また、「障害者生活実態調査」によれば、単身世帯の年間所得（賃金、工賃、障害基礎年金、手当等含む）は、男性全体が409万6,000円、女性全体270万4,000円、男性障害者191万4,000円、女性障害者は92万円しかないと伝えています。

男女、正規非正規に加え、障がいという三重の格差の中で、個人の尊厳を埋没させられた状況の中で、働いているのです。

③ welfareからworkfareへ

新自由主義路線におけるwelfareからworkfare◁2へという流れは、「働かざるもの食うべからず」であり、福祉的労働という名の劣悪な労働条件にしたままの「働くこと」への移行といえます。本来の意味でのworkfareは、福祉サービス利用者に対して、働くことができる条件整備を整えたうえで、一定の就労を義務づけ、その対価を給付として経済的自立基盤を保障し、「働くこと」を通して社会参加するという基本的な権利を理念として持つものです。

条件整備のないままに、障がいを持っている女性が「働くこと」の困難は、深刻です。複合的な差別や抑圧の中にあり、性別役割分業意識がまだある社会の中では、家事ができない＝結婚できない、子育てできない、の構図が暗黙のうちに自己否定を余儀なくし、社会との関わりを絶たれ、親依存の状況に追い込まれています。働くことは、こうした構図から脱却し、社会とつながり、自身のエンパワメントになります。

④ 人工呼吸器をパートナーとして自立し、仲間の自立を支援

自分の力では呼吸ができず直接肺に空気を送り込む人工呼吸器が命を支えている脊髄性進行性筋萎縮症の佐藤きみよさんは、ホームヘルパーの支援により、生活自立し、養子を育て、仲間の自立を支援する仕事をしています。その生き方は私たちに色々なことを教えてくれます。働くことで自立して生きている障がい女性の先達やネットワークも設立されています。ひとりではなく、仲間がいます。福祉サービスを利用しながら自立して働くことが可能であり、そのことを社会的に広めなければなりません。

（赤塚朋子）

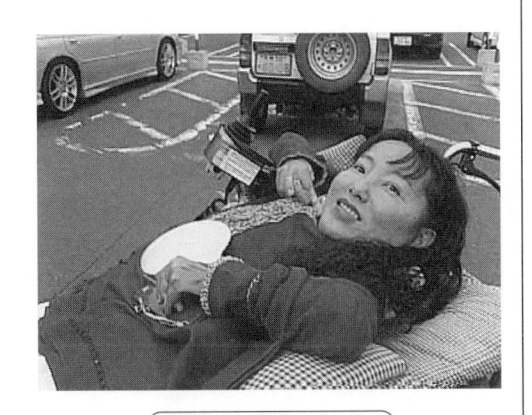

写真Ⅳ-1　佐藤きみよさん
出所：NHK教育テレビ「きらっといきる」（2005年7月23日放送）。

▷1　勝又幸子ほか「障害者の所得保障と自立支援施策に関する調査研究」『平成17-19年度調査報告書・平成19年度総括研究報告書』国立社会保障・人口問題研究所、2008年。

▷2　日本では、2006年の「新たなセーフティネットの提案──『保護する制度』から『再チャレンジする人に手を差し伸べる制度』へ」（全国知事会・市長会）が象徴している福祉政策の転換を意味している。福祉の受給条件として、就労を求める考え方である。

参考文献・資料

NHK教育テレビ「きらっといきる」各回。
NHK教育テレビ「佐藤きみよさん」2005年7月23日放送（「きらっといきる」第254回）。

Ⅴ 妊娠・出産・子育て期

1 妊娠・出産期の支援①
―― 母子保健施策と妊娠期の支援

1 母子保健施策のあゆみ

　女性が無事に出産し，子どもが健康に育つということは，その時代の社会及び地域の衛生状態や生活水準と大きく関連しています。日本においても，大正時代，出産10万につき330人を超える妊産婦が命を落とし，母体の健康状態や養育条件の影響を受ける生後1年未満の乳児については，出生千人につき160人以上が亡くなっていました。しかし，母子保健施策が，乳幼児や妊産婦の死亡率の改善や疾病の予防を主な目標として取り組んできた結果，妊産婦死亡率は出産10万対4.2（2009年），乳児死亡率は出生千対2.4（2009年）など，母子保健の水準は世界でトップレベルに達しました。

　日本の母子保健サービスは，児童福祉法や母子保健法に基づき，母性と子どもの健康の保持，増進を図るため，主に保健所，市町村保健センター，母子健康センターで実施されています。2000年11月には，母子保健を推進する国民運動「健やか親子21」が策定されました（図Ⅴ-1）。主要な4つの目標について，医療や研究機関，団体，学校，NPO，地方公共団体や国が連携し，次世代育成支援行動計画と併せて2014年まで取り組むことになっています。

2 妊娠中の母親支援

　すこやかな妊娠と出産のためには，妊娠初期から妊婦健康診査に基づいた健康管理が大切です。妊娠の診断の受けた女性が，市町村の窓口に妊娠届を出すと，母子健康手帳が交付されます。これにより，妊娠期から出産，子どもの成長に合わせて種々の支援が受けられることになります。また，妊婦健康診査を公費補助で受けられる受診券も交付されます。

　保健センターや産院などで開催している母親学級や両親学級では，専門スタッフや先輩ママなどに話を聞いたり，実習などを通して，妊娠中の健康や出産に向けての準備，赤ちゃんの世話などについて具体的に学ぶことができます。同時に妊婦同士の交流を図ることによって，妊娠中の不安軽減や仲間づくりの機会にもなっています。

　働きながら安心して妊娠・出産を迎えるための支援には，ラッシュアワーの時間を避けて通勤できる通勤緩和の措置や勤務時間の短縮，これらの内容を事業主に伝えるための母性健康管理指導連絡カードがあります。

▷1　妊婦の健康状況や出産時の状況，生まれた子どもの成長（発育の状況，健診結果，予防接種の記録，歯科健診結果など）について，医療機関等や保護者が記録するもので，さらに妊娠・出産・育児に関する情報がまとめられている。

図V-1 健やか親子21

21世紀初頭における母子保健の国民運動計画(2001～2014年)

課題	①思春期の保健対策の強化と健康教育の推進	②妊娠・出産に関する安全性と快適さの確保と不妊への支援	③小児保健医療水準を維持・向上させるための環境整備	④子どもの心の安らかな発達の促進と育児不安の軽減
主な目標 (2014年)	○10代の自殺率 (減少傾向へ) ○10代の人工妊娠中絶実施率 (減少傾向へ) ○10代の性感染症罹患率 (減少傾向へ)	○妊産婦死亡率 (半減) ○産後うつ病の発生率 (減少傾向へ) ○産婦人科医、助産師の数 (増加傾向へ)	○全出生数中の低出生体重児の割合 (減少傾向へ) ○不慮の事故死亡率 (半減) ○妊娠中の喫煙率、育児期間中の両親の自宅での喫煙率 (なくす)	○虐待による死亡数 (減少傾向へ) ○出産後1カ月時の母乳育児の割合 (増加傾向へ) ○親子の心の問題に対応できる技術を持った小児科医の割合 (増加傾向へ)
親子	応援期 思春期	妊産婦期～産じょく期 胎児期～新生児期	育児期 新生児期～乳幼児期～小児期	育児期 新生児期～乳幼児期～小児期

図V-1 健やか親子21

出所：「健やか親子21」公式ホームページ（http://rhino.med.yamanashi.ac.jp/sukoyaka/abstract.html, 2010/9/6）。

図V-2 マタニティマーク

また厚生労働省は、「健やか親子21」の推進事業としてすべての妊産婦に周りの人が配慮を示しやすくするため、2006年に妊産婦が身に付けるマタニティマーク（図V-2）を採用し、電車・飛行機などの交通機関、各自治体等で配布しています。

3 妊娠・出産期の経済的支援

妊婦健康診査は、母体の健康やお腹の赤ちゃんの育ち具合をみるための重要な機会ですが、近年、経済的な理由で妊娠中に1度も妊婦健診を受けずに、産気づいて初めて受診し出産するという「飛び込み出産」をする妊産婦が増えています。前田津紀夫は、未受診妊婦には、10代、未婚者、4回以上出産している頻産婦が多く、経済的理由の他にも、外国人の不法滞在者、妊婦健診を必要と感じていない、妊娠に気がつかなかった等指摘しています。未受診妊婦は、診察費の未払いとなる場合も多いのですが、何よりも周産期（妊娠満22週から出生後満7日未満）の死亡や未熟児で産まれる割合が高く、母と子どもにとってハイリスクとなります。また、厚生労働省（2010年）の調査によると、子どもの虐待ケースでは、未受診妊婦の割合が高くなっていることも明らかになっています。こうした状況を受けて、妊婦健診の公費補助や出産育児一時金の仕組みが見直され、妊婦健診や出産に関わる経済的負担の軽減がなされています。

（上田美香）

▷2 前田津紀夫「未受診妊婦の実態とその対策について」『日医雑誌』第137巻・第4号別冊、2008年。

▷3 社会保障審議会児童部会虐待等要保護事例の検証に関する専門委員会「子ども虐待による死亡事例等の検証結果等について（第6次報告）」2010年。

▷4 これまで2回だった妊婦健診の公費補助が、2008年度から14回程度まで拡大された（公費負担回数の全国平均14.04（2010年4月現在）。

▷5 これまで出産費用を各自で病院に支払い、後に医療保険者から受け取る仕組みであったが、あらかじめまとまった現金を用意しなくて済むよう、希望に応じて出産育児一時金を医療保険者から病院等に直接支払う制度が導入された。

V　妊娠・出産・子育て期

2　妊娠・出産期の支援②
―出産期と子どもの支援

1　出産期の母親支援

　母親にとって，出産直後は心身ともに不安定になりがちな時期であるにもかかわらず，近年では，実家に戻らず自宅で育児を始める母親が多くなっています。昼夜問わず赤ちゃんの世話や家事を母親だけで担っている場合，その負担は大きくなり，母親の孤立や育児不安にもつながります。

　この時期は，自宅訪問型の支援や産後ケア事業等のように母体ケアも同時に行う母子支援が必要です。新生児訪問や2007年度から始まった生後4カ月までの全戸訪問「こんにちは赤ちゃん事業」では，育児や母親の体調，母乳などの相談に応じ，継続して支援が必要な場合は，適切なサービスを受けられるように地域の関係者が調整を行います。

　産前・産後の負担軽減のため，家事や育児を支援する子育て支援ヘルパーを無料または低料金で派遣している自治体もあります。

2　分娩場所の減少

　病院で出産を希望しながらも自宅の近くに産科が見つからない，早い時期から分娩予約がいっぱいで受け付けてもらえない，地域の住民が優先で里帰り出産する産院見つからないなど，いわゆる「お産難民」の問題があります。厳しい産科医師の勤務状況や訴訟のリスクの高さなどを背景に産科医師や助産師が不足し（図V-3），産科・産院の閉院によって分娩場所が減少しています（図V-4）。産科医師に多い女性医師は，結婚・出産を機に退職する例も多く，働く環境の整備，子育て支援，復職への対応が課題となっています。

3　母子保健における子どもの支援

　生まれてきた子どもが健やかに育つためには，疾病や障害の予防，早期発見や治療が重要であり，母子保健や医療の中で，さまざまな整備が進められています（図V-9参照）。

　乳幼児健康診査は，乳幼児の疾病・障害・発達の遅れを早期発見し，早期療育や継続的な支援につなげていくこと，育児相談などを通して育児不安や虐待の予防，早期発見の機会としても重要となります。3〜4カ月児，1歳6カ月児，3歳児に加え，自治体によっては，さらに細かく健診の時期を定めて医療

▷1　世田谷区の産後ケア事業として，2008年，世田谷区が武蔵野大学と協働して日本初の産後ケアセンターを開設。母子を宿泊・日帰りで受け入れ，24時間体制で助産師等の専門スタッフが母体ケア，乳房ケア，乳児ケアなどを行う。

▷2　愛育班員，母子保健推進員，児童委員，子育て経験者などのスタッフが生後4カ月までの乳児がいるすべての家庭を訪問し，保護者の不安や悩みを聞き，助言や地域の子育て支援の情報提供を行うもの。

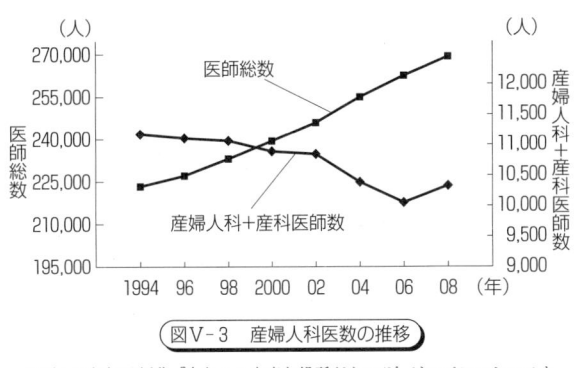

図V-3 産婦人科医数の推移

出所：阿部知子編著『赤ちゃんを産む場所がない!?』ジャパンマシニスト，2008年に筆者加筆。

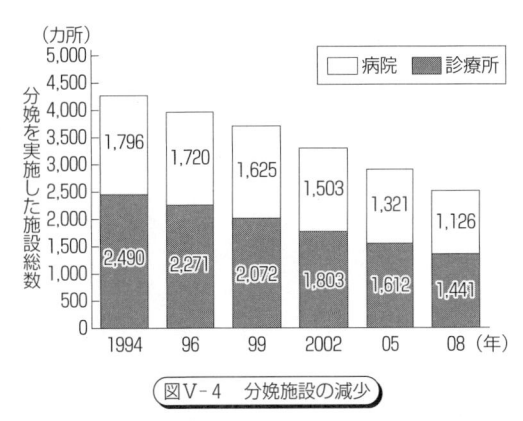

図V-4 分娩施設の減少

出所：阿部知子編著『赤ちゃんを産む場所がない』ジャパンマシニスト，2008年に筆者加筆修正。

機関や市町村保健センターで行っています。

「未熟児」と呼ばれる新生児は，一般的に2,500g未満の低出生体重児のことをさしていますが，近年，低出生体重児の割合が増加しています。1980年に5.2％だった低出生体重児の割合は，2007年には9.7％となっていて，これは，経済協力開発機構（OECD）諸国で2番目の高さとなっています。さらに小さい1,500g未満の極低出生体重児（2007年に0.8％），1,000g未満の超低出生児（同年0.3％）と呼ばれる赤ちゃんも生まれています。板橋家頭夫は，低出生体重児の割合の増加には，ダイエット志向の女性，高齢妊婦による早産，不妊治療による多胎の増加と併せて，新生児医療の進歩による死亡率の低下が影響していると述べています。

未熟児の場合は，発育や発達の遅れ，知的，視覚等に障害を残す可能性も高く，親の不安も大きくなっています。また，新生児集中治療室（NICU）のベッドの不足という社会的な課題もあります。

また，慢性疾患をもち長期にわたり療養が必要な子どもとその家族に対しても支援の充実が必要です。親子関係を重視した入院環境整備，学齢期の教育支援等の療養を続ける子どものよりよい生活の保障，地域における医療の確保や訪問看護等の在宅ケアの充実といった家族の負担軽減が必要です。医療費の負担を軽減する支援としては，未熟児養育医療，小児慢性特定疾患治療研究事業，結核児童療育事業があります。

特に，「子どもを小さく産んでしまった」「病気や障がいをもつ子どもを産んでしまった」と自分を責めてしまう母親の精神的ケアは重要です。病院主催のグループや親の会において，看護師や臨床心理士がコーディネート役となり，未熟児をもつ母親たちや，慢性疾患を抱える子どもの母親たちが育児の悩みを語り，支え合う活動が展開しています。

（上田美香）

▷3　「〈はぐ〉小さく生まれて」『朝日新聞』2010年7月13日付朝刊。

Ⅴ 妊娠・出産・子育て期

3 子どもを望む

1 子どもを望む人を支える支援

　昔から日本では「子孫繁栄」が祈願されるように，多くの家庭で子どもが産まれることは喜ばしいこととして考えられています。そのため，結婚し新しい家族の一員になった女性に対して，その家族の血を継いだ子どもを産むことは嫁や妻の義務として求められる傾向にあります。1949年には人工授精が始められ，その後，1983年からは体外受精が，1992年には顕微授精が行われるようになり，子どもを望む者のための医療の進歩は目覚ましく発展しています。現在，子どもを対外受精・胚移植等による出生数は2006年において1万9,587名で，全出生数の1.79％になり，おおよそ55人に1人の割合で産まれ，累積するとその出生数は17万4,456人に上っています。

　少子高齢化が社会の問題として取り上げられるようになり，子どもを望む人に対しての社会的支援の必要性がうたわれるようになりました。いわゆる不妊症の人への支援です。不妊症とは夫婦が妊娠を希望しているにもかかわらず，一定期間たっても（世界保健機構〔WHO〕においては2年）妊娠しない状態のことをいいます。1996年度から「生涯を通じた女性の健康支援事業」の一環として不妊専門相談が開始され，2004年度から，高額の治療費がかかる特定不妊治療（対外受精・顕微授精）について，経済的負担の軽減を図るため，医療保険が適用されない治療費の一部を助成する支援「特定不妊治療費助成事業」が実施されています。「健やか親子21」で妊娠・出産に関する安全性と快適さの確保と不妊への支援を掲げ，「不妊専門相談センターの整備」「不妊治療受ける際のカウンセリングに関する相談体制および医療提供体制の整備」「ガイドラインを作成」などの目標値を掲げています。

　子どもを望んでいるものの子どもを授からない家庭にとって，こうした医療技術の進歩は，希望を見出すことが可能となってきた一方で，高額な治療費が払える人だけが治療を受けられるという状況を生み，本人たちには先の見えない終わりのない治療を続けるために，精神的にも肉体的にも影響を与える可能性も出てきました。また，晩婚化傾向の現代日本において「高齢初産」は多子や低出生体重児の出産につながり，子どもや母親への影響も懸念されています。実際，40歳以上になると低出生体重児が生まれる割合は増加しており（表Ⅴ-1），図Ⅴ-5にみられるように低出生体重児は増加傾向にあるのが現状です。

表V-1 母親の年齢，単産・複産別にみた低出生体重児（2,500g未満）の割合（%）（2008年）

母親の年齢区分	単産の場合	複産の場合
平　均	8.2	73.1
14歳以下	23.7	—
14～19歳	9.1	80.6
20～24歳	8.0	76.6
25～29歳	7.7	74.8
30～34歳	8.0	72.9
35～39歳	9.2	70.6
40～44歳	11.6	70.2
45～49歳	18.0	73.5
50歳以上	26.7	77.8

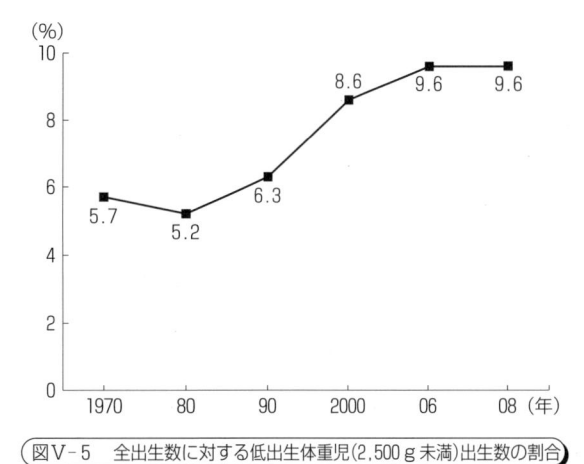

資料：図V-5と同じ。

図V-5　全出生数に対する低出生体重児（2,500g未満）出生数の割合

資料：厚生労働省大臣官房統計情報部「平成20年人口動態統計」。

2　子どもを望む支援と女性の生き方の支援

「血は水よりも濃い」という諺にも見られるように，日本では家族が血縁で結ばれていることに非常に重きを置いています。子どもを産むことができない女性は離婚されても仕方がないという風潮さえあり，未だに女性は子どもを産む道具としてみられることもあります。また，日本には「親になって一人前」という意識が社会の中にあり，地域社会の中でも家族の中に子どもがいて初めて，地域社会との関わりも生まれてくるような状況もあります。子どもを産むことは個人的なことであり，子どもを授かる，授からないこともとてもナイーブな問題ですが，そういった風潮や考え方によって夫婦に子どもがいないことをより深刻な問題にしてしまっています。

また，日本において女性の高学歴化すすみ，晩婚化傾向にあります。女性が男性と同じように仕事をすることを考えると，キャリア形成をしてからの出産・子育てを選択せざるを得ない環境にあります。仕事の力を付ける時期は出産や子育てに適した時期に一致し，キャリア形成後の子育てでは女性の体力や子どもの人数にも影響を及ぼします。

自分の生き方として子どもを産むことを選択をしているのか，いつの時期に子どもを望むのか，子どもを望む時期は子どもを産み，育てる時期として適しているのかなど女性の生き方の支援が必要となっています。その前提に，女性だけが出産・子育てに関わるという意識から，男性も出産や子育ての時期は家庭を支えるという意識の向上と環境づくりという男性の両立支援を社会で整える必要があります。

（出川聖尚子）

Ⅴ 妊娠・出産・子育て期

4 望まない妊娠・出産

1 女性の妊娠

待ち望んだ妊娠で出産を迎える女性がいる一方で，思いがけない妊娠に戸惑いながらも出産を決意する女性，さまざまな理由で妊娠を中断する女性がいます。思いがけない妊娠がきっかけの結婚は，「できちゃった婚」「授かり婚」と呼ばれていて，結婚期間が妊娠期間より短い出生は，近年増加しています。特に年齢層が若くなるほど割合が高く，2009年には，「15～19歳」81.5％（1980年：47.4％），「20～24歳」63.6％（同：20.1％），「25～29歳」24.6％，30歳以降で約10％です。

2 人工妊娠中絶の現状

人工妊娠中絶は，母体保護法に基づいて行われます。厚生労働省の調査によると，2008年度の人工妊娠中絶総数は24万2,326件（前年度比1万4,346件減），ここ5年間は，どの年齢階級においても減少傾向にあります（図Ⅴ-6）。また，人工妊娠中絶実施率（15～49歳の女子人口千対）は8.8となっていて，年齢階級別では，「20～24歳」16.3，「25～29歳」13.8，「30～34歳」11.2の順になっています。「20歳未満」については，「19歳」13.3，「18歳」10.0，「17歳」7.2，「16歳」4.7の順で高くなっています。

人工妊娠中絶に対する先入観や価値観の違いから，その選択をした女性に対する心のケアの重要性はあまり認識されていません。しかし，胎内の命を失うことや，罪の意識に苦しむ女性は多く，こうした自責感に対して適切な援助を受けられずにいると，次回の妊娠時に精神面での影響は大きくなります。

3 思春期の性の問題

高校生や国立大学生を対象とした性行動調査から，近年の思春期の性の問題として次のことが挙げられます。①1990年代に入って性経験率が急増し，特に女性の増加が著しい。また，性経験率は，都会と地方では差がない。②付き合い始めてから短期間で性関係に至り，交際期間も短いため，結果として性的パートナーが多い。③女子高校生の場合，25％が年上の男性との交際で，特に避妊率が低い。④あふれる性情報の中で性行為には関心があっても，避妊や性感染症に必要な情報は持っていない。そのため性感染症も増加している。

▷1 厚生労働省「出生に関する統計」2010年度の概況。
▷2 不妊手術や人工妊娠中絶に関する事項を定め，母性の生命健康を保護することを目的とする法律。以前の優生保護法から優生思想に基づく部分を削除する改正が行われ，1996年に現行名に改められた。
▷3 2008年度「保健・衛生行政業務報告」。
▷4 東京都幼稚園・小・高・心障教育研究会が1984年から3年ごとに実施している調査。2002年時点で性経験のある東京都の高校3年生は45.6％（女性），37.3％（男性）。
▷5 同上の調査で，性経験のある高校2年生は，地方A県（2001年）で27.1％（女性），24.8％（男性），地方B県（2001年）で26.3％（女性），19.6％（男性），東京都（2002年）で32.7％（女性），22.5％（男性）。
▷6 厚生労働省HIV社会疫学研究班が行った1999年度調査。性経験者において現在の相手と性関係に至る交際期間が1カ月未満だった人は，18～24歳の51.0％（女性），62.7％（男性）であるのに対し，30歳以降は1～2割である。
▷7 同上の2002年度調査。

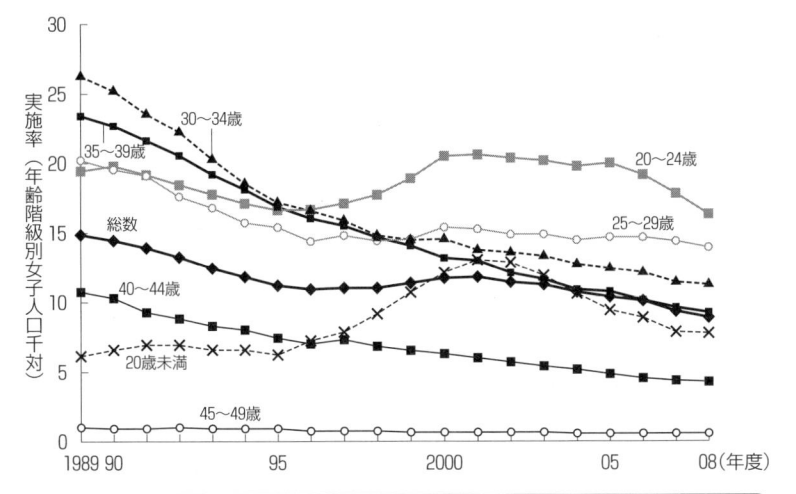

図V-6　年齢階級別にみた人工妊娠中絶実施率（年齢階級別女子人口千対）の年次推移

（注）「母体保護統計報告」により報告を求めていた2001年までは暦年の数値であり，「衛生行政報告例」に統合された2002年からは年度の数値である。
出所：厚生労働省大臣官房統計情報部「2008年度保健・衛生行政業務報告」。

10代の女性の妊娠は，学校の先生に相談できず学業の中断（中退）に至るケースが多くなっています。このような若年の母親は，育児の問題だけでなく，離婚率の高さ，キャリア形成の難しさなど，女性としてもさまざまな課題を抱えることになります。

思春期の性の問題や望まない妊娠は，「特別な」の若者の問題でなくなっています。大人たちがこれらの現状を正しく認識し，ポルノグラフィへの対応，学校における予防教育のあり方を見直す必要があります。

4　望まない妊娠・出産に対する支援

2007年，慈恵病院（熊本市）が「こうのとりのゆりかご」[10]（以下，ゆりかご）を開設しました。これは，「赤ちゃんポスト」とも呼ばれています。

運用開始後2年5カ月の間に，ゆりかごには51人の預け入れがあり，こうのとりのゆりかご検証会議（2009年11月報告）が行った詳細な分析では，「妊娠・出産に関する相談体制と預けられた子どもの命を守る危機対応が一体」[11]となったゆりかごは，「①子どもの遺棄の防止，②出産にまつわる緊急避難，③周産期の親の精神的混乱による子どもの犠牲を防止する一時保護」の3つの機能を果たしていると評価しています。

その他にも，望まない妊娠・出産についての相談支援は，全国の66自治体[12]のうち，22自治体の24カ所で独自の相談窓口[13]が設置されています。24時間の匿名の電話相談は，慈恵病院（SOS赤ちゃんとお母さんの相談窓口）[14]のみです。

望まない妊娠・出産が育児不安や虐待の大きな要因の一つになっていることからも，保健・医療・福祉が連携して，思春期の女性，妊娠期・出産・子育てと切れ目ない支援に取り組んでいくことが急務となっています。（上田美香）

▷7　地方A県の高校2年生（女性）の性経験者のそれまでの性的パートナー数は，1人（41.7％），2人（20.4％），3人（10.8％），4人以上（20.3％）となっている。

▷8　同上の2002年度調査。地方A県の高校2年生（女性）の交際相手は，高校生（70.8％）で，約25％が社会人（17.5％），フリーター（4.7％）などである。

▷9　地方県全域の産婦人科受診者を対象にした2000年の「クラミジア感染症調査」では，10代妊婦の30％，非妊婦の40％近くが，性感染症の一つであるクラミジアの病原体に感染していた。

▷10　親が育てられない赤ちゃんを病院に設置された窓口に匿名で預けることができるシステム。妊娠〜育児についての相談業務と一体となり，預けられた赤ちゃんは，児童相談所と連携して支援が行われる。「命を守る最後の砦」「捨て子の助長につながる」といった賛否さまざまな意見がある。

▷11　こうのとりのゆりかご検証会議最終報告「こうのとりのゆりかごが問いかけるもの―いのちのあり方と子どもの権利」（2010）。

▷12　内訳は，47都道府県，17政令指定都市，2児童相談所設置市。

▷13　保健師や相談員等が通常業務の中で実施する相談」「不妊治療専門の相談」は除く。

▷14　年間500件の相談のうち，5割程度が県外，「思いがけない妊娠」についての内容が約3割で最も多い。

Ⅴ　妊娠・出産・子育て期

5 日本的子育て観①
―― 日本的親子観

1　子宝の思想

　日本には初節句や背負い餅など子どもの成長を祝う行事が数多くあります。現在も使われている「子宝」という言葉は鎌倉時代から使用されていたといわれ，古くから人々が宝のように子を愛し貴んでいたことがわかります。子どもは本来善いものであるという性善説に立ち，子どもを自然に育て，本来備わっている能力を伸ばせばよい子どもが育つという考え方です。また，日本では血縁を重視する文化があり，お正月の料理に出される数の子には子孫繁栄を願っているといわれています。

2　私物的我が子観

　一方，重税や農産物の不作による貧困など経済的な理由で，子どもを育てる目途がたたず，堕胎や間引きなどの子殺し，子どもの売買も行われていました。また，1923〜1924年頃に新聞で報道されはじめた親子心中は，貧困の中で生活苦によって行われていました。親子心中は親と子どもがそれぞれ自殺するのではなく，親が子どもを殺し親が自殺するという，殺人と自殺が組合わされた親子自他殺です。しかし，当時の家父長制的家族制度と儒教的倫理の影響によって子どもは家という制度の中に身をおいており，家父長の指示に従うことが当たり前の状況では，親が子どもを巻き込んだ悲惨な子殺し事件でも心中という美名を付けて語られています。こうした背景には子どもは親の所有物としてみる「私物的我が子観」の影響が考えられます。

　かつても躾という名目で，子どもに虐待を加える親もいたことは考えられますが，近年，全国児童相談所で虐待相談受付件数は著しく増加していると報告されています。主たる虐待者の割合では実母が最も多く，被虐待者は就学前までが約4割を占めています。親の未熟さによって，親が子どもは自分の思い通りになって当然という思いと，他人や自分以外の子どもに行えば，当然犯罪になるような暴力や暴言も自分の子どもなら行ってもかまわないという「私物的我が子観」という意識が児童虐待を悪化させていると考えられます。「平成19年度虐待死死亡事例調査検討報告」によれば，心中事例の加害者は「実母」が約7割を占めており，女性の方がよりその傾向は強いと考えられます。

❸ 母性愛から親子一体観

　親子関係でも特に母親の子どもに対する愛情は無償のもので，母性愛に勝る愛情はないという考えを支えに，日本では3歳児神話が浸透しています。女性は子どもを産んだ時点で母性愛に満ちた母親という役目を担うことになります。夫婦共働きが一般的になりつつあるものの，女性の就労率が示すように，子育て中の母親の多くが，子育てに支障がないような子育てに人生の時間の多く費やしています。また，「子育て家庭の経済状況に関する調査研究（平成17年度）」によると，子どものいる家庭で子どもに進学してほしい学校は「大学」が多く，子どもが希望する学校まで進学した場合の学費について「学費は全額，親が負担すべきだ」と考える割合は（どちらかといえばそれに近い，それに近いの合計）は64.7％で過半数を超えています。日本において親は時間もお金も子どもへ費やす必要があるという意識が高い傾向にあります。

　社会の中にも，そのような親子関係を助長する状況もあります。子どもが犯罪をした場合，その原因追及に親子関係，子育ての問題点が指摘され，また，子どもの罪の責任は親が取らなくてなくてはならないという風潮もあります。

　こうした個人のそして社会の意識は，豊かな親子関係を生み出す一方で過剰な母子密着や親子の一体感の問題を引き出すことにもなります。子どものことが自分のことのように感じられ，たとえば，子どもが注意されると親（自分）が注意を受けた気になる，子どもの失敗は自分の失敗のように感じるなど子どものさまざまな場面の評価を自分の評価と混同してしまい，子育てを負担に感じる子育て困難家庭も増加しています。

❹ 子どもも親もアイデンティティの確立へ

　多くの子どもは，成長するにしたがって精神的にも物理的にも援助を受ける度合いは減り，自立していく準備を行います。親が子どもを育てるのには子どもをおとなとして生活習慣を身に付け，精神的にも経済的にも自立させることが目的であるはずです。親の都合で，子どもが親なしでは生きられないような，自立することを阻む親にならないよう，親自身も一個人としてアイデンティティを確立できる暮らしを送っていくことが必要です。親子間にも社会にも，親と子どもは別々の個人であるという認識，個の自立及び独立という意識が必要です。

（出川聖尚子）

Ⅴ　妊娠・出産・子育て期

6　日本的子育て観②
――3歳児神話（3歳までは母の手で）

▷1　厚生省監修『厚生白書　平成10年版』。

1　3歳児神話とは何か

　3歳児神話とは，「子どもは三歳までは，常時家庭において母親の手で育てないと，子どものその後の成長に悪影響を及ぼす[1]」というものです。つまり，3歳までは家庭で母親が育てなければ，子どもは愛情が欠如し，知的，精神的に発達が遅れる，性格がゆがむ，非行に走るなど子どもの将来に影響を及ぼすという意味を示します。日本の女性がこの3歳児神話の影響を受けていることは，日本の女性の年齢階級別労働率が，出産，子育てにあたる時期に極端に下がるM字型を示していることからも明らかであり，また，他の欧米諸国の示す台形型に比べて特徴的なものであるといわれています。

2　3歳児神話の浸透

　大正時代以前には第1次産業が主に行われ，多くの家庭が自分の暮らしている地域で女性も男性も働いていました。女性は出産してもすぐに働いたり，また，働く必要のない女性は，乳母に子育てを任せていたといわれています。大正時代になると第2次産業の隆盛に伴い，職住分離の生活形態の家庭が増え，男性は仕事，女性は家を守り子育てに専念するという性別役割分業体制の家族が増加していきました。戦争に必要な国力を豊かにするため子どもを育てることを母親の役割として求められ，雑誌などでも女性は良妻賢母であることを推進してきました。戦後その形態が「男性の雇用の推進」「人づくり政策」の名のもとに，母親が就労せず子育てに専念することを国が推進してきました。このように「母親＝子育てをする人」という役割規定は国の方針として行われていた経緯があり，普遍的なものとはいえません。しかし，「三つ子の魂百まで」「雀百まで踊り忘れず」などの日本の古い諺は幼少期の性質が後のちまで影響を与えることを示し，3歳児神話が根づいていたように見えます。また，内閣府「少子化社会に関する国際意識調査」（2006年3月）結果によると，「3歳までは母親が家庭で育てる」という考え方について「賛成」27.3％，「どちらかといえば賛成」40.5％であり，3歳児神話に肯定であるのは6割を超えています。女性の理想のライフコースとして「出産を機に退職し手を離れたら働く」25.8％，「出産退職後育児に専念する」3.9％と回答し（上記調査），約3割が育児は女性がという意識を持っています。「主に妻が行うが66.8％」が「妻も夫

も同じように育児を行う31.2%」の約2倍あり，この考え方は育児での夫・妻の役割についても影響していることがうかがえます。

③ 3歳児神話の日本社会での展開

1950年半ばから1960年代にかけての高度経済成長期，夫は企業で働き，家庭は外で働く夫の安らぎの場としての役割を担ってきました。女性が働きに出るために保育所の整備を求めましたが，保育所は「必要悪」なものと位置づけられ，1963年の中央児童福祉審議会答申では，子どもの第1の保育適格者として母親の責任を強調しました。母親が子どもに母性的愛情を注がない（母親略奪）と子どもに身体的，精神的な発達障害を与えるという欧米の研究が引用されています（その後，ボウルビィの説に対しては実母でなければならないという証拠はないと報告されている）。その後，育児書などでも「母性」役割が強調され，3歳児神話は1960年代に広まったといわれています。母親は洗濯機，炊飯器など家電の発達などに伴い，家事から解放され，育児・子どもの教育への関心が高まり，子どもの高校への進学率も1970年代には急激に上昇しています。その後，女性の高学歴化及び社会参加が進展していきました。

④ 3歳児神話の否定

1989年の合計特殊出生率の低下（1.57ショック）にみられる少子化の顕在化によって，国は少子化対策として女性労働の活用と合計特殊出生率の上昇のための対策を行う必要が出てきました。また，世界の潮流として男女共同参画社会の実現が必要となり，子育ては社会の責任でもあると明言し，子育てと仕事の両立支援をすすめています。こうした中で，『厚生白書 平成10年版』で「欧米の研究でも，母子関係のみの強調は見直され，父親やその他の育児者などの役割にも目が向けられている」と述べ，「三歳児神話には，少なくとも合理的な根拠は認められない」と3歳児神話を否定しています。

⑤ 3歳児神話の弊害

3歳児神話の浸透は，母親偏重の子育てにつながり，子どもに愛情を注げない，子育てが苦手などといった意思表示がしづらい環境を作り，子育て困難を深刻化させるという状況を生みます。また，乳幼児期に母親不在，母親との関係に恵まれない場合には，子どもたちは不幸の烙印を押されることにもつながりかねません。3歳児神話は，女性の労働形態，家庭での家事分担など女性の生き方を規定してしまうと同時に，主夫や男性のパートタイマーなど男性の生き方をも規定してしまいます。3歳児神話の浸透は，多様な家族形態・形成への影響を及ぼしかねないという問題も含んでいるのです。 （出川聖尚子）

▷2 欧米での病院や施設に収容された乳児の著しく発育不良，死亡率の高さについて，世界保健機構（WHO）がイギリスの精神科医 J. M. ボウルビィに依頼した実証研究。

V 妊娠・出産・子育て期

7 育児不安と子育て不安

1 育児不安・子育て不安とは

　母親が子育てに感じる不安やストレスについては，1970年代から心理学や社会学の分野で調査研究が行われていて，「育児不安」や「子育て不安」と呼ばれています。一般的に「育児」とは乳幼児を育てること，「子育て」はさらに広い意味で子どもを育てることをいいます。牧野カツコは，「育児不安」の概念を「子の現状や将来あるいは育児のやり方や結果に対する漠然とした恐れを含む情緒の状態」で「無力感や疲労感あるいは育児意欲の低下など生理現象を伴ってある期間持続している」状態だとしています。育児不安の表れ方は，育児への自信のなさ，困惑，母親として不適格だと感じること，子どもへの否定的な感情など心理的なものから，子どもへの攻撃を伴う行動までさまざまです。

▷1　牧野カツコ「乳幼児をもつ母親の生活と〈育児不安〉」『家庭教育研究所紀要』3号，1982年。

2 育児不安・子育て不安の現状

　乳幼児の母親を対象にした調査（内閣府，1997年）では，「育児の自信がなくなる」「なんとなくイライラする」と回答した専業主婦は，有職の母親より割合が高く，専業主婦の母親に育児不安が大きいことを示していました（図V-7）。
　調査内容や対象者等が異なり単純な比較はできませんが，2006年の子育てに関する意識調査（こども未来財団）では，「子どもが言うことを聞かないのでイライラする」について，専業主婦の母親の19.3％，共働きの母親の14.4％，パートの母親の18.5％が「よくある」と回答していて，専業主婦と共働きの母親の差は小さくなってきています。それでもなお，若干ではありますが，専業主婦の母親の方が育児の負担感が大きいといえます。

3 なぜ育児不安・子育て不安になるのか

　育児不安・子育て不安になる理由として，種々の調査から下記のような子育ての実態や母親たちの気持ちが明らかになっています。
① 現代は，親になるまで乳幼児との関わりや育児経験がなく，具体的な育児の方法や子どもの育ちを知らないまま育児を始めることになります。そのため，赤ちゃんの泣きの意味や子どもの要求がわからずイライラしたり，育児の心配が解決されないままでいると不安が強くなります。
② テレビや本，雑誌などで育児や教育に関するさまざまな情報が氾濫してい

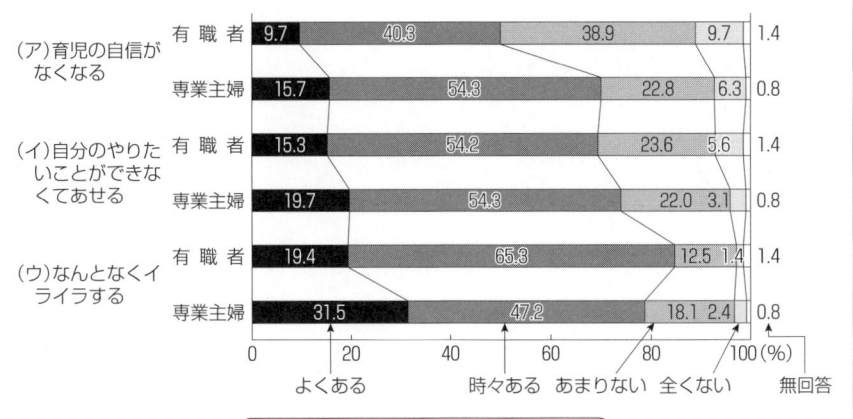

「お子さんを育てながら次のように感じることがありますか。次の(ア)〜(ウ)のそれぞれについてお答え下さい。((ア)〜(ウ)それぞれ○は1つ)」

		よくある	時々ある	あまりない	全くない	無回答
(ア)育児の自信がなくなる	有職者	9.7	40.3	38.9	9.7	1.4
	専業主婦	15.7	54.3	22.8	6.3	0.8
(イ)自分のやりたいことができなくてあせる	有職者	15.3	54.2	23.6	5.6	1.4
	専業主婦	19.7	54.3	22.0	3.1	0.8
(ウ)なんとなくイライラする	有職者	19.4	65.3	12.5	1.4	1.4
	専業主婦	31.5	47.2	18.1	2.4	0.8

図V-7 専業主婦の母親に大きい育児不安

(注) 1．回答者は第1子が小学校入学前の女性である。
2．有職者にはフルタイム，パートタイムを含んでいる。

出所：内閣府「国民生活選好度調査」1997年。

て，母親たちの子育てに対する価値観を翻弄しているようにも思われます。

③ 母親が専業主婦，有職であるにかかわらず，母親の家事や育児における身体的，精神的負担は大きくなっています。そのうえ，子どもの祖父母や子育ての仲間などのサポートが少なく，エネルギーにあふれた子どもを母親だけが1日中相手しているような育児では，母親の孤立と疲労が高くなります。

④ 妊娠・出産前は男性と同じように学業や仕事に打ち込んで評価されてきた女性が，子育て中心の生活になることによって社会から取り残された気持ちになります。また，自分の子育てに対する他人の評価が気になる一方で，頑張って子育てしている自分をもっと褒めてほしいという思いがあります。

⑤ 経済的な不安，夫との関係に不安が大きい家庭では，子どもの育ちや子育てについて考える余裕が無くなります。

4 育児不安の解消に向けて

母親が育児にストレスを感じながら子どもと接することは，子どもの心身の安定や健全な発達にとって好ましいとはいえません。また，母親の育児不安が解消されず，不安な状態が続くと，虐待などのケースに至る可能性もあります。

母親の育児不安を解消するためには，夫や身近な家族の支援を得ること，母親が育児の喜びや悩みを共有し，子育ての仲間や地域の支え合いの中で息抜きしながら育児ができる環境が必要で，地域子育て支援センターや保健センターなどで仲間作りもできます。さらに，親になる以前から乳幼児の世話や遊ぶ経験を通して，子どもへの興味や子育ての楽しさを知る機会を作ること，また親になっていくための支援が今後の子育て支援に求められています。

〔上田美香〕

V　妊娠・出産・子育て期

8　障がい児を育てる①
――早期発見・早期治療

1　障がい児の概念と近年の傾向

　身体障がい児とは，身体に障がいのある18歳未満の児童で，制度上，障がいの種類が定められています。身体障がい児が医療給付，補装具の交付，施設の入所などのさまざまな福祉サービスを受けるためには，身体障害者手帳の交付を受ける必要があります。全国の在宅身体障がい児は9万3,100人（2006年），施設入所している身体障がい児は，約5,000人（2006年）です。

　知的障がい児とは，知的に障がいのある18歳未満の児童ですが，知的障がいの定義は法律上なされていません。「知的障害児（者）基礎調査」（2005年）では，「知的機能の障害が発達期（おおむね18歳まで）にあらわれ，日常生活に支障が生じているため，何らかの特別な援助を必要とする状態にあるもの」としています。知的障がい児の場合は，療育手帳が交付されます。在宅の知的障がい児の推計は，11万7,300人（2005年），施設入所している知的障がい児は，約8,000人（2006年）です。

2　障がいの予防と早期発見

　日本では，医学の進歩や母子保健の向上により，妊娠中，分娩・周産期，乳幼児期の異常を早期に発見し適切な治療を行うことで，障がいの原因となる疾病を予防することが可能になりました（**図V-8**参照）。保健センターや医療機関で実施している妊産婦健康診査，新生児の先天性代謝異常検査，乳幼児健康診査等は，疾病や異常の早期発見の重要な機会です。

　しかし，乳幼児の発達は個人差があり，また，生活環境の影響も受けやすいので，障がいであるのか発達がゆっくりであるのかは判断が難しいといえます。そのため，継続的な発達支援が大切で，保健センターや医療機関，各療育機関等で，子どもの発達を見守り，保護者の相談に応じていく必要があります。また，自治体によって方法や形態が異なりますが，乳幼児健診で発育・発達に手助けが必要と判断された場合には，親子参加の療育グループで援助しています。

3　相談支援

　子どもの健康や成長・発達に関して心配がある場合，**表V-2**の機関や施設で相談が受けられます。来所や電話相談が可能で，子どもの発達や具体的な育

▷1　「視覚障害」「聴覚・平衡感覚障害」「音声・言語・そしゃく機能障害」「肢体不自由」，心臓・腎臓・呼吸器機能等の「内部障害」が定められている。
▷2　厚生労働省「身体障害児・者実態調査」2006年。
▷3　厚生労働省「社会福祉施設等調査」2006年。
▷4　「愛の手帳」（東京都・横浜市）や「みどりの手帳」（埼玉県）と呼んでいる自治体もある。
▷5　厚生労働省「知的障害児（者）基礎調査」2005年。
▷6　厚生労働省「社会福祉施設等調査」2006年。

(2009年3月現在)

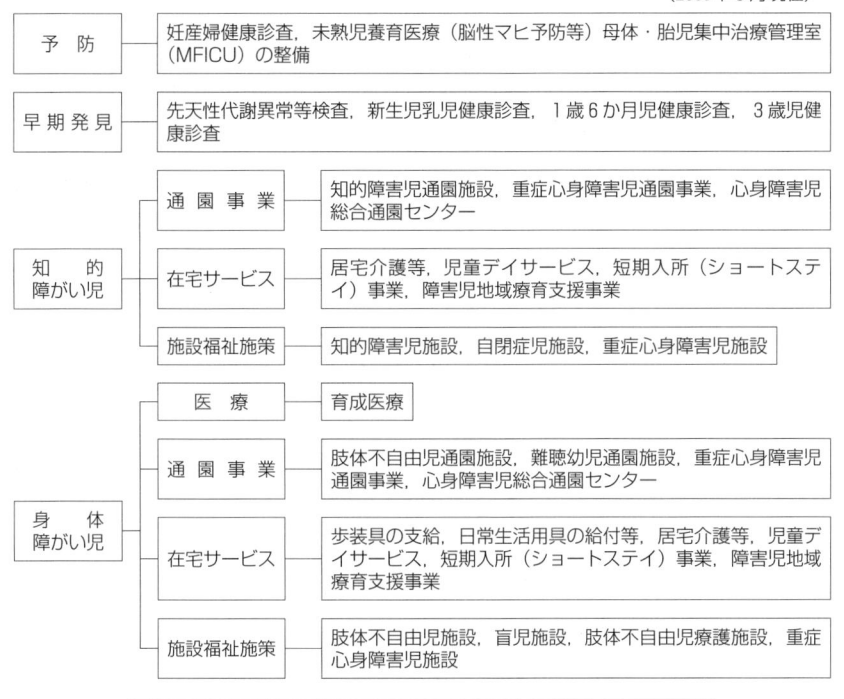

予 防	妊産婦健康診査,未熟児養育医療（脳性マヒ予防等）母体・胎児集中治療管理室（MFICU）の整備
早期発見	先天性代謝異常等検査,新生児乳児健康診査,1歳6か月児健康診査,3歳児健康診査

知的障がい児	通園事業	知的障害児通園施設,重症心身障害児通園事業,心身障害児総合通園センター
	在宅サービス	居宅介護等,児童デイサービス,短期入所（ショートステイ）事業,障害児地域療育支援事業
	施設福祉施策	知的障害児施設,自閉症施設,重症心身障害児施設

身体障がい児	医 療	育成医療
	通園事業	肢体不自由児通園施設,難聴幼児通園施設,重症心身障害児通園事業,心身障害児総合通園センター
	在宅サービス	歩装具の支給,日常生活用具の給付等,居宅介護等,児童デイサービス,短期入所（ショートステイ）事業,障害児地域療育支援事業
	施設福祉施策	肢体不自由児施設,盲児施設,肢体不自由児療護施設,重症心身障害児施設

図V-8　子ども・障がい児に対する主な保健・医療・福祉施策の概要

資料：厚生労働省資料より筆者作成。

表V-2　子どもの健康・発達相談が受けられる機関・施設

保健所・保健センター　児童相談所　福祉事務所（家庭児童相談室）
各療育・児童福祉施設　発達障害者支援センター　子育て支援センター
児童家庭支援センター　子ども家庭支援センター（東京都）
心身障害者福祉センター　知的障害者更生相談所など

出所：筆者作成。

児方法についての助言，地域の療育施設や子育て支援，必要に応じて各専門機関の情報を提供しています。

　健診・医療機関の受診や療育の付き添い，家庭での育児のほとんどを母親が担っている場合が多く，母親の負担や不安は大きくなっています。子どもの発達が気になるが，専門機関に継続的に相談するには抵抗がある，育児に疲れを感じているといった場合，身近な子育て支援センターを利用して，保育士等と共に子どもの育ちを見守るという方法もあります。

　障がいのある子どもや発育・発達に見守りが必要な子ども，その家族にとって，障がいのあることが大きな不安や負担とならないよう，子どもの育ちと子育てを社会的に支えていくことが必要です。

（上田美香）

Ⅴ　妊娠・出産・子育て期

9　障がい児を育てる②
――発達と療育

1　地域における療育

「療育」という言葉は，もともと肢体不自由児に対する医療と教育・保育を統合した活動をさしていましたが，現在は，医療・福祉・教育などの連携によって，子どもの障がいの軽減や改善，発達の促進をめざした支援という意味で使われることが多くなっています。

乳幼児は，発達の著しい時期であるため，早い時期に適切な療育を行うことが重要です。

○障害児通園施設（療育施設）

乳幼児の療育には，地域の身近な通園施設に親子，又は子どもが単独で通園する方法があります。この施設は，親子や子ども同士の遊び，日常生活の訓練，理学療法士（PT），作業療法士（OT），言語療法士（ST）による個別指導など，ひとりひとりの発達ニーズに合わせた働きかけを行い，子どもたちの育ちを見守り援助しています。また，親子通園や子育て相談を通して，親が子どもとの遊び方や育て方を学び，同じように障がいや発達に心配のある子どもを育てている親たち，地域の保育所あるいは学校等とつながることで，子育ての負担感を軽減し，自信をもって子育てできるよう支援しています。

○保育所・幼稚園での統合保育

障がいの種類や程度，自治体の福祉サービスの状況によっても異なりますが，地域の保育所や幼稚園で統合保育を行っています。このような保育所や幼稚園には，教育委員会や障害児通園施設等の障がい児支援の専門スタッフが定期的に巡回し，子どもたちが楽しく生活できるよう障がい児や保護者，保育士等を支援しています。

障がいの有無にかかわらず，地域で共に遊び，学び，育っていくことは，仲間として互いを認め合い，時にはケンカや衝突をしながらも遊びや自分たちの生活を考えていくようになり，子どもの育ちを豊かにすることでもあります。

2　在宅サービス・児童福祉施設

障がい児が在宅で暮らしていくためのサービス，また，入所して支援を受けられる児童福祉施設には，図Ⅴ-8に挙げたもの等（在宅サービス・施設福祉施策）があります。これらの支援は，措置制度以降，支援費制度（2003〜2006年），

2006年4月からは障害者自立支援法に基づいて行われてきました。
しかし，障がい児・者を支える家庭の経済的負担は大きくなり，費用負担のあり方，制度の谷間のない支援の提供，個々のニーズに基づいた地域生活支援体系の整備を内容とする見直しが行われています。

❸ 発達障がいのある子どもの支援

近年，発達障がいのある子どもたちの支援について広く知られるようになりました。じっとしていられない，集中できない，パニックになる，よく物をなくす，突然しゃべりだす，自分の世界に入る…，このような子どもたちに対して，親の育て方が悪い，家庭環境に問題があるなど，周囲から責められる親も少なくありませんでしたが，治療や適切な対応によって改善されることが明らかになっています。

それぞれの障がい特性やライフステージに応じた発達支援の体制整備を目的として，2005年4月に「発達障害者支援法」が施行され，発達障がいのある子どもたちへの理解や早期発見・早期支援に向けて下記のような国や自治体の取り組みがなされています。

○発達障害者支援センター

都道府県や指定都市に設置され，発達障がい児（者）やその家族に対して，関係機関や施設と連携しながら相談支援，発達支援，就労支援や情報提供を行っています（2009年度末64カ所）。

○発達障害情報センター

厚生労働省が2008年に開設したWebサイトで，早い時期から適切な理解と支援を受けられるよう，発達障がいに関して信頼のおける情報を本人や家族，支援者にわかりやすく提供しています。

○子どもの心の診療拠点病院機構推進事業

厚生労働省の2008年度から3年間の事業で，発達障害も含めた子どもの心の問題に対応するため，地域のネットワークづくりを進めています。

○発達障がいを支援する地域の拠点施設

世田谷区では，発達障がいを支援する中核的な拠点施設『世田谷区発達障害相談・療育センター（愛称"げんき"）』において，相談や療育を行っています。また，連携して，区内の地域ごとに設置された多機能型子育て支援施設「子育てステーション」すべてにおいて発達相談を行っています。

○5歳児健康診査・5歳児発達相談

発達障がいをもつ子どもの中には，3歳児健診以降に，保育所・幼稚園の生活の場で気づく場合も多くなっています。そのため，5歳児対象とした健診を行い，適切な支援につなげている自治体もあります。

（上田美香）

▷1　障がい者の自立支援を目的に，身体障がい・知的障がい・精神障がいごとに提供されていた福祉サービスを，一元的に市町村が提供し，利用者に原則1割の自己負担を求めるとともに国の財政責任の強化を通じて安定的な制度の構築をめざして制定された法律。

▷2　身体障がい児の家庭の要望（2006年調査）として，「手当などの経済的援助の充実」44.2％，「医療費の負担軽減」41.5％が最も高く，知的障がい児の家庭（2005年調査）でも「経済的援助」41.8％となっているが，障害者自立支援法によって，その負担はさらに大きくなった。

▷3　発達障害者支援法2条には「自閉症，アスペルガー症候群その他の広汎性発達障害，学習障害，注意欠陥多動性障害その他これに類する脳機能の障害であってその症状が通常低年齢において発現するものとして政令で定めるもの」と定義されている。

▷4　2008年10月からは国立障害者リハビリテーションセンターに移管（発達情報センターホームページ（http://www.rehab.go.jp/ddis/，2010/10/11）。

▷5　発達障がいや虐待，不登校などに対し，各地域の拠点病院が中心となり，学校等教育機関（保育所・幼稚園・学校など）・児童相談所・発達障害者支援センター・保健所・保健センター・療育施設・福祉施設・警察・地域の病院等と協力して子どものケアを行う。

Ⅵ 保育

1 働きながら子どもを育てる①
──保育所による支援

1 保育所とは

　保育所は児童福祉法7条に定める児童福祉施設です。「日日保護者の委託を受けて，保育に欠けるその乳児又は幼児を保育することを目的とする施設」（児童福祉法39条）であり，労働や疾病などその他の政令で定める基準に従い条例で定める事由により，乳児や幼児を保護者の申し込みがあった時は，市町村はその児童を保育しなければならない（児童福祉法24条）ことになっています。また，1997年児童福祉法の改正において保育所は在園児だけでなく，地域に住む子育て家庭を支援する役割が加えられています。

2 保育所の現状──保育所数・入所児童の増加

　保育所は，児童福祉法制定当時（1948年3月）は1,476カ所，入所児童は13万5,503人にすぎませんでしたが，女性の労働力の拡大を背景に出生数は減少傾向にあるものの，保育所の需要は，2010年で2万3,068カ所，入所児童208万114人に上り，増加しています（図Ⅵ-1）。特に0～2歳児の入所者が増えています（図Ⅵ-2）。

図Ⅵ-1　保育所定員数，利用児童数及び保育所数推移

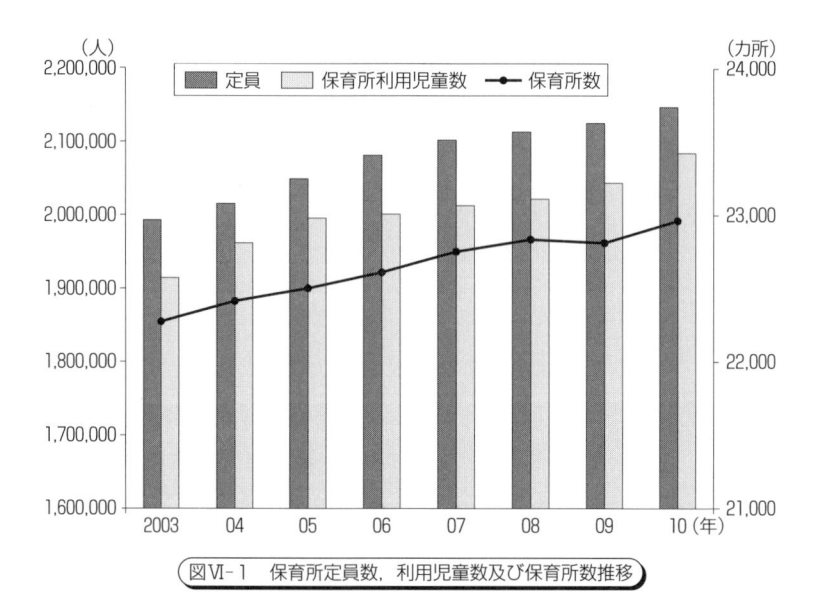

資料：厚生労働省雇用均等・児童家庭局保育課「保育所関連状況取りまとめ」（2010年4月10日）。

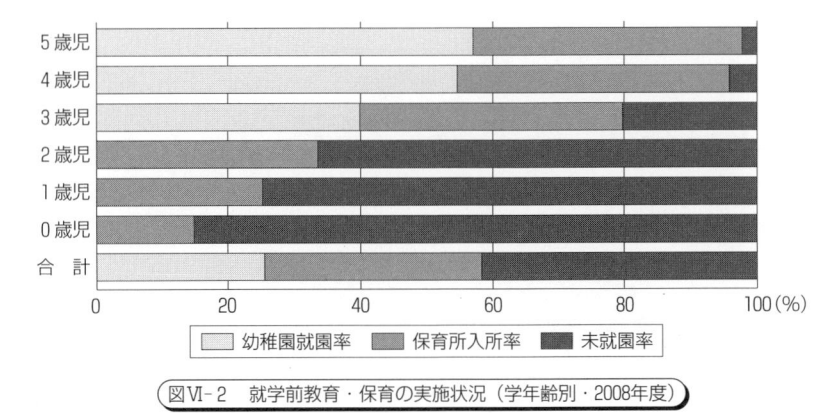

図Ⅵ-2　就学前教育・保育の実施状況（学年齢別・2008年度）

出所：子ども・子育て新システム検討会議作業グループ幼保・一体化ワーキングチーム第1回会合資料（2010年10月14日）。

③ 保育所利用の難しさ

女性の社会進出にともない保育所入所希望者が増加し，保育所入所の受け入れの拡大をしていますが，入所待機児童が全国で都市部を中心に2万5,384人（2009年4月1日現在）に上ります。保育所を利用したい人には保育を提供できない状況にあります。また，子育て世代の男性労働者は就労時間が長く，女性労働者の多くがサービス業従事者・不安定な就労が多く，日曜・祭日をはじめ，早朝，夕方から夜間にわたる多様な働き方をしています。保育所を利用したいが保育所を利用できる働き方ができないという人もいます。保育の必要な人に必要な形での保育の提供と，一方で子育て世代が保育所を利用しながら働き続けられる働き方への社会の理解やあり方が求められます

④ 保育所で提供される保育・子育て支援

認可保育所では，保育所保育士指針に従い保育が行われています。また，子どもの人数に対する保育者の数，保育室の面積などについては児童福祉施設最低基準が規定されています。地域の事情の違いはあるものの，どの地区に住んでいても子どもに提供される保育を保障しています。また，保育所には子どもの数の減少や子育て困難家庭が増加によって子どもたちが育ち合うことが難しくなり，保育所は地域の子どもが集える育ちあえる場，地域の子育て家庭を見守る機関として保育所の役割が期待されています。

現在，保育所の設置には私営が増加し，多様な親のニーズにすぐに対応できる柔軟性を持つようになったといわれています。一方，問題を抱えた子どもや家庭の支援など地域のネットワークや他の社会資源の活用といった場合にはなかなか力を発揮できないという点も指摘されています。保育所の設置のあり方が変化している中，保育所ごとの役割の分担も検討されています。

（出川聖尚子）

VI 保育

2 働きながら子どもを育てる②
——保育所の入所・利用の仕組み

1 保育所への入所要件

保育所保育は,「保育に欠ける」児童を対象に公的な保育の保障という意味において行われています。そのため,保育所に入所するには,一定の入所要件を満たさなくてはなりません。

2 「保育に欠ける」基準

入所の要件である「保育に欠ける」状況を示す,「保育所への入所できる基準」が1997年に厚生省(現・厚生労働省)によって提示されました(児童福祉法施行令27条)。その基準を参考に,各市町村では条例の中で,保育の実施基準が定められています。入所申込が定員を超えている場合は,市町村が定める選考方法や選考基準で,優先度などの評価や点数化した指数などによって入所の選考が行われます。

児童福祉法施行令(昭和22年法律164号)
第27条　法第24条第1項の規定による保育の実施は,児童の保護者のいずれもが次の各号のいずれかに該当することにより当該児童を保育することができないと認められる場合であつて,かつ,同居の親族その他の者が当該児童を保育することができないと認められる場合に行うものとする。
一　昼間労働することを常態としていること。
二　妊娠中であるか又は出産後間がないこと。
三　疾病にかかり,若しくは負傷し,又は精神若しくは身体に障害を有していること。
四　同居の親族を常時介護していること。
五　震災,風水害,火災その他の災害の復旧に当たつていること。
六　前各号に類する状態にあること。

---

3 保育所の入所・利用手続き

① 保育の実施を希望する保護者が居住地の市町村に対して入所・利用の申請・申込をします。1997年の児童福祉法の改正に伴い,それ以前の市町村の措置に基づいた入所の仕組みは見直され,保護者が希望する保育所を選択して,市町村に利用申込みを行うことができる仕組みに変更されています(広域入所の場合も居住地の市町村に入所申込を行う・保育所を通じての,申請・申込みの代行も可)。

② 市町村は該当乳幼児が保育の要件(保育に欠ける状態にあること)を有して

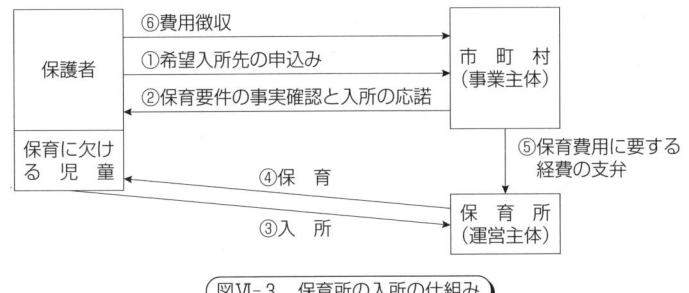

```
            ⑥費用徴収
┌──────┐ ①希望入所先の申込み  ┌──────┐
│ 保護者 │ ─────────→ │ 市 町 村 │
│      │ ②保育要件の事実確認と入所の応諾 │(事業主体)│
│      │ ←───────── │      │
├──────┤                      └──────┘
│保育に欠け│                           │
│ る 児 童│    ④保育              │⑤保育費用に要する
│      │ ←───────────    │ 経費の支弁
│      │                      ↓
│      │    ③入 所           ┌──────┐
│      │ ─────────→ │ 保 育 所 │
└──────┘                      │(運営主体)│
                              └──────┘
```

図Ⅵ-3 保育所の入所の仕組み

注：希望者が定員を超える場合には調整。
出所：全国児童福祉主管課長会議における厚生省資料，1997年9月。

いるかを確認し，申込者が当該保育所の定員を超える場合は選考を行います。その場合，保育の実施基準（市町村において客観的な選考方法や選考基準を条例によって定めたもの）によって行い，入所・利用が決定されます。入所希望者が多い場合には，保育に欠ける度合いを示す指数が合計され，入所の順位が決定されます。どの指数を高くするかは自治体によって異なっています。

③ 市町村は決定した保育所に当該乳幼児の書類を送付・通知し，保育が開始されます。

なお，正当な理由がない限り，保育所は当該児童の入所・利用を拒むことはできないとされています（図Ⅵ-3）。

4 保育所利用世帯の変化

国は，利用世帯の所得に応じ8段階を基準として設定された利用者負担を市町村に対し支払う仕組みになっています。近年，保育所を利用する世帯は急速に増加していますが，利用世帯の経済状況をみると，1960年度に所得税課税世帯が2割に満たなかったのに対し，1997年度には4分の3が課税世帯になっています。この頃から保育所の利用世帯が一般化していることを意味しています。また，認可保育所を利用する世帯は，低所得層と高所得層に二極化し，特に低年齢児がいる世帯でその傾向が強いという報告もあります。

5 保育所と保護者との関係

1997年の児童福祉法の改正で，利用者と保育所の利用契約という形になりました。保育の利用申込やその受諾が利用世帯（保護者）と保育所との契約関係になると，保護者と市町村との間で権利義務関係，市町村が負うべき責任と役割があいまいになります。ただ，入所申込は市町村で行い，保育所と保護者との間に市町村が関係を取り持つ形となっており，保育所入所に際しての公正さを保っています。保護者は市町村に申し込みをするため，利用する保育所の運営方針や保育内容などに当事者として参加をする意識が希薄となるという課題があります。

(出川聖尚子)

Ⅵ 保　育

3 働きながら子どもを育てる③
──保育所の毎日

1 デイリープログラムとは

　保育所における生活の1日の流れを記したものを「日案」または「デイリープログラム」といいます。幼稚園では1日原則4時間の保育時間となっているのに対し、保育所は保護者の就労時間等に合わせてそれぞれの保育時間が決められ、朝から夕方あるいは夜まで、8時間から利用時間の長い子どもでは約12時間を保育所で過ごしています。そのため、子どもにとって心身ともに快適で安定したものになるよう、食事、睡眠、遊びなどの活動を子どもたちの生理的リズムを基本にしてデイリープログラムが作られるのです（**図Ⅵ-4参照**）。

　おおまかな1日の流れは「登園──遊びや課題活動──昼食──お昼寝──おやつ──遊び（お迎えを待つ）──降園」となっていて、お昼寝やおやつなどがあることも幼稚園と異なる点です。

　ハイハイから歩行、言葉の獲得、離乳食から幼児食へと成長発達のいちじるしい乳児期は、保育の中でも生活面の援助が中心となります。また、3歳未満の子どもについても、発達に個人差があるので、発達状態、生活リズム、その日の心身の状況を大切にした1日の流れになっています。3歳以上の子どもは集団の活動が多くなりますが、ひとりひとりが自己を十分に発揮し、子どもたちが主体的に活動できるようにプログラムが設定されています。

2 1日の流れ

○登　園
　登園時間は、保護者の就労時間等に合わせて個々に異なります。職員は時差出勤のため、担任以外が受け入れる場合もありますが、送り迎えの時間や連絡帳を活用して、子どもの健康状態や家庭での様子を把握し、保育所での子どもたちの体調や遊びの姿などを保護者に伝えています。順々に登園してきた子どもたちは、クラスごとの活動が始まるまでの間、同年齢・異年齢の子どもたちや保育者と遊んで過ごします。

○遊　び
　日中は、保育室、園庭、時には園外に出て、クラスごとや違年齢で遊びや活動が展開されます。乳幼児の心身の発達には、十分な遊びが重要ですので、年齢に合わせた活動や遊びが展開できるよう配慮が大切です。また、3歳以上に

	0歳児	1・2歳児	3歳・4歳・5歳児
7時15分	開　園		
	順次登園		自由遊び
9時 10時	授乳・睡眠 散歩・遊び	朝の集まり 遊び・散歩	朝の集まり　リズム体操 散歩・屋外遊び・製作など
11時	離乳食 昼食	昼食	
12時			昼食
13時	お昼寝	着替え・絵本 お昼寝	着替え・絵本 お昼寝
14時	午後の離乳食		（5歳児は9月よりお昼寝なし）
15時	遊び	おやつ	布団片づけ・おやつ 帰りの集まり
16時	順次後園	遊び　順次後園	順次後園
17時 18時	延長保育 自由遊び		延長保育 自由遊び・製作
19時15分	閉　園		

図Ⅵ-4　デイリープログラムの例

出所：筆者作成。

なると，主体的な活動や集団遊びを通して友達との関わりを深めていきます。

○食　事

栄養士が立てた献立に沿って，調理員が各年齢に見合ったおいしい食事を作ってくれます。乳児には，離乳食が用意され，早い子では10時半頃から食べ始めます。年齢が高くなるにしたがって食事の時間が遅くなります。自治体によっては，主食を各家庭から持参する場合もあります。

○お昼寝

園や各家庭で用意した布団でお昼寝をします。4歳児や5歳児になると体力が付くため，お昼寝をなくしている園もありますが，発達の個人差に合わせて適当な休息をとることが必要です。

○おやつ

15時頃のおやつに加え，乳児は午前中にも1度おやつの時間があります。子どもたちにとって楽しみな時間であるとともに，3度の食事の栄養を補ううえでも大切で，おにぎりや焼きそば等，食事に近いメニューの時もあります。

○お迎えまでの時間

おやつの後は，保育者や友達と遊びながらお迎えを待ちます。次々のお迎えで残された子どもたちが，退屈で寂しく過ごすことがないよう，個別遊びや少人数でのコーナー遊びなどの工夫をしています。また，おやつの後に帰りの集まりを行うクラスもあります。子どもたちと保育者がその日の出来事や明日の予定などを話し合うことで，明日の園生活の期待と，主体的な生活につながります。お迎えの時間が遅くなる子どもに，軽食や夕食を提供している保育所もあります。

（上田美香）

VI 保育

4 働きながら子どもを育てる④
―― 保育所だけでは育てられない

1 少子化対策からワーク・ライフ・バランスの実現のための保育政策の整備

　1989年のいわゆる「1.57ショック」を契機に，少子化政策に取り組む体制がひかれました。「エンゼルプラン（今後の子育て支援のための施策の基本方針）」「新エンゼルプラン（重点的にすべき少子化対策の具体的実施計画について）」，2003年には次世代育成支援対策支援推進法が次々と出されています。2010年には「子ども・子育てビジョン」が出され，「妊娠・出産・子育ての希望が実現できる社会」の実現として保育サービス等の子育て支援策が位置づけられました。

2 提供される保育サービス

　保育所を利用する場合，利用者が保育所の提供する保育時間に働き方を合わせなければなりません。働く時間が合わない場合いくら保育支援が必要であっても提供された保育を享受することはできません。

　国は保育所の保育時間を1日8時間が原則（児童福祉施設最低基準34条）としていますが，フルタイムの労働条件のもとでは8時間保育では十分なサービスを提供できているとはいえません。実際には保育所での保育時間は地域によって異なるものの，9時間以下の保育園はほとんどなく，半数以上が11時間を超える保育時間が提供されています（図Ⅵ-5）。

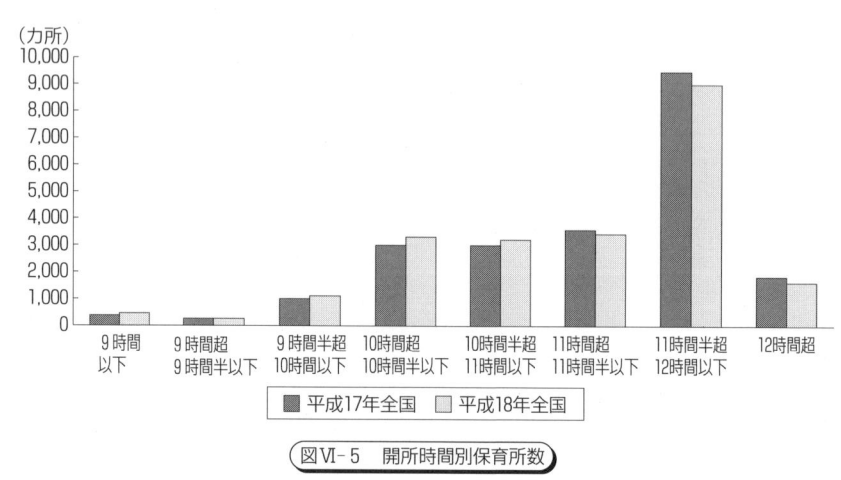

図Ⅵ-5　開所時間別保育所数

出所：厚生労働省大臣官房統計情報部「社会福祉施設等調査報告」。

表Ⅵ-1　延長保育等の全国の実施状況及び目標

項　目		現　状（2008年度）	目　標（2014年度）
延長等保育サービス	夜間保育	77カ所	280カ所
	トワイライトステイ	304カ所	410カ所
その他の保育サービス	休日保育	7万人（2009年度見込み）	12万人
	病児・病後児保育	延べ31万人	延べ200万人(注)

（注）　体調不良児対応型はすべて保育所において取り組みを推進。
出所：子ども・子育てビジョン（2010年1月29日閣議決定）。

３　保育サービスの充実

　従来，個人の多様な労働や子育ての環境を近隣や家族が支えていましたが，地縁のない地域での暮らしに加えて，近隣関係の希薄化，小家族化などによって身近な支援も期待できなくなり，公的な支援が必要になってきました。仕事などの社会的活動と子育て等の家庭生活の両立を容易にするとともに子育ての負担感を緩和し，安心して子育てができるような環境整備を総合的に推進するための保育の実施が保育所に求められています。そこで，保育所による多様な保育サービスは不可欠な状況となっています。

　多様な保育サービスとして延長保育，休日保育，夜間保育，病後児保育などがあります（**表Ⅵ-1**）。

① 　延長保育

　通常の午前7時から午後6時までの開所時間を越えて行う保育のこと

② 　休日保育

　日曜，祝祭日などを含め保育に欠ける児童を対象に行う保育のこと

③ 　夜間保育

　夜間保護者の就労等のために保育に欠ける児童のために，午後10時頃まで開所する保育所のこと

④ 　乳幼児健康支援一時預かり事業（病児・病後児保育）

　保育所に入所している児童のうち，病時及び病気の回復時にある児童を対象に保育を行うこと

４　保育サービスの需要と利用状況の矛盾

　保護者のニーズが高い場合，安心して子育てが行えるように，また，必要な人が利用できるように量を拡大していくことは重要です。しかし，実際に保育サービスが提供されても利用者が少ないという矛盾した状況が発生しています。そうした背景には利用料が高くて利用できない，提供される場所・方法では利用しづらい，提供される保育の質への不安などさまざまな運営上の問題が考えられます。利用者の生活実態と意向を十分に踏まえ，利用者の視点に立ったきめ細やかなサービスの整備が必要となってきています。　　　　　（出川聖尚子）

Ⅵ 保育

5 働きながら子どもを育てる⑤
——保育所に子どもを預けられない（待機児問題）

1 待機児とは

　待機児とは，保育所への入所を希望しているものの保育所に入所できず待機している児童のことです。調査日時点（4月1日）において，市町村に入所申込が提出されており，入所要件に該当しているが保育所に入所していない児童のことをいいます。自治体における保育所の整備が不十分で入所できない児童が生まれるために起こる現象といえます。

　1960〜1970年代にすでに国の政策によって保育所の著しい増加がないため，待機児童は数多く存在しました。1980年後半になって少子化が深刻な問題として社会問題化され，その対策の一環として，仕事と育児の両立支援として待機児対策が開始されました。エンゼルプラン，新エンゼルプランでは，具体的な目標値が挙げられ，保育サービスの供給体制の整備が行われてきています。また，「仕事と子育ての両立支援策の方針について」において「待機児童ゼロ作戦」が挙げられ，保育所の設置基準の緩和，特別保育事業実施の拡大などが進められてきました。さらに，2008年には「新待機児童ゼロ作戦」が出されました。保育サービスの量的拡大の中で，待機児対策も行われ，2017年には3歳未満児の保育サービスの提供を現在の20％から38％にする目標に掲げられています[41]。また，家庭的保育（保育ママ制度），認定子ども園，幼稚園の預かり保育など提供手段の多様化がその対策として出されています。

2 待機児の現状

　保育所入所待機児数は，2万5,384人（2009年4月1日）になります（図Ⅵ-6）。2009年待機児数を年齢区分別で見ると，0歳児3,304人（13.0％），1〜2歳児1万7,492人（68.9％），3歳以上4,588人（18.1％）となっており，低年齢児（0〜2歳）の待機児童数は全体の8割以上を占め，1〜2歳児の待機児数が多くいます（図Ⅵ-7）。待機児がいる市町村の8割は待機児が解消されない要因として，「女性の就業率の上昇による保育需要の増大」と回答しています[42]。

3 待機児解消方策——保育の規制緩和の導入と保育の質の検討

　待機児解消に向けて保育所整備計画を見直され，保育所に入所できるような入所枠の拡大や多様な保育サービスのあり方も検討されています。その方法と

▷1 「仕事と生活の調和推進のための行動指針（平成19年12月）」における仕事と生活の調和した社会の実現に向けた各主体の取組を推進するための社会全体の目標について，取組が進んだ場合に10年後（2017年）に達成される水準。

▷2 厚生労働省雇用均等・児童家庭局「待機児童解消対策に関する自治体アンケート調査結果」2008年。

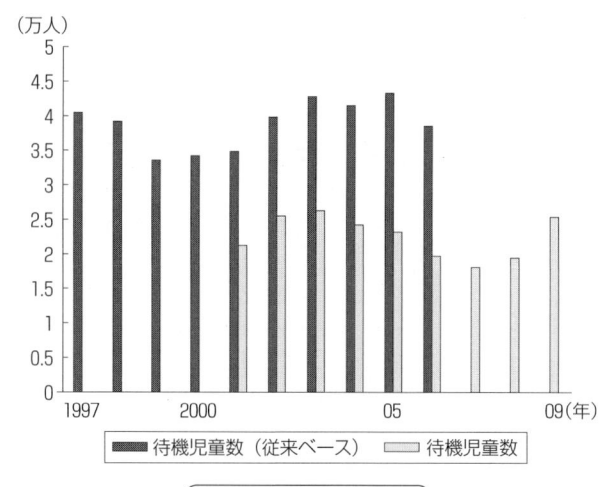

図Ⅵ-6　待機児童数の推移

（注）従来ベースとは，①他に入所可能な保育所があるにもかかわらず待機している児童，②地方単独保育事業を利用しながら待機している児童を含めた数▷3。

出所：厚生労働省雇用均等・児童家庭局保育課「保育所の状況（平成21年4月1日）等について」。

▷3　2001年度以降は，①②を除いた数としている。

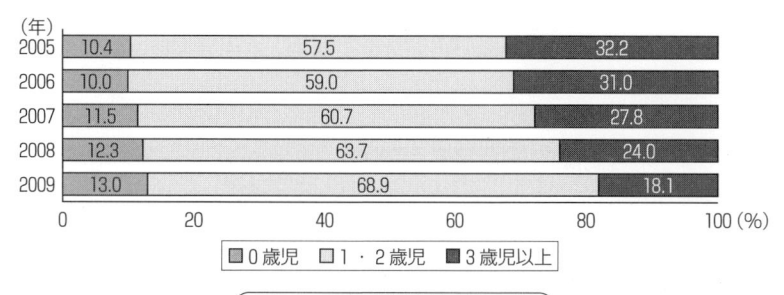

図Ⅵ-7　年齢別待機児童割合の推移

（年）	0歳児	1・2歳児	3歳児以上
2005	10.4	57.5	32.2
2006	10.0	59.0	31.0
2007	11.5	60.7	27.8
2008	12.3	63.7	24.0
2009	13.0	68.9	18.1

出所：図Ⅵ-6と同じ。

して，現在，低コストで最大限のサービス提供という規制緩和の方向性に保育が実施されています。量の拡大と保育コストの削減とは相反した目的であるのに，それを両方1度に実施するには今まで維持してきた保育の質を低下せざるを得ません。たとえば短時間保育士中心となり，保育者がめまぐるしく変わる中で子どもの精神的負担が増すような状況，また，駅ビルの一室での保育サービスの提供は，利便性には富み送迎に非常に便利ではあるものの，保育時間内の子どもの安全や外遊びを保障しにくいという状況を生み出します。利用者としての幼い子どもは，自分で十分に意見をいうことができないうえ，子どもたちが保育で受けた影響はすぐに現れてくるものではありません。こうしたことからも保育サービスの量的な拡充だけを優先させるのではなく，子どもの立場に立ってどのような保育を子どもに保障する必要があるのかという保育の質にも目を向け，待機児解消方策を検討する必要があります。　　　（出川聖尚子）

Ⅵ 保育

6 働きながら子どもを育てる⑥
—— 保育所以外のサービスによる支援

1 子育て支援の多様化

現在，子育て支援のニーズは多様化しています。たとえば，産休明けから子どもを預けたい，残業している間も預かってほしい，送り迎えが便利な場所で預かってほしい，子どもへの教育も熱心に行ってほしい，家庭的な雰囲気の所に預けたい，ほんの少しの時間だけ預けたい，入院するので数日預かってほしい，などさまざまなニーズがあります。これらに対応し，子育て支援を充実させていくために，保育所以外にもさまざまな事業が展開されています。子育て支援事業としては，保育ママ制度，認定子ども園，子育て短期支援事業などがあります。小学校に入学すると学童保育があります。ここでは，就学前における子育て支援について紹介します。

2 家庭的保育制度（保育ママ制度）

家庭的保育制度（以下，保育ママ制度）とは，仕事や病気のため子どもの養育が困難な場合，保育ママが親に代わって，保育ママの自宅や公共施設などで子ども（3歳未満）の保育を行うものです。この保育ママ制度は，2000年に創設されました。3歳未満の子どもの保育を拡充するため，保育ママには，保育士や看護師といった保育にかかわる資格保持者だけでなく，子育て経験者など資格保持者と同等の能力を備えていると自治体が判断し，一定の研修を受講した人もなることができます。

この制度では，保育ママ1人に対して子ども（3歳未満）を3人まで預かることができ，家庭的雰囲気の中で子どもの保育が個別に行われています。個別対応が可能なため，必要な保育時間に柔軟に対応できたり，保育者と保護者が1対1で関わることが多い中で保育者が保護者の相談にのることができたりなど，保護者を時間的にも精神的にも支えることができるなどのメリットがあります。

2008年11月に児童福祉法が改正され，この保育ママ制度は法制化されました。保育ママ制度は「保育に欠ける乳幼児を家庭的保育者の居宅などで保育する」制度として児童福祉法に明確に位置づけられました。これにより，待機児童の多い都市部の自治体では保育ママ制度が積極的に導入されています。また，地域の保育所や他の子育て支援事業と連携し，子どもへの個別の対応の充実のほ

か，子どもの集団遊びなども意識されています。保育所は保育ママを支援することになっています。現在は都市部を中心に保育ママ制度が利用されていますが，今後はさらにさまざまな自治体で拡充することにより，身近な地域での子育て支援，きめ細やかに個別化された子育て支援の展開が期待されています。

③ 認定子ども園

保育所と幼稚園については，以前より保護者の就労などの状況により提供されるサービスが異なることが問題であるとして保育一元化が求められていました。特に少子化の進行により，幼稚園と保育所が地域に別々に設置されていると子どもの成長に必要な規模の集団が確保されにくいこと，子育てについての不安や負担を感じている保護者への支援が不足していることなどの問題があり，これまでの制度の枠組みを超えた対応が必要となってきました。

このような状況を受けて，保育所と幼稚園の役割をもつ新しい仕組みづくりとして，「就学前の子どもに関する教育，保育等の総合的な提供の推進に関する法律」が2006年に制定されました。この法律に基づき，保育所と幼稚園のよさを併せ持つ「認定こども園」が2006年より開設されました。認定こども園は，就学前の子どもに幼児教育と保育を提供する機能（保護者が働いている，いないにかかわらず受け入れて，教育・保育を一体的に行う機能）と地域における子育て支援を行う機能（すべての子育て家庭を対象に，子育て不安に対応した相談活動や，親子の集いの場の提供を行うなどの機能）を備えています。

④ 子育て短期支援事業

子育て短期事業は，仕事や病気などにより一時的に子どもの養育が困難になった場合に，都道府県に指定する乳児院や児童養護施設などにおいて子どもを預かり一時的に養育したり，仕事などにより平日の夜間や休日に留守にする家庭の子どもを預かり養育したりする制度です。前者を「短期入所生活援助（ショートステイ）事業」，後者を「夜間養護等（トワイライトステイ）事業」といいます。近くにこのような制度を実施する児童福祉施設がない場合には，市町村が指定した保育士や里親に委託されていたり，保育士が派遣されたりする場合もあります。乳児院や児童養護施設は，入所している子どもへのケアだけでなく，児童家庭支援センターを附置するなど，地域の子どもの養育に積極的に関わり，子育て支援の相談に応じています。

そのほか，子どもを守る地域ネットワーク（要保護児童対策地域協議会）の機能強化が図られており，乳児家庭全戸訪問などの訪問事業，保育所の行う子育て支援事業と連携して，地域で子育てを支える仕組みづくりが意識して行われています。

（田谷幸子）

Ⅵ 保 育

7 働きながら子どもを育てる⑦
――放課後児童クラブ・放課後児童健全育成事業

1 放課後児童クラブとは

保護者が日中仕事などで不在の家庭では，学校から帰った放課後，春休み，夏休み，冬休みなど学校休業日に子どもだけで過ごすことになります。おおむね10歳未満の子どもたちの放課後や学校休業日などに生活や遊びを守る施設が放課後児童クラブです。児童福祉法6条22項で位置づけられています。

2 放課後児童クラブ成立の経緯

もともと学童保育は留守家庭等の児童の放課後対策として必要な人が相互支援という形で行ってきました。それが普及し市町村が支援するなどその地域独自で行われていました。エンゼルプランの中で仕事と育児の両立支援，就学後の子どもの居場所の支援として，放課後健全育成事業の補助制度が設置され，緊急保育対策5ヵ年事業においては，1999年までに補助対象を9,000カ所にすると目標が設定されていました。1998年には児童福祉法6条の2の中に「小学校に就学しているおおむね十歳未満の児童であつて，その保護者が労働等により昼間家庭にいないものに，政令で定める基準に従い，授業の終了後に児童厚生施設等の施設を利用して適切な遊び及び生活の場を与えて，その健全な育成を図る事業」つまり「放課後児童健全育成事業」という名称で規定されることになりました。その後，さらなる子育てと仕事の両立支援のニーズは拡大し現在，登録児童数81万人（2009年度）になり，2008年「新待機児童ゼロ作戦」において，放課後児童クラブの提供を111万人（2014年度・小学1～3年サービス提供割合32％）を掲げています。

3 放課後児童クラブの現状

学童保育の補助事業化及び法制化に伴い，学童保育所数が約4,500カ所（1994年）から1万8,479カ所[1]へと増加しました（図Ⅵ-8）。登録児童数は39万2,893人（2000年）から80万7,857人（2009年現在）へと急増しています。学童保育の開設場所は，主に学校の余裕教室（28.6％），学校の敷地内に専用の施設（20.5％），児童館・児童センター（14.2％），既存の公的施設（9.1％）など公設化が7割を超えています。クラブの実施規模は36～70人が48.0％で，71人以上が11.6％となっています。また，障がい児を受け入れているクラブは45.1％で，

▷1 厚生労働省雇用均等・児童家庭局育成環境課調べ（2009年5月）。

図Ⅵ-8　放課後児童クラブ数

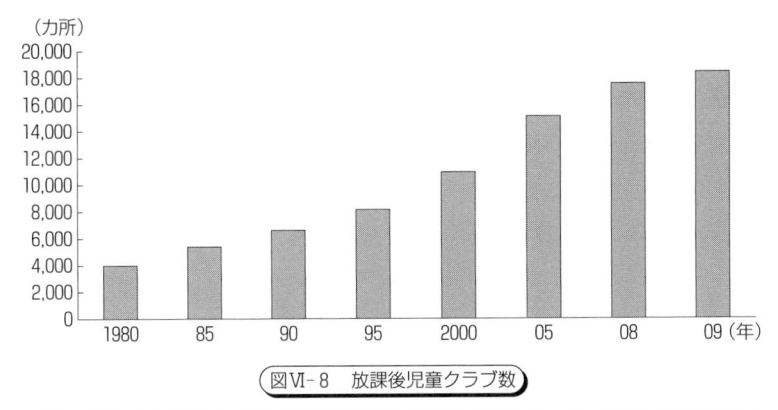

出所：厚生労働省雇用均等・児童家庭局育成環境課「放課後児童健全育成事業（放課後児童クラブ）の実施状況」。

そのうちの約半数が受け入れている人数は1人となっています。運営方法やサービス内容は自治体で異なっています。学童保育に入所している新1年生は約28万人で、保育所を卒園して小学校に入学する子ども45万人のうちの約6割の子どもが入所しています（2007年度）。また、待機児童数も2005年から1万人を超え、1万1,438人（2009年5月現在）となり、量的な拡大が必要となっています。2007年になり、放課後児童クラブの質の向上に資することを目的として「放課後児童指導員の配置」や「子どもの生活スペースとして、一人あたり1.65 m^{2}確保が望ましい」など14項目からなる基本的事項を示した『放課後児童クラブガイドライン』が出されました。しかし、細かな設置、運営の条件などは自治体にまかされているため、場所の要件や職員の配置、体制など自治体によって異なり、地域の財政状況や子育ちに対する意識によって子どもの状況に影響を与えられかねません。

❹ 放課後子ども教室推進事業と放課後児童健全育成事業

　子どもの安全や子どもの遊び場はすべての子どもたちに保障される必要があります。そのため、放課後の安全・安心な子どもの拠点（居場所）づくりが「放課後子ども教室推進事業」として文部科学省で取り組まれています。「放課後児童健全育成事業」は放課後の子どもたちの地域の居場所や経験を重ねる場所として共通の役割を持っていることから、両事業の一体化や連携が「放課後子どもプラン推進事業」として地域で取り組まれ始めました。

　「子ども・子育てビジョン」においても「放課後子どもプラン」を全小学校区での実施を図るため総合的な放課後児童対策を推進しています。ただ、「すべての児童の放課後の遊び場づくり」を目的とする全児童対策と、放課後の家庭的な役割の求められる留守家庭児童対策である学童保育には、異なる部分もあり、両事業には連携と同時に明確な役割の分担が求められています。

（出川聖尚子）

Ⅶ 子育て支援

1 家庭で子どもを育てる①
──親子を支える

1 在宅子育て家庭の育児不安

　育児の不安を訴える母親が増える中,特に家庭中心で子育てをしている母親のストレスや負担感が大きくなっていることは,Ⅴ章4に述べました。

　孤立感について,共働きの母親の9.3％が「孤立を感じることがよくある」と答えているのに対し,専業主婦の母親の回答は14.4％と高くなっています[41]。また,同じように子どもを持つ母親たちと,どのような付き合いをしているかということと孤立感の関係を見てみると,「親仲間はほとんどいない」という母親は,孤立感を感じることが「よくある」と答え,親密な親同士の付き合いがある母親ほど孤立感が少なくなっています（図Ⅶ-1）。

　上記の調査結果からも明らかなように,母親が子育ての仲間と出会い孤立感を解消したり,必要な時に子育てについての助言やサポートが得られるよう家庭での子育てを社会的に支援する必要性が高くなっています。

2 在宅子育て家庭の支援施策

　日本では,1989年の1.57ショックを契機に社会的に子育てを支援する必要があると認識し,1994年のエンゼルプラン以降,少子化対策としての子育て支援に取り組んできましたが,仕事と子育ての両立支援の観点から保育に関する施策が中心でした。

　その中で,育児の不安や孤立する在宅子育て家庭の母親たちに対しては,1980年代半ばから,保育所における子育て相談事業が始まっています。その後,地域子育て支援センター事業,リフレッシュを理由とした一時保育事業の開始など,相談や育児講座,親子の遊び支援などが展開されてきました。

　2007年度には,「地域子育て支援拠点事業[42]」と再編され,頼れる親族や話のできる仲間もないままに孤独な子育てを始めている母親が,仲間と出会ってつながり,必要なとき気軽に子育ての助言や支援を受けられる子育てを支える地域の拠点となっています。

　2003年の児童福祉法改正では,児童福祉法の対象が,保護が必要であったり保育に欠ける児童への支援から「すべての子育て家庭への支援」となり,在宅子育て家庭の支援が市町村の責務として法定化されました。

▷1　こども未来財団「子育てに関する意識調査」2006年。

▷2　公共施設や保育所,児童館などの地域の身近な場所で,乳幼児をもつ親子の交流や育児相談などを行うもので,「つどいの広場」と「地域子育て支援センター」に児童館型を加えて再編された（2009年度：5,199カ所）。

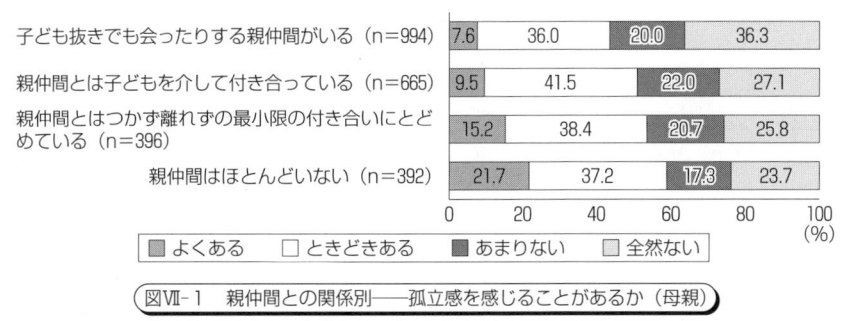

親仲間との関係	よくある	ときどきある	あまりない	全然ない
子ども抜きでも会ったりする親仲間がいる (n=994)	7.6	36.0	20.0	36.3
親仲間とは子どもを介して付き合っている (n=665)	9.5	41.5	22.0	27.1
親仲間とはつかず離れずの最小限の付き合いにとどめている (n=396)	15.2	38.4	20.7	25.8
親仲間はほとんどいない (n=392)	21.7	37.2	17.3	23.7

図Ⅶ-1 親仲間との関係別——孤立感を感じることがあるか（母親）

出所：こども未来財団「子育てに関する意識調査」2006年。

3 子育て支援の実際

　各自治体では，子育て支援のメニューが増え，さまざまな援助が展開されています。選択肢が増え，母親たちは自分で選んで利用することができるようになった一方で，自分に必要な支援を選ぶこと，適切な支援にアクセスすることが難しい母親たちもいます。そのため，子育て支援サービスに関する総合的な情報提供，各家庭の状況やニーズに応じて適切な支援が提供されるためのマネジメントが必要です。また，子育て家庭を地域全体で支えるとともに，子育て家庭が子育てする力（育てる力）をつけるための支援，自立的な子育をめざした支援が重要となっています。このような視点で子育て支援に取り組む自治体を下記に紹介します。

○多機能型子育て支援施設「子育てステーション」（世田谷区）

　区内の地域ごとに「おでかけひろば（遊び）」「ほっとステイ（一時預かり）」「保育」「発達相談」の4つの機能を備えた多機能型子育て支援施設を整備し，これらとあわせてNPO，母親たちのボランティアグループ，大学等で運営する親子が集う「おでかけひろば」が展開されています。

○子育てマネジャー（埼玉県）

　自治体の窓口や子育て支援センターに配置された子育てマネジャーが，保育や子育て支援の情報とあわせて，保健や教育に関する情報，NPOや子育てサークルなど民間団体の子育て支援サービスについても集約して情報提供しています。また，保護者が適切な子育て支援サービスを利用できるように相談にのったり，具体的な助言や調整を行います。

○マイ保育園（石川県）

　妊娠期から身近な保育園が子育て拠点として親子を支援するとともに，保育所や子育て支援センターなどに配置された子育て支援コーディネーターが，在宅子育て家庭が必要な子育て支援サービスを適切に利用できるよう子育て支援プランを作成しています。

（上田美香）

Ⅶ 子育て支援

2 家庭で子どもを育てる②
―― 育児期のメンタルケア

1 精神障がい者の現状

　日本の精神障がい者の数は年々増加しています。2006年度で258万4,000人の精神障がい者がいると厚生労働省は発表しています。入院者の概算は，（全国精神病院の病床数×利用率）から割り出したものです。入院者は1999年度調査で33万2,000人から微増し，在宅者は170万人から224万人に増加しています。また，在宅者約224万人は，あくまでも医療によって把握されている精神障がい者の数です。よって，在宅者といっても医療にかかっていない精神障がい者の数は把握できていないことになります。
　精神障がいの症状のいくつかは，過度なストレスが一因である場合があります。妊娠や出産，子育てなど初めての体験をすることなどがストレスとなることもあります。

▷1　そのうち，在宅で生活している精神障がい者の数は223万人である（内閣府編『障害者白書　平成18年版』）。

2 育児期のメンタルケア

　育児期には，子どもの世話や教育などに疲れ，家事などを含めた生活全体を負担と感じたり，子どもの成長に対する不安や焦りがあったり，また他児との比較による不安が生じたり，母親コミュニティへの恐れや苦痛などが起き，ストレスを多く抱える時期でもあります。育児ストレスは，精神疾患の発症にもつながってしまうことがあります。
　精神疾患は誰にでも起こり得るものです。女性もライフサイクルを通じて，精神疾患になり得るさまざまな心因・外因・内因の要因が生じます。特に近年で増加しているのがうつ病です。女性に特有なものとして，月経期や妊娠期，産後に起こるうつ症状があります。また，育児期にストレスなどからうつ病を発症することも多くあります。
　精神障がいの性差ですが，一般的には，小児・学童期の発達障がいなどは男児に多く発症しますが，思春期頃から女性の罹患率が増大し，閉経以降，女性の精神疾患罹患率はさらに上がるとされています。精神疾患とは，脳の機能的・器質的障がいによって引き起こされる疾患をいいます。統合失調症やうつ病，神経症やパニック障がい，適応障がいなどさまざまな疾患があります。精神疾患は，過度のストレスなどによる心因，脳や他の身体部位に器質的に加えられた外因，脳の器質的要因と考えられる内因によって起こります。

▷2　上島国利監修『治療者のための女性のうつ病ガイドブック』金剛出版，2010年。

妊娠や出産，育児などこれまで経験したことがないライフイベントがあり，それに対する不安とストレスから心身のバランスが崩れやすい状態にあります。妊娠，出産，育児は，地域コミュニティの確立されていた時代には，周囲の支援が多数ありました。しかし現代社会においては，近隣や地域社会の関係の希薄化により，周囲の支援は受けづらい状況になっています。そういった現状の中，女性は初めての妊娠，出産，育児を行い，デリケートな時期に孤立しやすい状況になってしまっています。

3 妊娠期のうつ病と産後うつ病

妊娠期間中にうつ病を発症，再発する頻度は9〜16％といわれています。要因としてはホルモンバランスの崩れや妊娠による不安やサポート不足などの心理社会的要因が挙げられます。妊娠期は，出産に対する不安やこれから子育てをする不安など心のバランスがとりにくい時期でもあります。

また，出産後の女性も心身のバランスが崩れやすく，不安定になりやすい状態です。出産後は，マタニティ・ブルーと言われる生理現象が起こり，体内の女性ホルモンが急に減少し，精神的に不安定になりやすく，頭痛や不眠などといった症状も出ます。この時期は特に，周囲の人たちの配慮と援助が求められています。マタニティ・ブルーと関連して，産後うつ病も出産後のデリケートな時期の不安等により発症するうつ病です。不安感や無力感，不眠や食欲不振，自殺念慮などの症状がみられます。産後うつ病は，子どもを育てることへの不安や焦りの気持ちが起こり，自分がうつ病を自覚しづらく，自分の育児能力を責めたりしがちとなります。

4 メンタルケアの課題

うつ病を発症すると，病状により育児や家事が滞ってしまうことも見られ，場合によっては育児困難や虐待につながってしまうこともあります。現在では，当事者を中心としたピアサポートグループなどが作られて支え合っています。しかしながら，まだ理解されにくいのが現状であり，社会からの偏見や差別があり，無理解により母親が一方的に責められるといったこともあります。今後は，社会の偏見や差別の撤廃，正しい知識と理解のための啓発が求められています。そして何よりも当事者の周囲の理解とサポートが必要となります。

（若林ちひろ）

Ⅶ 子育て支援

3 家庭で子どもを育てる③
──被虐待児童家庭を支える

1 児童虐待への対応

現在,子育てに対応できず,子育ての問題を親が抱え込んでしまった結果,子どもを虐待してしまうことがあります。児童虐待は,子どもの人権を著しく侵害し,子どもの心身の成長や人格の形成に及ぼす影響がとても大きいことから,2000年に児童虐待の防止等に関する法律が制定され,児童虐待の予防,早期発見・早期対応,虐待を受けた子どもの保護・自立に向けた支援が行われています。また,児童虐待の予防だけでなく,子育ての仕方や自分自身の育ちの振り返りといった虐待をしてしまった親への支援,家族の再構築支援なども行われ,総合的な対応がなされています。

2 子ども虐待による死亡事例

児童虐待への総合的な対応が行われているにもかかわらず,児童虐待による死亡事例が跡を絶たない状況が続いています。厚生労働省は2004年10月に社会保障審議会児童部会に児童虐待等要保護事例の検証に関する専門委員会を設置し,毎年,児童虐待による死亡事例の分析,検証を行っています。

「子ども虐待による死亡事例等の検証結果等について(第3次~第6次報告)」によると,検証対象となった被虐待児童家庭が地域の中で孤立しており,また地域で展開されている子育て支援事業の利用がほとんどない状態にあり,親が自ら相談をしたり,他の親との交流をもったりすることができない状況にあることがわかります(表Ⅶ-1,表Ⅶ-2)。この状況が「養育能力の低さ」や「育児不安」等につながっているだけでなく,養育者の心理的・精神的問題に周囲が気づかず事態が悪化してしまっていることが予想されます。このような状況から,虐待の早期発見及び早期対応の強化,妊娠期・周産期を含めた早期から

▷1 「児童虐待等要保護事例の検証に関する専門委員会第1次報告から第4次報告までの子ども虐待による死亡事例等の検証結果総括報告」(2008年6月)では,以下の点が挙げられている。
① 死亡した子どもの年齢は,0歳が39.4%,3歳以下が75.0%を占めており,低年齢段階で発生している傾向が見られる。
② 主たる加害者としては,例年,実母である事例が大半を占め,第3次調査では80%が実母による事例である。
③ 妊娠期・周産期の問題として,「望まない・計画していない妊娠」「母子健康手帳の未発行」「妊婦健診未受診」の割合が比較的高い傾向を示している。
④ 地域社会との接触が「ほとんどない」「乏しい」が高い割合を示している。
⑤ 実母の「育児不安」「養育能力の低さ」「うつ状態」が高い割合を示している。

表Ⅶ-1 子ども虐待死亡事例における地域との接触割合 (構成割合/%)

	第3次	第4次	第5次	第6次
ほとんどない	17.6	21.2	12.3	29.7
乏しい	13.7	15.4	16.4	10.9
ふつう	13.7	13.4	9.6	20.3
活 発	0.0	0.0	1.4	0.0
不 明	54.9	50.0	60.3	39.1

出所:「子ども虐待による死亡事例等の検証結果等について(第3~6次報告)」より筆者作成。

表Ⅶ-2 子ども虐待死亡事例における子育て支援事業の利用割合

(複数回答,構成割合／％)

	第3次	第4次	第5次	第6次
なし	54.9	48.1	41.1	62.5
つどいの広場事業	2.0	0.0	1.4	0.0
訪問型一時保育事業		0.0	0.0	0.0
保育所入所	19.6	15.4	9.6	7.8
地域子育て支援センター事業		1.9	1.4	0.0
養育支援訪問事業(育児支援家庭訪問事業)		1.9	0.0	1.6
一時保育事業			5.5	0.0
ショートステイ事業		1.9	2.7	0.0
ファミリー・サポートセンター事業		1.9		0.0
放課後児童健全育成事業			0.0	1.6
その他・不明		34.6	39.7	28.1

出所:表Ⅶ-1と同じ。

の支援体制の整備,地域における子育て支援体制の強化が求められます。特に,「養育を支援してくれた人」の項目において,地域の子育て支援の中心となっている「保育所などの職員」,「行政の相談担当課」の割合は年々減少しています(表Ⅶ-3)。

表Ⅶ-3 子ども虐待死亡事例における「養育を支援してくれた人」の公的支援割合

(複数回答,構成割合／％)

	第3次		第4次		第5次		第6次	
	実母	実父	実母	実父	実母	実父	実母	実父
保育所などの職員	17.1	4.8	11.5	1.9	8.2	2.7	7.9	0.0
行政の相談担当課	14.6	14.3	21.1	7.7	13.7	5.5	7.9	0.0

出所:表Ⅶ-1と同じ。

子育てを支援する環境整備が進み充実が図られていますが,それらを利用できずにいる親子支援を強化していくには,つどいの広場事業や地域子育て支援センター事業といった場の提供だけでなく,全戸訪問事業や育児支援家庭訪問事業などのアウトリーチ,地域における専門的な支援機関の整備をさらに拡充,充実させていくことが求められています。また,子育て電話相談やネットでの相談など,気軽に相談しやすい環境整備も拡充していく必要があります。

3 被虐待児童家庭への専門ケア

子ども虐待防止ネットワークが都道府県レベルで設立されており,虐待に悩む母親へのケアが行われています。ケアとしては全国子育て・虐待防止ホットラインなどの電話相談活動,虐待に悩む母親のグループワークであるMCG (Mother&Child Group,母と子の関係を考える会),虐待に悩む母親のピアサポート,ロールプレイで子どもへの対応を学ぶ親子関係再構築を行う個別相談ケア,さらに,親子関係の修復を図る家族療法などが行われています。

(田谷幸子)

Ⅶ 子育て支援

4 家庭で子どもを育てる④
――突然必要となる保育

1 母親の育児負担

　もともと子育ては，血縁関係，近隣関係などインフォーマルな支援によって支えられていました。しかし，現在核家族化が進行し，多くの子育て家庭が親と子どもで構成される核家族世帯という小さな家族となり，血縁のない地域での暮らし，近隣関係との希薄ななか，子育てへの支援は行政などのフォーマルな支援に頼らざるを得ない状況にあります。

　また，法的整備として男女平等がすすんでいるものの，女性の就労状況のM字型就労にみられるように性的分業が固定化しており，今なお子育ては女性の仕事と認識されていることが多いといえます。多くの子育て家庭が母親に子育てをする責任が課せられているのです。また，幼い子どもを持つ父親は働き盛りで，比較的労働時間が長く育児にかかわる時間が少なく，母親がひとりで子育てを担い，その結果，母親の育児への負担感が大きくなっています。特に，共働き家庭よりも片働き家庭の女性の方が子育てに関する負担感が強く，また専業主婦の7割が子育てに自信がないと感じると答えています。

　不安を抱えやすい在宅子育て家庭に対して，子どもが幼稚園に就園するまでの期間に子育て支援は必要と考えられます。また，在宅の子育てにおいて緊急に保育の必要な状況に備えて，一時保育や子育て短期支援事業など子育て支援サービスが展開されています。

2 在宅子育て家庭への子育て支援

　主な在宅子育て家庭への子育て支援として，以下の3つが挙げられます。

○一時保育事業

　保護者の短期的・断続的勤務，職業訓練，就学等により，平均週3日程度まで家庭における育児が困難な場合，緊急保育サービス事業で保護者が疾病・事故，出産，看護，介護，冠婚葬祭等社会的にやむを得ない事由の場合，保護者の育児に伴う心理的，肉体的負担を解消する等の私的理由の場合に障害児や児童数の減少した地域の児童を体験的に入所させ集団保育するため等の場合に保育を行っている事業のことです（図Ⅶ-2）。

○子育て短期支援事業

　保護者の疾病その他の理由により家庭において養育を受けることが一時的に

| 公営 (2,174) | 民営 (5,477) |

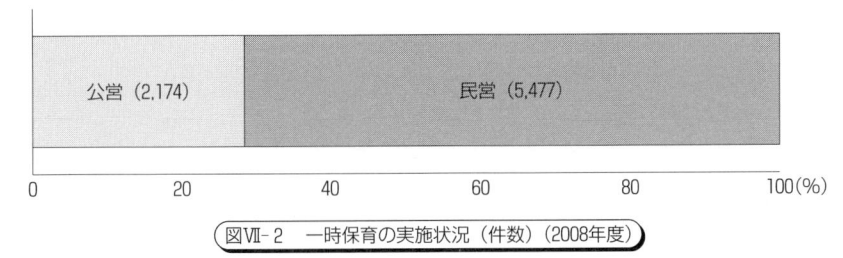

0　　　20　　　40　　　60　　　80　　　100(%)

図Ⅶ-2　一時保育の実施状況（件数）（2008年度）

出所：厚生労働省雇用均等・児童家庭局保育課調査「保育所の状況」。

困難となった児童について，児童養護施設その他の厚生労働省令で定める施設に入所させ，必要な保護を行う事業のことです（児童福祉法6条の2の3項）。その種類には，短期入所生活援助事業（ショートステイ事業）と夜間養護等事業（トワイライト事業）の2種類があります。

① 短期入所生活援助（ショートステイ）事業

保護者が児童を養護することが一時的に困難になった場合，市町村長（特別区の区長を含む）が適当と認めたときに，児童に対して必要な保護をする事業です。保護の期間は原則7日間以内です（児童福祉法施行規則1条の2）。

② 夜間養護等（トワイライトステイ）事業

保護者が仕事その他の理由により平日の夜間又は休日不在となり家庭において養育することが困難となった場合，または，その他緊急の必要がある場合において，市町村長が必要と認めたときに，必要な保護を行う事業です。保護の期間は保護者が仕事等の理由により不在となる期間，または緊急の必要がなくなるまでの期間となっています（児童福祉法施行規則1条の3）。

○一時預かり事業

保育が一時的に困難になった乳幼児の保育を保育所などで行う事業です（児童福祉法6条の2第7項）。今まで一時保育事業として実施されてきましたが，2009年から「地域密着型」ではNPOが実施主体となることが認められました。

3　子育ての支え合いへの支援

しかし，サービスが地域に用意されていても，事前申込が必要であったり，時間や場所が限定されていたり，定員があるために利用できないことがあるなど利用しづらい状況も生まれています。公的支援の充実の必要性はあるものの，一つひとつの家庭に応じた支援を公的がすべて行うには限界があります。そのため，公的な保育サービスの整備以外にも，子育て家庭同士が子育てを支え合える仕組みや地域の人々とネットワークづくりなどの支援も取り組まれています。多様な方法で子育て家庭を支えていく仕組みを整え，将来的には公的な支援の必要のない子育て環境が築けるような支え合いのシステムが地域に作れることが子育て困難を解決する手立ての一つと考えられています。

（出川聖尚子）

Ⅶ 子育て支援

5 社会が子育て家庭を支える①
──家庭的養護

1 家庭的養護とは

　家庭的養護とは，国や地方公共団体がさまざまな事情により家庭で生活できない子どもたちを家庭的な雰囲気の中で養育しようとする社会的養護の一つです。主な取り組みに里親制度があり，他に児童養護施設等の施設のケア単位の小規模化，小規模住居型児童養育事業（ファミリーホーム）という形でも家庭的養護が実施されています。

2 家庭的養護が果たす役割

　家庭的な雰囲気の中で暮らすことによって，子どもたちは基本的な衣食住の欲求を満たすとことに加え，安全，安心，自由，愛情の育み，温かさ，気楽さなど家庭の持つ機能を享受し，家庭の役割を学ぶことができます。特定の人とのケアが連続され，子どもの人間形成においても意義深いといえます。子どもの立場に立てば，より積極的に家庭的養護の普及を図ることが必要です。

3 里親とは

　「養育里親及び厚生労働省令で定める人数以下の要保護児童を養育することを希望する者であつて，養子縁組によつて養親となることを希望するものその他これに類する者として厚生労働省令で定めるもののうち，都道府県知事が第二十七条第一項第三号の規定により児童を委託する者として適当と認めるもの」（児童福祉法6条の3）のことです。また，2009年の児童福祉法の改正において，里親を養子を前提としない養育里親・専門里親・従来の短期里親を合わせた「養育里親」と「養子縁組によって養親となることを希望する里親」とを区別しました（**表Ⅶ-4**参照）。

　○**養育里親**
　里親の資質要件を満たし，都道府県に認定を受けた者です。児童が8歳未満

▷1　2002年に里親制度は大きく改正され，従来の里親に加え，新たに，専門里親，短期里親，親族里親が創設された。

表Ⅶ-4　里親の種類

法律上の規定	養子縁組によって養親となることを希望する者その他これに類する者として都道府県知事が適当とみとめるもの		養育里親	
里親の種類	養子縁組を希望する者	親族里親	養育里親	専門里親

出所：厚生労働省雇用均等・児童家庭局「家庭福祉課第7回社会的養護専門委員会資料」2009年5月。

なら制限はありません。子どもの養育することを目的にし、一定の研修を要件とする。要保護児童の人数は4人以下です。

○専門里親

①児童虐待の防止等に関する法律第2条に規定する児童虐待の行為により心身に有害な影響を受けた児童，②非行等の問題を有する児童，③身体障害，知的障害又は精神障害がある児童を①～③までのいずれかに該当する要保護児童のうち，都道府県知事が（指定都市及び児童相談所設置市の市長を含む）がその養育に関し特に支援が必要と認めた者を専門的に支援養育する里親のことです。養育期間は原則2年以内です。

○親族里親

要保護児童の三親等以内の親族で，要保護児童の両親その他要保護児童を現に監護する者が死亡，行方不明又は拘禁等の状態になったため，これらの者による養育が期待できない要保護児童を養育することを希望する者のことです。

○養子縁組を希望する里親

養子縁組によって養親となることを希望する者のことです。

④ 家庭的養護の歴史

里親制度について，1947年の児童福祉法の制定ならびに1948年の厚生次官通達「里親等家庭養育の運営に関して」が出されました。1950年代半ばには委託児童数9,000人，委託里親数8,000人，登録里親数1万6,000人が超えたものの1958年以降減少していきます。1994年に批准された子どもの権利条約20条において家庭環境を奪われた子どもの養護として里親委託などの家庭的養護を第一義的な方法としています。しかし里親委託児の数は要保護児童総数のうち約10.3％にすぎません。

2002年には厚生労働省令として「里親の認定などに関する省令」「里親が行う養育に関する最低基準」が出され，2009年には，虐待を受けた子ども等5～6名程度を養育者の住居において養育する小規模住居型児童養育事業（ファミリーホーム）が創設されました。「子ども・子育てビジョン」では，2014年の里親等の委託率の目標値を16％としています。

⑤ 家庭的養護が展開していかない理由

里親制度については，「里親制度が認知されていない」「子どもの実親が里親委託を望まない」「施設養護が定着し家庭的養護の必要性が理解されていない」「里親になる条件が複雑である」などの理由があり，その利用実績はなかなか増加していません。

今後は，制度を整えながら制度に対する広報とともに社会的子育ての意識の醸成が必要といえます。

（出川聖尚子）

▷2 ただし都道府県知事が必要と認めたときは満20歳まで継続可能。

▷3 厚生労働省雇用均等・児童家庭局「児童養護入所児童等調査結果の概要」2008年。

Ⅶ 子育て支援

6 社会が子育て家庭を支える②
——地域の人が保育に関わる

1 市民参加型の子育て支援

地域の中には、保育所、幼稚園、児童館など子どもと家庭を支援する施設の他にも、子どもや家庭の役に立ちたいと思っている市民や民間非営利団体（NPO）などの団体による保育や子育て支援活動、子育てサークルなどの当事者の互助活動があります。子どもと子育て家庭を支える地域力を高めるためには、こうした子育て支援に取り組むさまざまな人や組織、機関の活動を身近な地域で有機的に結ぶネットワークが必要となっています。

2 ファミリー・サポート・センター

ファミリー・サポート・センター事業は、会員登録した人同士が地域において支え合う相互援助活動です（図Ⅶ-3参照）。会員の種類は、育児や介護の援助を受けたい人（利用会員または依頼会員）、援助を行いたい人（援助会員または提供会員）、援助と提供の両方ともできる人（両方会員）です。

ファミリー・サポート・センターで行っている援助活動には、保育施設までの送迎、保育施設の保育開始前や終了後の一時保育、保護者の用事や育児疲れのリフレッシュのための一時保育などがあり、2009年度からは、病児・病後児の預かり、早期・夜間等の緊急預かり対応もしています。これらの援助が必要になった時、利用会員がファミリー・サポート・センターに連絡をすると、センターが調整を行い、援助会員に活動の依頼を行います。そして、利用会員と援助会員が事前に打ち合わせをし、援助会員宅で一時保育などの援助活動を行います。利用料金は自治体によって異なりますが、おおむね平日の昼間で1時間600〜800円、休日や夜間は700〜1,000円程度となっています。会員になるために特別な資格は必要ありませんが、安心して相互援助活動が行えるように、センターでは会員に講習会等を行っています。

3 子育てサークル

子育て中の母親・父親たちが、子どもたちを集団で遊ばせながら、親同士の情報交換や学習したり、親子のふれあい遊びや運動会やクリスマス会など季節の行事を楽しむ子育てサークルが各地で作られています。サークルのメンバーは、専業主婦と幼稚園入園前の乳幼児が多く、公民館や公園などの公共施設で

▷1 仕事と子育て又は介護の両立を支援することを目的に、1994年から労働省（現・厚生労働省）が市町村に設置を促進しているもので、現在は、サポートを受けられる対象が子どもを持つすべての家庭に広がっている。

```
       ファミリー・サポート・センター
          〔相互援助組織〕
            アドバイザー
    ↗                    ↘
 援助の申し入れ            援助の打診
    
  援助を受けたい会員  ←  援助を行いたい会員
              援　助
```

図Ⅶ-3　ファミリー・サポート・センターの仕組み

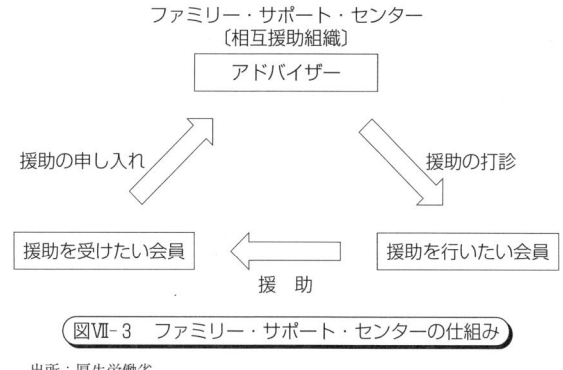

出所：厚生労働省。

活動しています。これらのサークルは，子ども数の減少で得にくくなった集団遊びや行事などの経験によって子どもの成長を支えています。また，在宅で子育てをしている母親たちが子育ての仲間と出会い，楽しみを共有したり不安やストレスを解消したり子育てを支えあっています。

地域の子育てサークルは，市区町村の広報や地域限定のミニコミ誌，雑誌等で紹介されており，行政機関が情報を提供している自治体もあります。

4　NPO や大学等による支援

近年，NPO や大学等による保育や子育て支援の取り組みが多くなっています。これらの組織は，子育て中の親と専門職（保育士，保健師，教員等）によって構成され，子育てサポーター等と呼ばれるボランティアや学生の協力を得て活動しているのが特徴です。

主に，乳幼児期の子育て家庭が気兼ねなく集まり交流できるつどいのひろばによって地域の子育てを支援していますが，他にも子育て支援に関する講演会や研修の開催，子育てサークルの育成，保育事業などの活動を行っています。NPO は，賛助会員を募集し，その会費によって運営が支えられています。

5　ワーカーズ・コレクティブ

ワーカーズ・コレクティブは，消費生活協同組合を母胎として形成され，メンバー全員が出資，経営，労働の1人3役を担う協同組合方式の非営利事業です。育児が一段落した主婦たちが，少しずつ出資金を出し，長年培った家事・育児・介護などの技能を活かし地域社会の中で協同して働くという，新しい働き方です。ワーカーズ・コレクティブでは，比較的手頃な利用料金で産前産後の母親の家事や育児の手伝い，通院・不定期な仕事・上の子どもの用事などの際に子どもを預かる一時保育，自主保育等を行っています。

（上田美香）

Ⅷ ひとり親

1 ひとり親家庭とは

1 ひとり親家庭を理解するために

　家族の形態は，近年個々人の生き方や社会状況を反映して，時代とともに変化しています。夫婦と未婚の子ども（18歳未満）からなる「核家族世帯」が，家庭像として定着していた時代から，テレビや身近な小説に登場する家族に，ひとり親が取り上げられるような時代となっています。ひとり親の定義は，母子及び寡婦福祉法6条によると，「『配偶者のない女子』とは，配偶者（婚姻の届出をしていないが，事実上婚姻関係と同様の事情にある者を含む。以下同じ。）と死別した女子であつて，現に婚姻（現に婚姻の届出をしていないが，事実上婚姻関係と同様の事情にある場合を含む。以下同じ。）をしていないもの及びこれに準ずる次に掲げる女子をいう。一　離婚した女子であつて現に婚姻をしていないもの」として，2項に「児童」とは，「二十歳に満たない者をいう」となっています。2003年4月の法改正で，この法律において「『母子家庭等』とは，母子家庭及び父子家庭をいうこと」（4項）が新たに加えられたり，「母等」についても「母子家庭の母及び父子家庭の父をいうこと」（5項）が明記されました。このことは，ひとり親の制度活用や特に父子家庭の社会支援の充実につながるものと期待されます。

　世帯類型別にみると「ひとり親と子」の世帯は，全世帯数の8.4を占め（2005年），「ひとり親と子から成る世帯」は，今後も増加をし，2030年には一般世帯総数に占める割合は10.3%になると予測されています[1]。国民生活基礎調査では，2006年で，78万8,000世帯で，父子家庭は8万9,000世帯となっています。ひとり親家庭の世帯数は，プライバシーの問題もあり，正確な実数の把握は，非常に難しくなっています。

▷1　厚生統計協会編『国民の福祉の動向　2009』。

2 母子家庭の変遷と偏見の背景

　母子家庭として生活することを決めたのは，個々人の考えであるのに，どうして福祉の対象になるのかという疑問をもたれることもあります。多くの人は幸せな結婚をし，子どもを出産し，楽しい家庭を築き，幸せな家庭生活の永続を思い共同生活の決意をするのです。しかし，この永続を期待した家庭が，社会的要因や当事者の生活観や価値観の違いなどで，その生活に終止符を打つこともあります（**表Ⅷ-1**）。その時，成長過程にある子どもは，精神的，社会的

表Ⅷ-1　母子世帯になった理由別構成割合

（世帯／%）

調査年次	総数	死別	生別						不詳
			総数	離婚	未婚の母	遺棄	行方不明	その他	
2006	1,517 (100.0)	147 (9.7)	1,359 (89.6)	1,209 (79.7)	102 (6.7)	2 (0.1)	11 (0.7)	35 (2.3)	11 (0.7)

出所：厚生労働省「平成18年度全国母子世帯等調査結果報告」。

に色々な負担を背負うことになります。もちろん，夫と離婚したり死別したりした当事者の母親もリスクを背負わなければならなくなります。

　母親が母子家庭であることや，女性であることが理由で，社会的な差別に直面することも起こります。女性差別問題を解決するには，ジェンダーの視点をもって社会福祉をとらえることが必要であるといわれるのは，この母子家庭の現状を考えると理解できます。女性が社会の中で，男性と差別なく経済的，社会的自立が可能になれば，そこで抱える問題は，親の子育ての問題という範疇で対応できる問題として，対策を講じることで解決できるとも思われます。

　日本において第2次世界大戦以前の家族は，家族制度を中心にした大家族を形成していました。母子家庭も家族制度のもとで存在していたのです。当時の母子家庭は「相互扶助」や「隣保相扶」に頼る生活をしていました。女性は家事や育児の中心者であり，「家を守る人」としての生き方しか選択の道はない時代でした。母子保護法が1937年に公布されます。母子一体の原則ではあるのですが，国は軍人遺家族である母子家庭とそれ以外の貧困母子家庭を，扶助するうえで選別した施策をとったのです。軍人遺家族は軍事扶助法（1937年）で手厚く守られていました。それに比べると母子保護法で，対象となる母子家庭の施策は不十分なものでした。母親の権利を認めるというよりは，国の将来を支える人的資源である「子ども」を育てる母親と子どもを扶助するという考え方でした。当時の母子家庭の施策は，母親に優秀な子どもを育てる役割を担わせるために行われたのです。この社会的背景の中で「手厚く保護される母子家庭」と「差別的に扱われる母子家庭」が存在していたのです。

　最近では，マスコミやテレビのドラマなどで，ひとり親を題材にして，ひとり親家庭の子育ての大変さを伝えることや，ひとり親が特別な家庭ではないということを感じさせる番組も多くあります。ひとり親は，「バツイチ」という言葉により社会的に認知されています。しかし，今日に至っても死別母子家庭より生別母子家庭が差別的に扱われるという，潜在的差別状況は温存されています。

　それは，父子家庭より厳しい生活状況に陥りやすい要因をもっていることは，就労についての女性が受けるジェンダー問題からも理解できます。一度仕事をやめて専業主婦になった母親の再就労は，一層厳しいものになります。子どもが小さい時ほど仕事につくことは難しく，ボーダーラインぎりぎりで，生活を

▷2　集団で，構成員に生活上の事故や危険があるとき，お互いに助け合うことをいう。

▷3　母子心中が多発しているなか，1937年に制定され翌年に実施された。母子世帯で貧困である世帯を対象に実施された。当時の家族制度では母子世帯は親族によって扶養されるべきであるとしていたが，そのことが難しくなっていた。

▷4　1918年施行された「軍事救護法」が1937年に改正公布されたもの。特色は，家族を単位として扶助をすることを規定した点で，救護法や母子保護法よりは扶助費は高額であった。

表Ⅷ-2　父子世帯になった理由別構成割合

(世帯／％)

調査年次	総数	死別	生別						不詳
			総数	離婚	—	遺棄	行方不明	その他	
2006	199 (100.0)	44 (22.1)	154 (77.4)	148 (74.4)	—	—	1 (0.5)	5 (2.5)	1 (0.5)

出所：Ⅷ-1と同じ。

している母子家庭は多くいます。少しでも収入が減ると公的扶助の対象になる不安定な生活実態が近年明らかになっています。

3　母子家庭が多い理由と日本の父子家庭

　父子家庭と母子家庭を比較すると母子世帯が78万8,000世帯，父子世帯が8万9,000世帯で，母子家庭は父子家庭の約8.9倍です。ひとり親の中心は母子家庭です。日本の場合，離婚時に親権を得るのは，ほとんどが母親であり，離婚と同時に父親の存在が希薄になります。たとえば，アメリカの親たちは，どちらの親が親権を得るかについて，裁判所を通じてしっかり決めます。日本の場合は，その取り決めを曖昧にして，子どもを育てるのに必要な養育費についての取り決めもしないまま離婚してしまう場合が多いのです（表Ⅷ-2参照）。

　父子家庭は，母性信仰をはじめとして女性の育児天職論等，子育ては女性（母親）の得意とするところであるという考え方から，父子家庭の父親（男性）が子育てや家事の中心になって家庭生活をすることへの理解が不十分です。そのため，父子家庭の父親が，子どもの病気や学校行事，地域活動などの行事に参加することへの理解はあまり得られていません。日本の社会構造や仕事優先の会社では，子育てのために仕事を早く切り上げたり，子どもの病気で仕事を休むことへの理解は，母子家庭の母親より父子家庭の父親の方が，仕事場で理解を得ることが難しいと思われます。そのために，配置転換や転職などに踏みきらざるを得ない状況に陥る場合も特別なことではありません。

　2010年1月に「子ども・子育てビジョン」が閣議決定され，「子どもと子育てを応援する社会」を掲げ，「家族や親が子育てを担う」社会から「社会全体で子育てを支える」社会にと，子育ての考え方を，個人から社会全体で担うことを基本的な方針にすることが表明されました。その中に，めざすべき社会への政策4本柱として，①子どもの育ちを支え，若者が安心して成長できる社会へ，②妊娠，出産，子育ての希望が実現できる社会へ，③多様なネットワークで子育て力のある地域社会へ，④男性も女性も仕事と生活が調和する社会へ，の4点が示されています。たとえば，男性の子育て参加促進に向けた企業等における取り組みの推進など，家庭での子育てを父親と母親が共に行うことへの理解が進みつつあります。最近「イクメン」という言葉で，育児に積極的に関わる男性がマスコミに取り上げられることからもわかります。

▷5　厚生労働省「国民生活基礎調査」2006年。

企業も「仕事と育児・介護」などの相互への配慮からファミリー・フレンドリー企業をめざしているところもあります。ファミリー・フレンドリー企業の定義は、「①法律を上回る基準の育児・介護休業制度を規定しており、かつ、実際に利用していることや、②仕事と家庭のバランスに配慮した柔軟な働き方ができる制度をもっており、克つ、実際に利用されていることなど」です。しかし、実際にはこのような企業は大企業が中心で、働き先によっては深刻な状況で子育てをしなければならないのです。これらの動きもひとり親たちが子育てを行うえで、支えになる取り組みとして一層の充実に期待したいところです。

▷6 厚生労働省雇用均等・児童家庭局「平成14年度ファミリー・フレンドリー企業表彰について」(『Women&work/WINTER2002』)女性労働協会参照。

❹ ひとり親家庭の子どもの居場所

子どもの年齢によって、ひとり親の支援の仕方は異なります。先にも述べたように、母親が子育てに熱意があり育てる意志が強く経済的に可能であれば、多くの場合母親が子どもを育てます。しかし、父親が養育をしたいと希望したり(たとえば、母親が子育てをするのに不適切な対応を子どもにする場合)、子どもの母が養育を拒否する時などは、子どもを父親が引き取り育てることになります。子どもの父親のおかれている状況、すなわち自分の親族がどれくらい子育てを支援してくれるかということも、子どもと父親が一緒に生活できるかに深く関わります。これは、父子家庭の父親が1人で子育てをすることへの社会的支援の少なさの現れです。親族との同居や子どもだけを親族に預けるなどをしなければならない現状をみると、父子家庭の子育てを積極的に支えることができる制度の拡充が重要です。

保育所を利用して子育てをする時、延長保育や休日保育、病後児保育などの保育事業の充実はかかすことができないでしょう。ファミリー・サポート・センターの活用など地域に根ざした子育て支援の基盤づくりは一層大切になります。保育所や幼稚園(あずかり保育)を使って子育てすることはできますが、多くの父子家庭は親族の支援で子育てをこなしているのが現状です。これは、母子家庭の場合も例外ではありません。それが、不可能であれば、入所型児童福祉施設(乳児院、児童福祉施設)に子どもを預け、週末などに自宅に子どもを連れて帰って子どもと時間を過ごすことになります。子どもの年齢が高くなれば家事などをこなし、父親や母親の助けをしなければということで、家事の一部を子どもが担うことになります。それはひとり親家庭の子どもは男女を問わず担う必要があり、遊びの時間がなくなるなど、子ども期の体験ができなくなる可能性もあるので、十分注意する必要があります。

ひとり親の子どもたちが、母親と父親のどちらで生活しても親は親役割をやめることはできません。親は子どもと同居しなくても、親としの子育て責任を果たすことを忘れてはならないのです。この親としての自覚こそが、ひとり親で育つ子どもたちの心を支える絆といえるでしょう。

(流石智子)

▷7 中田照子他編『日米のシングルファーザーたち』ミネルヴァ書房、2001年。

Ⅷ　ひとり親

2　ひとり親の暮らしと養育問題

1　ひとり親の暮らし

○親の年齢と子どもの年齢

「平成18年度全国母子世帯等調査結果の概要」によると，ひとり親になる理由は，**表Ⅷ-1**（123頁）からわかるように，母子家庭は「生別」が89.6％を占め圧倒的です。父子家庭の場合は，「生別」が77.4％で，やはり「生別」の方が多くを占めています。母子世帯の「生別」の内訳は，「離婚」79.7％，「未婚の母」6.7％，「遺棄」0.1％，「行方不明」0.7％，「その他」2.3％，です。前回の調査との比較では，「死別」は12.0％から9.7％に減少し，「生別」によるものが，1.8％増加しています。父子家庭の場合は「生別」中，「離婚」74.4％で，「その他」2.5％です。「死別」22.1％で，母子家庭に比べると，父子家庭の死別の割合は多くなっています。

母子世帯の母親の平均年齢は，31.8歳です。年齢別にみると，「30～39歳」が最も多くなっています。父子世帯の父親の年齢は，37.4歳であり，母子と同様に「30～39歳」が最も多く「40～49歳」と続きます。

子どもの年齢は，末子の平均年齢を見ると，母子世帯では5.2歳になっていますが，父子世帯の場合は6.2歳となっており，母子世帯に比べますと1.0歳高くなっています。これは，父親が1人で子育てをする場合，子育てについての知識や経験，方法の未熟さ（個人差はあるが，多くの場合母親中心の家事・育児の現状）が関係しています。たとえば子どもの衣類がタンスのどこに入っているか，幼稚園や保育所，学校に何が必要かなど，子どもに関わるすべてのことを母親に任せている場合，子どもが小さければ小さいほど父親ひとりの子育てにおける負担は増すことからも，この差は理解できます。

○ひとり親の子育てと仕事

子どもの数は少子化で減少していますが，保育所に入所を希望する待機児童は増えています。保育所の規制緩和がされていますが，保育所整備が追いつかない現状で，大都市では入所できない子どもたちも多く問題は深刻化しています。この現状からひとり親に対しては，緊急対応として自治体は保育所入所について配慮しますが，母親の就労や父親の労働条件を変えないで保育の保障をしていくことは非常に難しいのが実態です。2002年11月には母子及び寡婦福祉法の改正により，市町村が母子世帯の子どもの保育所への入所選考の際には特

別な配慮を行う義務が規定されたことを受け，2003年3月には児童家庭局長通知が出され，優先入所が図られるようになりました。厚生労働省の2002年度保育課の調べでは，新定義によると待機児童は2万5,447人です。その後，待機児童数は減少して，2008年4月現在では，1万9,550人まで減少しました。しかし，この待機児童の現状から，ひとり親が緊急に社会的保育を必要としても，それに応えるだけの子育て支援の実施については，まだまだ課題があるといえます。特に仕事をしていなかった母親が家計の中心者として働く時には保育所入所に関する配慮は行われていますが，仕事と保育の兼ね合いについてジレンマを抱えるひとり親が多いのが現状です。

2 ひとり親の経済的問題と養育問題

○ひとり親の収入と就労の仕方

母子世帯収入は父子世帯の半分です。母子世帯の常用雇用は42.5％，臨時・パートは43.6％となっています。父子世帯は，72.2％が常用雇用で就労しています。就労形態が賃金に影響することは当然であり，女性の働き方がひとり親になって家計の中心者になっても解消されることが難しい現状であることが示される数値です。母子世帯の平均所得は，2005年で213万円で，一般世帯の38％の所得です。父子世帯は，母子世帯より200万円ほど多く，421万円になっています（表Ⅷ-3）。この数値からは，母子世帯がどれだけぎりぎりの状況で生活をしているかわかります。生活保護費の見直しが行われても2009年度の「母子3人世帯（30歳女・9歳／小学生・4歳子）」の最低生活保障水準は，月額1級地・1で，19万1,120円です。年に換算すると，229万3,440円です。母子世帯の平均所得の調査結果より，年間の収入が多いことになります。母子世帯の年収213万円の内，就労での収入は171万円で，年収の20％は，生活保護法に基づく給付，児童扶養手当等の社会保障給付金，別れた配偶者からの養育費，親からの仕送り，家賃・地代などです。

また，父子世帯の97.5％が就労していますが，母子世帯では，84.5％が就労しています。しかし，圧倒的に母子家庭の方が臨時やパート，派遣社員等が多く，49％のシングルマザーが不安定就労についていることがわかります（就労している内訳：事業主4.0％，常用雇用者42.5％，臨時・パート43.6％，派遣社員5.1％，家族従業者1.2．不就業14.6％，不詳0.9％）。

子育てのために時間が必要となった父親は，就労の形態を変えなければならないこともあり，それが収入減になることもあります。働かなければならない親が，子育て支援を必要としたとき，個々の状況にマッチする施策が現状の施策の中にあり，早急に利用することができるときは親の就労は守られます。社会的保育（保育所，学童保育など）をうまく活用できるかが，ひとり親が子どもと一緒に生活していけるかを左右することになります。これは，ひとり親のみ

▷1 杉本貴代栄・森田明美編著『シングルマザーの暮らしと福祉政策』ミネルヴァ書房，2009年。

▷2 ほかに入所可能な保育所があるにもかかわらず，特定の保育所を希望している場合，認可保育所へ入所希望していても，自治体の単独施策によって対応している場合，以上の時は除くことが新たに盛り込まれた。

▷3 全国保育団体連絡会保育研究所編『保育白書2003年』参照。

▷4 厚生統計協会編『国民の福祉の動向 2009』。

表Ⅷ-3　母子世帯・父子世帯の年間収入状況（2005年）

母子世帯の年間収入状況

		2002年	2005年
平均世帯人員		3.36人	3.30人
平均収入		212万円	213万円
	就労収入	162万円	171万円
世帯人員1人当たり平均収入金額		63万円	65万円

（注）　平均収入とは，生活保護法に基づく給付，児童扶養手当等の社会保障給付金，就労収入，別れた配偶者からの養育費，親からの仕送り，家賃・地代などを加えた全ての収入の額である。

全世帯と母子世帯の比較

	2002年	2005年
全世帯	589.3万円	563.8万円
母子世帯	212万円	213万円
一般世帯を100とした場合の母子世帯の平均収入	36.0	37.8

（注）　全世帯については国民生活基礎調査の平均所得の数値。

父子世帯の年間収入状況

	2002年	2005年
平均世帯人員	3.97人	4.02人
平均収入	390万円	421万円
世帯人員1人当たり平均収入金額	98万円	105万円

出所：厚生労働省雇用均等・児童家庭局「平成18年度全国母子世帯等調査結果の概要」。

の問題ではなく，働く親を支えることにつながります。少子化対策で提言されている「子ども・子育てビジョン」の早期実現に向けて，国や企業，就労している親達が努力することが，子どもの幸せにつながり，家族生活の充実が得られることにもなります。

○子どもの親権と養育費について

日本においては，離婚時に子どもの養育費についての取り決めをしないケースが多くあります。離婚の方法は9割が協議離婚です。そのため簡単に離婚することが優先される場合が多々あります。

離婚時には，親権の決定が必要になります。日本の場合，母親が親権を行うことの方が多くを占めます。2005年に離婚した夫婦のうち，子どもがいるケースは58.8％です。そのうち，「夫が全児の親権を行う場合」は15.2％で，「妻が全児の親権を行う場合」は84.8％を占めます（子ども1人の場合）。子どもが2〜3人いる場合の平均をみると，「夫が全児の親権を行う場合」は14.6％，「妻が全児の親権を行う場合」77.0％，「その他・夫と妻がそれぞれ分け合って子の親権を行う場合」は8.4％です。離婚によって子どもを養育する中心は母親で，母親は女性であるための経済的リスクを背負いながら（結婚や出産で仕事を

▷5　夫婦が協議をして離婚すること（民法763条）。日本においては，ほとんど（87.8％：2008年）がこの離婚をしている（厚生労働省）。子どもがいる場合は，子どもの養育費等について法的な手続きをしてから離婚することが大切である。母子及び寡婦福祉法（5条）においても，扶養義務の履行がうたわれている。親（父と母）は，子どもがおおむね成人するまでは養育義務がある。

▷6　父母あるいは，父母のどちらかが未成年の子に対して有する身分上，財産上の監護及び教育等の権利，義務のこと（民法818条，820条）。

VIII-2 ひとり親の暮らしと養育問題

表VIII-4　養育費の取り決め状況等（2006年）

(世帯／％)

総数	養育費の取り決めをしている	文書あり	文書なし	不詳	養育費の取り決めをしていない	不詳
1,209 (100.0)	469 (38.8) (100.0)	298 (63.5)	165 (35.2)	6 (1.3)	705 (58.3)	35 (2.9)

出所：表VIII-3と同じ。

表VIII-5　養育費の取り決めをしていない理由（％）

・相手に支払う意志や能力がないと思った（47.0）
・相手と関わりたくない（23.7）
・取り決めの交渉をしたが，まとまらなかった（9.5）
・取り決めの交渉がわずらわしい（3.4）
・相手に養育費を請求できるとは思わなかった（2.6）
・現在交渉中又は今後交渉予定である（2.3）
・自分の収入で経済的に問題がない（1.8）
・子どもを引き取った方が，養育費を負担するものと思っていた（1.3）
・その他（7.0）
・不詳（1.6）

出所：表VIII-3と同じ。

表VIII-6　養育費の受給状況（2006年）

(世帯／％)

総　数	1,209 (100.0)
現在も受けている	230 (19.0)
過去に受けたことがある	194 (16.0)
受けたことがない	714 (59.1)
不　詳	71 (5.9)

出所：表VIII-3と同じ。

表VIII-7　養育費を現在も受けている又は受けたことがある世帯の養育費（1世帯平均）の状況（2006年）

(世帯／％)

総　数	額が決まっている	1世帯平均月額	額が決まっていない	不　詳
424 (100.0)	344 (81.1)	42,008円	63 (14.9)	17 (4.0)

出所：表VIII-3と同じ。

やめているため，仕事を探すのが難しいなど），子育てをすることになります。一番の問題となるのは，子どもを養育するのにかかる費用と生活費です。

2006年の全国母子世帯等調査結果の概要中の離別母子世帯の「養育費の取り決め状況」によると，養育費の取り決めをしている人は38.8％で，取り決めをしていない人は58.3％になっています（表VIII-4）。取り決めをしている人でも，文書で書きとどめて養育費について共通理解をしている親は，63.5％です。「養育費の取り決めをしていない理由」で，一番多いのは相手に支払う意志や能力がないと思った人が47.0％になっています。次は，相手と関わりたくないで23.7％となっています。取り決めの交渉をしたがまとまらなかったが9.5％です。養育費について子どもが成長するために母親として，子どものために必要な養育費用を積極的に取り決めるということではないようです。ただ，自分の収入で経済的に問題がないと答えた人は，全体の1.8％しかいない現状をみると，経済的に大丈夫だから養育費はいらないというのではないということがわかります（表VIII-5）。

▷7　厚生統計協会編『国民衛生の動向　2007』。

養育費の受給状況をみると,「現在も受けている」19.0％,「過去に受けたことがある」16.0％,「受けたことがない」59.1％です。離婚母子世帯の約6割の母親が,養育費を受けとることなく生活をしているということです（表Ⅷ-6）。母子世帯の年間収入から考えると,母子世帯の生活は経済的負担が顕著であることがうかがわれます。「現在も受けている,受けたことがある」人の養育費は,1世帯平均月額が4万2,008円で81.1％の人が養育費は決まっていると答えています。また,額が決まっていない人が14.9％います（表Ⅷ-7）。

子どもを育てるうえで親（父・母）としての経済的責任,義務の見直しがされましたが,2002年の母子及び寡婦福祉法の改正で,5条の扶養義務の履行が設けられました。その後,2003年に改正された時に,民事執行法の改正も同時に行われ,2004年から養育費の強制執行ができるようになりました。これらの養育費についての確保等のために,2007年度に,養育費相談支援センターを創設しました。そこでは,養育費の取得率の向上等を図る目的で,養育費に関する情報提供,母子家庭等の就業・自立支援センターで受け付けた困難事例への支援や,養育費相談に応じる人材養成のための研修等を行っています。相談内容は,9割近くが母親本人又はその親族です。父親側から相談が1割程度で,離婚後のケースが全体の55％を占めて,婚姻中30％,婚姻外のケースが6％になっています。養育費確保で問題がある場合は,このセンターの活用が非常に有効となることを周知させることも,これからの課題です。

③ ひとり親の生活支援のための相談者

○ひとり親家庭と孤立化

1人で子育てをすることになった親達は,生活する中で出てくる悩みについて相談相手を求めますが,相談者を探すことは,とても難しいのが現状です。抱えている問題を解決に導くような相談者を探すことは,よほどネットワークを充実している人は別ですが,本人の抱えている問題について,適切にアドバイスを得るにはかなりの時間と努力が必要になります。時間に追われて生活しているひとり親にとって,大変な負担になってしまいます。

母子世帯で相談相手がいる人は,回答のあった世帯の76.9％です。父子世帯は59.4％で,母子世帯に比べると父子世帯の方が,相談相手が少なくなっています。「相談相手なし」と回答した人の内,母子世帯で「相談相手が欲しい」と思っている人は67.9％で,「必要ない」としている人は32.1％です。父子世帯で「相談相手が欲しい」と思っている人は53.8％で,「必要ない」としている人は46.3％となっています（表Ⅷ-8）。

○ひとり親と相談者

相談相手の内訳は,母子世帯では「親族」が66.1％,「知人・隣人」が29.6％,あと,「母子自立支援員等」0.5％,「公的機関」とも1.2％です。父子世帯

VIII-2 ひとり親の暮らしと養育問題

表VIII-8 相談相手の有無（2006年）

（世帯／%）

	総数	相談相手あり	相談相手なし	相談相手が欲しい	相談相手は必要ない
母子世帯	1,470 (100.0)	1,130 (76.9)	340 (23.1) (100.0)	231 (67.9)	109 (32.1)
父子世帯	197 (100.0)	117 (59.4)	80 (40.6) (100.0)	43 (53.8)	37 (46.3)

出所：表VIII-3と同じ。

表VIII-9 相談相手の内訳（2006年）

（世帯／%）

	総数	親族	知人・隣人	母子自立支援員等	公的機関	その他	不詳
母子世帯	1,130 (100.0)	747 (66.1)	334 (29.6)	6 (0.5)	13 (1.2)	28 (2.5)	2 (0.2)
父子世帯	117 (100.0)	79 (67.5)	33 (28.2)	—（—）	1 (0.9)	4 (3.4)	—（—）

出所：表VIII-3と同じ。

表VIII-10 相談相手が欲しい者が困っていることの内訳（2006年）

（世帯／%）

	総数	家計	仕事	住居	自分の健康	親族の健康・介護	家事	その他
母子世帯	216 (100.0)	104 (48.1)	40 (18.5)	23 (10.6)	20 (9.3)	15 (6.9)	5 (2.3)	9 (4.2)
父子世帯	40 (100.0)	13 (32.5)	5 (12.5)	4 (10.0)	4 (10.0)	*（*）	12 (30.0)	2 (5.0)

（注）総数は不詳を除いた値である。
出所：表VIII-3と同じ。

では「親族」が67.5％，「知人・隣人」が28.2％です。「公的機関」0.9％です（表VIII-9）。相談内容には，「家計」「仕事」「住居」「自分の健康」「親族の健康・介護」「家事」「その他」とありますが，母子世帯だと，「家計」48.1％，「仕事」が18.5％，「住居」10.6％などとなります。父子世帯も「家計」で32.5％，次に「家事」で30.0％，「仕事」12.5％となっています（表VIII-10）。

父子世帯の場合，家事が大変のように思われますが，近年コンビニや，できあいの総菜を買うことで何とか家事の軽減ができるようになりました。家事の軽減は，お金を支払うことができれば，家の掃除や買い物などを代行者がしてくれます。しかし，子育てをするには時間が必要になり，働き方の変更などで収入の減少した場合には家計への影響が出ているとも考えられます。子どもの育ちの相談は，母子家庭より父子家庭の方が相談者を得ることが難しいと思われます。参観日での情報交換にどうしても参加できない父親もいます。これは，母子世帯と父子世帯のジェンダーバイアスの違いが現れているためと考えられます。父親は，普段地域での交流や参観日に常に参加していない現状からしても，親同士の交流を父親が持ちにくいことも理解できます。　（流石智子）

VIII ひとり親

3 ひとり親を支える法と制度施策

① 父子家庭への法的支援

　ひとり親家庭の母子家庭に対しては，母子及び寡婦福祉法があります。この法律では，母子家庭への貸し付け制度などの経済的支援を盛り込んでいます。父子家庭には法律はなく，2002年に法改正が行われました。そこで，母子及び寡婦福祉法に，初めて父子家庭のことが盛り込まれました。制度施策を行うには，法的根拠が重要です。

② 母子及び寡婦福祉法の改正

　母子及び寡婦福祉法は，1964年に母子福祉法として制定されました。その後，1981年に母子及び寡婦福祉法に名称などが改正されました。この法律は，2002年に再び改正され，この改正で注目すべきところは，「母子家庭等」について，6条4項で，「この法律において『母子家庭等』とは，母子家庭及び父子家庭をいう」という定義が盛り込まれた点です。1章「総則」では，「この法律は，母子家庭等及び寡婦の福祉に関する原理を明らかにするとともに，母子家庭等及び寡婦に対し，その生活の安定と向上のために必要な措置を講じ，もつて母子家庭等及び寡婦の福祉を図ることを目的とする」（1条）とあります。その他2条（基本理念），3条（国及び地方公共団体の責務），4条（自立への努力）があります。5条（扶養義務の履行）は3項からなり，この改正で付け加えられた箇所です。

　ここでは，親が子どもを養育するのに必要な費用の負担，扶養義務についての履行に努めなければならないとしています。また，国と地方公共団体は親の子どもについての扶養義務の履行を確保するために，広報やその他の適切な措置を講ずるように努めなければならないとしています。

　一方，この改正は，新しい時代の要請に応えるよう試みられました。改正の中心は，母子家庭等及び寡婦に対して「きめ細かな福祉サービスの展開」と「自立の支援」を中心においています。母子家庭の抱える問題の複雑化を考え，総合的な見地から支援策を展開しなければならなくなっています。施策の実施主体は，母子世帯等に身近な自治体主導で行われる方がよりきめ細やかな施策を展開できるという考えから，この改正は進められました。

　具体的には，福祉事務所に母子自立支援員が総合窓口として，児童扶養手当

▷1　寡婦とは，配偶者のない女子で扶養する子が20歳以上か，かつて配偶者のない女子として児童を扶養したことがある者（母子及び寡婦福祉法6条：定義参照）のことである。母子家庭で，子どもが成人しても寡婦に対して，生活等の安定などから福祉的対応が必要となることがある。

等各種の母子家庭等の支援策についての情報提供，職業活動の支援などを整え，そこに力が入れられ，「子育てや生活支援」「職業支援」「養育費の確保」「経済的支援策」と総合的に展開することにしています。

③ 母子家庭の支援策

ひとり親の公的支援者の中心は，福祉事務所にいる母子自立支援員（旧・母子相談員）です。母子家庭等の母親に対して，自立に必要の情報提供，相談等の支援を行い，職業能力の向上や求職活動に関する支援をします。それに合わせて「公共職業訓練の実施」「自立支援教育訓練給付金」などの取り組みが行われています。国は母子家庭等及び寡婦の係わる施策や制度の立案などを行い都道府県及び市等では，基本方針に沿って「母子家庭及び寡婦自立促進計画」の策定を行っています。具体的に「子育てと生活支援」「就労支援」「養育費の確保」「経済的支援」について計画を策定します。

母子家庭が利用できる施策には，次のようなものがあります。「児童扶養手当」「母子福祉資金の貸付」「母子家庭医療費給付制度（市町村実施）」「ひとり親家庭日常生活支援事業」「製造たばこの小売販売業」「公営住宅の優先入居」「保育所への入所に関する特別配慮」「雇用の促進」「母子家庭自立支援給付金」「通勤定期乗車券の特別割引」などです。

④ 母子家庭と父子家庭の当事者組織の現状

母子家庭の当事者組織は，1954年に創設された財団法人全国母子寡婦福祉団体協議会が中心で，各都道府県市ごとに組織されています。戦争未亡人会を中心に，活動をしていたものが組織の基礎となったのです。近年，全国組織の組織率の低迷が問題になっています。母子家庭で日常生活が多忙な母親が，組織活動のために時間を割くのが難しいのが，その理由です。積極的に活動に参加してもメリットが少ないため，活動の中心になるのは敬遠されます。また，そのため組織会員の高齢化も問題になっています。

その他に「しんぐるまざあず・ふぉーらむ」は，2002年10月に，全国組織としてNPO法人を設立しました。シングルマザーへの情報・交流の場の提供・ニュースレターの発行，相談窓口の設置，関係機関への提言，調査等の活動を行っています。また，他に「母子家庭王国」などもあります。

父子家庭の当事者組織は，父子会があります。たとえば，京都府には，父子会が7組織あります。遠足，クリスマス会，父子情報誌の発行などを地域ごとに行っています。これらの組織は，それぞれホームページをもち，外部への発信基地の役割を果たしています。ピアな支援がひとり親の幅広い支えとなると思われます。今後は，入会しやすい魅力ある組織づくりと活動を積極的にアピールする機会をたくさんもつことが必要です。

（流石智子）

Ⅷ ひとり親

4 ひとり親を支える児童福祉施設

① 母子家庭が生活支援を受ける母子生活支援施設

　母子生活支援施設は，児童福祉法38条に「配偶者のない女子又はこれに準ずる事情にある女子及びその者の監護すべき児童を入所させて，これらの者を保護するとともに，これらの者の自立の促進のためにその生活を支援し，あわせて退所した者について相談その他の援助を行うことを目的とする施設とする」と定められています。また，保護期間の延長について述べ，児童については必要がある時などは，満20歳に達するまで，引き続きその者を母子生活支援施設において保護することができるとしています。父子家庭には，このような施設はありません。この施設は，戦争未亡人や，貧困母子家庭を支えることを目的として，古くは母親に仕事を与えることができる授産所と保育所が共に設けられていました。女性が生活の中心者になることが大変であったことがうかがわれます。

　ここでは，母親と子どもが落ち着いて生活ができることと，多くの問題を抱えている母親のために生活支援や育児支援等を行います。いくつもの問題を抱えているので，子どもの成長発達に母子指導員（母子の生活指導を行うもの）が母親とともに関わり，母親が抱えている問題を解決に向けて個々の支援計画に沿って支援していきます。

　たとえば，母親にとって離婚することが最優先であれば，それの解決に向けて積極的に母子指導員がサポートを行うことになります。乳幼児保育（補完保育・病児保育・一時保育）やレクリエーションの実施，退所世帯へのアフターケアなどを行います。自立生活ができない母親もいるので，計画的に出費をするように指導をしたり，食事のつくり方など家事の細部にわたり指導を行います。このようなきめ細かな指導を行うために，母子に対して自立支援計画の作成をし，世帯別に母と子の状況をみながら生活支援，指導がなされます。

　2001年に，配偶者からの暴力の防止及び被害者の保護に関する法律（DV防止法）が成立しました。「配偶者からの暴力〔中略〕（配偶者からの身体に対する不法な攻撃であって生命又は身体に危害を及ぼすもの〔中略〕又はこれに準ずる心身に有害な影響を及ぼす言動）」（1条）で避難が必要な女子と子どもを，母子生活支援施設にも受け入れるように通知があり，単身女子の受け入れも可能になりました。

▷1　個々人が抱える問題について状況把握し，評価（アセスメント）を行い，適切な自立支援に向けての目標や課題を設定する。その自立支援計画に沿って支援，指導をしていく。
▷2　多くの場合は，夫や恋人である男性が，女性に対して暴力をふるうことをいうがその逆の場合もある。家庭内のことで外部に出にくいことであるが，個人の問題に留めることなく，子どもがいる場合その影響を考えると早期対応が必要である。

母子生活支援施設は，利用施設です。緊急ケースでは関係機関を飛び越えて直接緊急入所に至ることもあります。最近では「DV被害・児童虐待を受けた母と子や障害のある母と子，外国人の母と子の利用が増えています」。男性からの暴力で入所するケースはこれまでにもありましたが，母親と子どもが男性（父親）からの暴力で避難してくる場所として，母子生活支援施設のより一層の充実が必要です。また父親が子どもを連れもどそうと待ち伏せしていることもあるので，保育所や学校などとの地域での連携を密にとることも重要です。

▷3 「平成22年度近畿母子生活支援施設研究大会資料」。

2003年に厚生労働省雇用均等・児童家庭局長通知「小規模分園型（サテライト型）母子生活支援施設の設置運営について」が出され，地域の住宅地などに小規模分園型母子生活支援施設を設けて，本体施設との連携を十分にとり，自立生活の支援を重点的に行うことができるようになりました。自立が見込まれる者を対象として，施設から地域の住宅に出ていくことができることは，母子にとって不安を少しでも解消するとためにも重要なステップとなっています。

母子生活支援施設等を退所する女子や子どもが就職や，アパートを賃貸する時などに施設長等が身元保証人になった時の損害保険契約を，全国社会福祉協議会が契約を締結し，その保険料について補助を行う「身元保証人確保対策事業」（2007年度）を創設しました。この現状は，女性（母子家庭の母親）が，社会でひとり子育てをする時の難しさの現れです。母子家庭の自立の第一歩を支える事業として活用を期待します。

２ 親が子どもを養育できない時に子どもが入所する施設

子育ての現状は深刻化し，児童虐待など子どもの人権侵害に関わる事件がマスコミによく報道されます。親が子どもを養育できない場合は，子どもは乳児院や児童養護施設に入所します。そこに入所する子どもの多くが，虐待を受けたことがあるといわれています。

ひとり親が子育てをする場合，保育所を利用することになりますが，この制度では不十分（開所時間が合わない等）で子どもの養育ができないときは，乳児院や児童養護施設に子どもを入所させます。ひとり親の子どもたちが親と別居して生活の基本を身に付ける場として，これらの施設は「家庭機能伝達の場所」としての役割を果たすことが，より一層重要となります。手元で育てたいと考えても，育児支援がひとり親の必要としている施策にマッチするものでなければ，子どもとは別居して生活をしなければならなくなります。乳児院や児童養護施設にひとり親家庭の子どもが多い事実は，地域での子育ての難しさを物語っているといえるでしょう。

（流石智子）

Ⅷ　ひとり親

5　母子家庭の経済的支援

① 生活保護を受給する母子家庭とその施策

○母子家庭の母の就業

　一般労働者の女性の賃金は，男性の約7割です。男女間の賃金格差は縮小傾向にありますが，2009年の「賃金構造基本統計調査」（厚生労働省）によると，男性を100とすると女性は69.8です。一般労働者のうち正社員・正職員では，72.6になります。つまり，女性には非常勤やパート労働という収入の不安定な働き方をしている人が多いということです。このことは，男性との賃金格差というジェンダーの問題をはらんでいます。

　2009年の雇用者のうち女性の平均年齢は39.4歳で，平均勤続年数は8.6年です。男性は，平均年齢は42.0歳で，平均勤続年数は12.8年です。平均勤続年数は，女性の方が短くなっています。

　女性は，結婚や出産，育児で仕事を辞める人が多いのは，周知の通りです。それは女性の年齢階級別労働力率（M字型就労）からわかります。2009年をみると30～34歳（67.2％）及び35～39歳（65.5％）の2つの年齢階級が底になっていますが，近年M字型就労は台形に近づいています。この変化は，女性の晩婚，晩産化により子育て年齢の上昇によるものと考えられています。女性は結婚や出産で仕事を辞める現状があります。いったん仕事を辞めて収入を得ようとしても，仕事を離れていた年数だけ再就職は難しくなります。まして専業主婦で，離婚することになってから就職先を探しても子どもを抱えた現状での就業は厳しいものです。そのためマザーズハローワーク事業等で，母子家庭の就業支援をしています。

　就業を継続していくうえで必要なこととして，財団法人21世紀職業財団「女性労働者の処遇等に関する調査結果報告」（2005年度）で，「子育てしながらでも働き続けられる制度や職場環境」を挙げている女性労働者は51.7％と最も多く，「やりがいが感じられる仕事内容」が50.5％となっています。結婚や出産で，仕事を辞めた女性が，再就職することは大変なことです。母子家庭の場合，子育てしながら働ける条件がすばやく整えば，もし仕事をしていない母親が離婚して子育てをするとき，母子の生活を経済的に守ることができる重要な条件の一つとなります。

　母子世帯の母親は，84.5％が就労をしています。就労形態は，常用雇者が

表Ⅷ-11　世帯類型別にみた被保護世帯と一般世帯の推移

年	総数	高齢者	母子	その他		
				総数	傷病・障害者	その他
	世帯保護率（‰）					
1975	20.7	144.1	173.5	12.4	…	…
85	20.4	79.5	216.8	12.0	…	…
95	14.2	45.1	103.7	8.0	…	…
2000	15.8	12.6	94.3	8.9	…	…
05	22.1	54.1	131.0	13.1	…	…
07	23.0	55.2	129.6	13.4	…	…

（注）　被保護世帯について，平成17年より，母子世帯の定義を変更している。
資料：厚生労働省「社会福祉行政業務報告」（平成13年度以降），「被保護者全国一斉調査」（平成12年以降）「厚生行政基礎調査」（昭和60年以前），「国民生活基礎調査」（平成7年以降）
出所：厚生統計協会編『国民の福祉の動向　2009』より筆者作成。

42.5％，臨時・パートが43.6％で，不就業の場合では，「就職したい」と考えている者が78.7％となっています。日本以外の国のひとり親世帯の就労率は，40％以下です。日本のひとり親世帯の貧困率約60％は，他の国の就労率40％以下から考えると，倍以上のひとり親が仕事をしていることになります。しかし，働いてもなかなか貧困から抜け出せないのが現状です。

この現状からも，母子世帯の母親の就労が非常に困難を伴い，仕事を探している母親の就労支援が必要であることがわかります。2003年に「母子家庭の母の就業の支援に関する特別措置法」が成立しました。経済情勢の変化で母子家庭の母の就業状況が一層困難になっていることが，制定の大きな要因です。現在，ハローワークにおける職業紹介や公共職業訓練の実施などの充実に力が入れられています。

○生活保護を受給する母子家庭

母子世帯の年収は「平成18年度全国母子世帯等調査結果」からみると，211万9,000円です。これは，全世帯の平均収入（563万8,000円）の約27％にしかなりません。ワーキングプアである母子家庭の現状を支える最後のセーフティネットとして，公的扶助を受けることを決意する母親が存在します。食事を3食食べることができない母子家庭の子どもたちがいたとしても，この収入をみると理解できます。

2007年度の世帯全体の保護率は，23.0‰に対して，母子世帯は，129.6‰と著しく高くなっています（表Ⅷ-11）。厳しい経済状況下では，不安定就労の多い母子家庭はすぐ解雇の対象になります。子どもの病気や学校の行事など，子どもを育てることで必要な時間を確保することも並大抵ではなく，最悪の場合仕事を失うことにつながりかねないのです。この現状では，労働条件は一層悪くなったりします。男性よりも解雇の対象になりやすい存在である女性が，子育てと両立しながら仕事をするには，第三者（家族外の社会的保育・子育て支援の活用）の活用が大きな支えとなります。近隣に，親戚や友人がいることや，

▷1　厚生労働省雇用均等・児童家庭局「全国母子世帯等調査」2006年。

▷2　子どもの貧困白書編集委員会編『子どもの貧困白書』明石書店，2009年。

▷3　日本国憲法25条の理念に基づき，国が生活に困窮するすべての国民に対し，その困窮の程度に応じ，必要な保護を行い，その自立を助長する制度。保護の種類は，生活，教育，住宅，医療，介護，出産，生業，葬祭の8種類の扶助がある。

▷4　厚生労働省「国民生活基礎調査　平成18年」。

社会的保育の活用方法を理解していることが，子どもが小さい母子家庭にとって子育ての危機的状況を乗り切る要になります。2009年12月には，廃止された生活保護の母子加算の継続支給がされるようになり，経済状況の厳しい母子家庭にとって大きな支援施策が復活しました。

2 児童扶養手当とその動向

○児童扶養手当と生活

児童扶養手当法は，1962年に施行されました。この法律の目的は，「父と生計を同じくしていない児童が育成される家庭の生活の安定と自立促進に寄与するため，〔中略〕もつて児童の福祉の増進を図ることを目的とする。」（1条）としています。児童扶養手当の理由別受給者数をみると，離婚が87.5％，死別が0.9％，遺棄が0.4％，未婚の母が8.1％，父障害が0.3％，その他が2.8％となっています。受給者数の変化は，1975年度からみると約3.9倍になっています。2008年度の児童扶養手当の受給者は，96万9,261人です。

▶5　厚生統計協会編『国民の福祉の動向　2009』。

児童扶養手当の額は，受給者の所得と扶養親族の等の数を勘案して決定されます。この所得とは，収入から各種控除額を減じ，さらに受給者やその児童が父から養育費を受け取っている場合はその養育費の8割相当額を加えて加算するとしています。

母子世帯の暮らし向きは，「大変苦しい」と「やや苦しい」を合わせると89.5％の世帯が苦しいと答えています。全世帯の平均からみても母子世帯の暮らしの厳しさがよくわかります（図Ⅷ-1）。

児童扶養手当の額は，消費者物価指数に応じて毎年改定されます。2007年度の全額支給の場合は，月額4万1,720円，一部支給の場合は4万1,710円から9,850円までの10円きざみの額です。児童2人目には月額5,000円，児童3人目以上は月額3,000円ずつが加算されます。この手当が，子どもの教育費や子育ての充実に活用されることにより，母子家庭の子どもの生活の安定が保障されることになります。その他，母子世帯の生活を支えるものに「貸付制度」があります。「生活資金」「住宅資金」「技能修得資金」「就学資金」等です。多くのものが無利子で，返還期間が長いので計画的に返済を考え，この制度の活用によって生活基盤の安定を図ることができます。

○児童扶養手当の動向

児童扶養手当の受給開始から5年を経過した者等に対する一部支給停止措置（2008年4月）については，「受給者本人やその子ども等の障害により就業が困難な事情がないにもかかわらず，就業意欲がみられない者についてのみ支給額の2分の1を支給することとし，それ以外の者については一部支給停止を行わないこととする」旨のとりまとめが，与党のプロジェクトチームにおいて行われました。この内容を受け，2008年に児童扶養手当法施行令の一部を改正する

Ⅷ-5 母子家庭の経済的支援

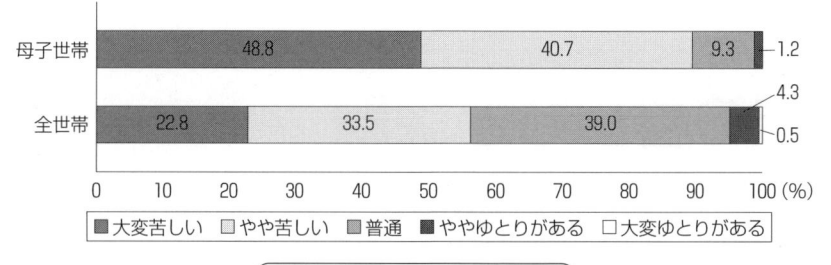

母子世帯	48.8	40.7	9.3	1.2	
全世帯	22.8	33.5	39.0	4.3	0.5

0　10　20　30　40　50　60　70　80　90　100（%）
■大変苦しい　□やや苦しい　■普通　■ややゆとりがある　□大変ゆとりがある

図Ⅷ-1　暮らし向きについての意識

（注）1．「全世帯」とは，「母子世帯」及び「高齢者世帯」を含む全世帯の数値である。
　　　2．「母子世帯」は客体が少ないため，数値の使用には注意を要する。
資料：厚生労働省大臣官房統計情報部「国民生活基礎調査」2006年。
出所：厚生労働省「平成19年度　母子家庭の母の就業支援施策の実施状況」より筆者作成。

制令を公布しました。離婚母子家庭の増加を考えると，受給者の増加も顕著ですが，働く意欲がありながら一部支給停止になるような母親がないように，関係機関はしっかりと受給の見直しをすることが必要となります。母子家庭の母はジェンダー・バイアスを受けやすいので，この手当による経済的支援は非常に重要でした。[6]

児童扶養手当法の改正で，母子家庭と同じように，2010年8月1日から父子家庭にも児童扶養手当が支給されることになりました。父子家庭の生活状況から生活の安定と自立の促進を図るために，母と生計を同じくしない児童を監護し，かつ，これと生計を同じくする父への経済的支援が必要と認識されたためでした。このことは父子家庭の父親を経済的に支える社会福祉制度の充実としては評価できます。子育てをする父親が，家事等については社会化されたもの（コンビニ，総菜屋，クリーニング店，宅配食品等）を利用できても実際の子どもの保育や教育，日々の関わりの時間の確保ができないために，働く時間を縮小しなければならないことも起こるでしょう。もし，そのような事態に陥れば，家計が逼迫します。

しかし，母子家庭のジェンダー・バイアスを考えると，この制度そのもののあり方を再検討することが近いうちに必要になってくるでしょう。女性の社会的進出がいわれていますが，母子家庭の抱える生活実態からするとジェンダー問題から目をそむけることはできません。男女平等社会が，真の物となれば，ひとり親の問題は，解決の道を歩むことになります。今後は，子どもの幸せをひとり親であるということを理由に奪うことにならないように，制度，政策の充実がなお一層課題になる時代といえるでしょう。　　　　　（流石智子）

▷6　厚生労働省「母子家庭の母の就業支援施策の実情状況」第169回国会提出資料。

Ⅷ　ひとり親

6　ひとり親の暮らしと課題

1　ひとり親の生活と経済的安定

　家事に関わること，育児，学校の行事参加，仕事と家庭生活の両立など，細部にわたり問題が顕在化するのが，ひとり親です。ここでも，家事の中心的役割は，母親で，経済を支えているのは父親というジェンダーの問題が表面化します。女性は経済的に問題を抱え，男性は家事や育児で問題を抱える場合が今も多いのです。

　全国母子世帯等実態調査結果報告（2006年度）では，最も母子世帯の親が困っているのは「家計」46.3％で，父子世帯は，「家事」27.4％となっているのが特徴です。この点に，ジェンダー的特徴として数字が表れています。しかし，父子家庭の親が「家計」40.0％と最も困っている点として挙げているので，ひとり親の経済的な困難が父子家庭にも押し寄せていると思われます。これは，現代の親のどちらかが働くことで得る収入が，家庭生活を十分に支えることになっていない場合が増加している現状を表しています。年収が300万円以下の給与所得者は，1,751万人を超えたとされ，全体の38.6％になっています。200万円以下の年収は，1,032万人になっています。これと対象的に年収2,000万円以上の高額所得者は，22万人います。収入の二極化が起こり，「格差社会」が拡大したことになります。[1]

　このような経済的不安定を少しでも安定させるためには，仕事を得る機会の増加と働きやすい職場の確保が必要です。仕事に就けないからということで，公的制度を利用して経済的支援を受けることを考える人ばかりではありません。その制度すら知らないひとり親たちは多くいます。インターネットで情報等を得たとしても，具体的にどうすればその制度利用までたどりつくことができるのかが十分に伝わっていないためと考えられます。

　働き場所を得ることができない，1人も支援者がいないということであれば，孤立して，子どもを育てることが負担になり，育児にしわ寄せがきます。最近では，子どもを虐待し，ネグレクト状況に陥る親たちのことがマスコミに多く取り上げられています。孤立している親は，子育てストレスや経済的負担などをひとりで背負い，一層厳しい生活を強いられることになります。

　ひとり親への就労支援のプログラムは，積極的に進められていますが，なお一層の働く機会の充実とその内容の検討，すなわち，ひとり親が子育てをしな

▷1　日本労働組合総連合会編『連合白書　2009』コンポーズユニ。

がら家庭生活を営むための時間確保などのための就労支援をする必要があります。

近年問題となっている待機児とともに，ひとり親家庭の子どもの保育（学童保育も含めて）の問題の解消も大きなポイントです。そこに通う子どもが，虐待予備軍にならないように，保育所が子どもの育ちと家庭状況をみられるようなシステムづくりも必要です。子どもを1人ではなく，地域の人たちと一緒に，特に専門家の保育士とともに子どもを育てているという自覚を，親たちがもつことが重要なのです。

② ひとり親家庭を支える地域支援と公的連携

離婚などでひとり親になり子どもを育てるとなると，悩みや自分で解決できない問題を抱えることなります。この悩みや問題を解決する公的な機関は，福祉事務所，児童相談所，母子自立支援員などです。しかし，相談相手の多くは，親族，知人です。公的な機関は，2％以下です。親族は，そのひとり親を知り，理解してくれている人です。しかし，専門的な支援を必要としている時は，適切な対応についてのアドバイスが十分できるとはいえません。そこで，地域社会で人間関係が希薄になっている現状からしても，そのひとり親の現状を理解して，的確な専門的な支援ができるライフコーディネーター[42]（相談者）を，早急に設置する必要があると思われます。

ひとり親家庭が抱える問題を，詳細に把握することができる人が必要になります。ひとり親家庭が抱える問題に対して，個々の家庭状況に合わせたコーディネイトができるように，人材（専門的な知識をもっている人）の確保を考えなければならないでしょう。地域において，児童相談所や福祉事務所ではない身近な相談機関です。

母子生活支援施設に入所しているひとり親，生活保護を受給しているひとり親などに比べると，地域生活をしている親と子どもへの専門的支援は，現状では相談すら困難な状況です。それは，どこに行けば適切な専門的アドバイスがもらえるのかがわからないひとり親が多くいるということです。この地域での具体的支援の実現こそが，ひとり親の自立につながると思われます。森田明美の「地域で暮らす世帯への支援の現状と今後の方向性（図Ⅰ-2，21頁）」は，地域支援の充実を段階的に考えています。当事者組織や，民間支援，NPO法人などの公的以外の支援組織の活用をいかに行うかを考えなければなりません。ひとり親の今後は，この地域支援をどのように作るかにかかっているといえます。

（流石智子）

▷2 たとえばケアマネジャーのような専門的な知識をもった，ひとり親家庭の生活のこれからをサポートする人などのこと。

IX　壮年期

1　壮年期を考える視点

1　重要な時期としての壮年期

　これまで，40代半ばから60歳ぐらいまでの期間，つまり，子育て以後から高齢期に至る時期について，あまり関心をもたれることがありませんでした。しかし，平均寿命が延び，80歳や90歳まで生きるかもしれない時代になり，プレ高齢期，つまりミドルエイジに関心が高まっています。この中間的な時期をどう生きたらよいのでしょうか。壮年期の豊かさは実りある高齢期の創造につながります。この時期は女性にとっても男性にとっても重要な時期です。

　壮年期とは，「更年期」特有の憂鬱な症状を抱えながらも，それらを受容し，上手につきあいながら，男女ともに実りある高齢期へのソフト・ランディングを果たす重要な時期といってよいでしょう。

　壮年期の生き方について，社会はもっと関心を向ける必要があります。高齢期に至る前までに解決しておかなければならない生活上の問題も多々あります。高齢期になってからでは遅いのです。高齢期の生活の充実のために，われわれはもっとミドルエイジに注目する必要があります。

2　子育て以後の生き方

○生殖機能中心主義

　女性のライフサイクルを説明する場合，これまでは主に，生殖機能に焦点を当て，ライフステージが区分されてきました。将来の出産力につながる少女期や思春期，そして，出産力期としての結婚適齢期，出産適齢期，子育て期，というように出産育児を軸に女性の人生は語られ，その後に続く時期は，ライフステージ上，出産育児という社会的使命を終えた閉経期（更年期），高齢期に区分されていました。

　しかし，女性の人生は出産育児という生殖機能や母親役割のみを中心にした尺度だけで規定されるものでないことは，いうまでもありません。また，最近の生殖医療は日進月歩で進歩しているので，50～60歳で妊娠出産することも可能になっています。生殖機能で女性の人生を区分すること自体ナンセンスなのです。

　この壮年期というのは，出産や育児から解放されるものの，定年までにはまだ間がある，そして，65歳や75歳などのように法制度上で高齢期に位置づけら

れ，医療や介護を受けるチャンスが明らかに増え，心身が次第に虚弱化して社会的活動から引退せざるを得ないのにはまだ間がある，という時期です。心身の健康や安定した収入など生活の最低条件を満たしていればの話ですが，この時期ほど，自ら生活を自由に設計することが可能な時間と思考力を備えた時期はないかもしれません。

　この時期の女性は，女性特有の不快な心身状況などのみが取り上げられ，「更年期」といって忌み嫌われる傾向がありました。しかし，最近は仕事上でも脂の乗り切った時期，子育てからの解放されるこの時期を，花の壮年期，ミドルエイジ，熟年期などと呼び，ポジティブにとらえようとする機運が高まっています。

　○更年期からの脱却

　プレ高齢期＝ミドルエイジが，生物学的な存在を超えて，高い可能性を秘めた時期であることをベティ・フリーダンは老いを追究する過程で次のように述べています。

ベティ・フリーダン：「更年期」からの脱却

> 私が『新しい女性の創造』（1963年）が出版された後，私が女らしさの神話と名づけた，つまり，男性との性的関係や母という生物学的役割からのみ女性を定義する，その神話を超えた女性たちを新しいパターンとして探し始めていた。……そのころは，更年期について，月経や妊娠や出産など女性の生物学的特性とおなじように，女性の性にかかわる恥ずべき病気として人に話さないのが普通，あるいは，出産機能の終了宣言はトラウマとして残る決定的な体験とみられ，性的機能の終了，つまり女としての人生の終了というコンセプトで語られていた。……しかし，1960年代には，私も含めて女性たちは，生物学的な性別役割の視点からのみ自分を定義することから抜け出そうとし……女性が生物学的役割を越えて成長し，人生に新たな生きがいをみつけ，人間としての幅が広がるなら，老いの過程の生物学的意味そのものをかえることも可能ではないか，そのとき自分に問い始めていた。

▷1　ベティ・フリーダン／山本博子・寺沢恵美子訳『老いの泉　上』西村書店，1995年。

　ベティ・フリーダンは，生物学的役割を超えた成長，その先にある新しい老いを発見するために更年期の在り方をこそ問い直そうと，女らしさの神話を乗り越えるために更年期にも光をと考えたのです。

（山田知子）

IX　壮年期

② 地域活動の担い手

① 女性力

　巻末図12は，年代別にみた男女別の地域活動の行動率です。子育て中の女性は「子どもを対象とした活動」への参加率が高いことが顕著ですが，子育て以後の女性たちは，「まちづくりのための活動」「自然環境を守る活動」や「高齢者を対象とした活動」に多く参加していることがわかります。子育て中に培った活動のノウハウを利用し，地域を基盤にした街づくり活動や環境保護に視野をひろげていっているのです。また，男性にくらべ，ミドルエイジの女性たちの高齢者関係の活動率の高さが読み取れます。親の介護問題や自らの老後生活を真剣に考える中で，その必要性に気づいた女性たちが活動を組織し，主体的に参加するという姿がみえます。まさに，高齢社会の原動力は多くのミドルエイジの女性たちによって担われているのです。

② 新たなソーシャルネット——地縁・趣味縁・志縁

　若い時期には，結婚するのか否か，仕事と家庭，育児をどう両立すればよいのかなど，乗り越えるべきテーマが盛りだくさんだった女性たちも，ミドルエイジに至るとさまざまな遍歴を経て，結局，また「振り出し」に戻ります。非婚女性も子どもをもたなかった女性も子育てに専念していた女性も気が付けばミドルエイジ。人生の折り返し地点に経ち，妊娠出産から解放され，親を看取り，ひとりの人間として，次の20年，30年をどう生きるのか，自らの人生の最終ステージをどう生きるのか，考える時期です。夫との離婚や死別でシングルに戻る人もいるでしょう。離婚せずにきた夫婦も25年，30年と年季が入れば，個々の生活スタイルが確立し，生活価値や人生観の違いもみえているはずです。子どもは就職，結婚などで巣立ち，家を出て行く場合が多いのです。平均寿命の差を考えれば，女性が1人残る可能性は非常に高いわけです。まさに，ミドルエイジは「おひとりさまの老後」に向かって，まっしぐらに走り出す時期ともいえます。

　ひとりの老後の生活をどう描くのか，年金，住宅，介護が必要になったらどうするか，あらかじめ考えておく必要があるでしょう。特に，老後にどのような場所でどのような人たちと暮らすのか，介護が必要になったら老人ホームに入るか，自宅で最後まで暮らすことを選ぶのか，終末期のあり方など，さまざ

まな情報を収集し考えてみるのもよいでしょう。どのような暮らしを選択するにせよ，ミドルエイジにやるべきことは，ひとりの老後に備え，孤独に耐えうる精神力を鍛えておくことです。そして不安を軽減するためには豊かな人間関係を築いておくことです。

　ここで豊かな関係づくりの可能性について考えてみましょう。

　従来型としては，地縁，地域の町内会のつながりが挙げられます。いざという時に頼れる近隣関係は心強いものです。あるいは，学生時代の友人たちとの付き合いやPTA活動などを通して形成された同性の親しい関係，いわゆる女(男)縁もさまざまな相談なども気軽にできるので，このような関係は大切にしておく必要があります。最近は，志を同じくする集団や同じ趣味を通して新しい社会関係を求め，つながる，という動きも見られます。

　たとえば，「志縁」です。私たちの考える住みやすい終の棲家を考える会，全国の先進的なグループホームやコレクティブハウスを見学調査し，身近なところで気の合った友人と具体的にホーム建設を考え追求する会，あるいは，生活習慣病を予防しよう会，大気汚染など身近な環境問題を考える会，商店街の活性化に興味がある人々が集うサークル，さまざまなイベントを企画し，それをきっかけに新たな地域関係や社会集団が形成され，さらに起業，コミュニティビジネスを始めてしまう，といったこともあります。ミドルエイジに起業して，もう1つの人生が始まることもあるのです。

　さらに趣味縁，たとえばクラシック音楽やフォーク，パンクロックでつながるサークル，青春時代に流行した歌をうたおう会，山登り，温泉めぐり，小説や詩の会，脚本に挑戦し，演劇を手がける……などが挙げられます。

　交通機関の発達や情報手段の発達による活動範囲やネットワークの拡大は，居住地が離れ，空間的にはたとえ隔っていたとしても，ブログやツイッター，インターネット上の掲示板などを通して，瞬時に情報が交換され，いつもつながっているという関係を作ることができる可能性もあります。志縁や趣味縁などを通して形成された新たな集団，そこには，これまでの会社集団やPTA活動などでは得られなかった思いがけない刺激的な出会いと自己発見が待っているかもしれません。人生の折り返し地点でこれからの20年，30年をどう生きるか，何を心の支えとして生きるか，を考えたとき，居住地や年齢や性を超えた新たな人間関係が形成される可能性があるのです。このような関係は高齢期ではなく，まさに，ミドルエイジにこそ準備，形成されるべきものといえるでしょう。

　このように，女性にとって新しい可能性を秘めたミドルエイジですが，必ずしも明るい話題ばかりではありません。やはり，現実には，女性ホルモンの分泌の変化により，さまざまな症状が出るのも事実です。　　　　　(山田知子)

IX 壮年期

3 こころとからだ
──不定愁訴

1 メノポーズ

「更年期」(メノポーズ＝menopause)とは，日本産科婦人科学会の定義では，「女性の生殖期(性成熟期)と非生殖期(老年期)の間の移行期であり，卵巣機能が衰退しはじめ消失する時期にあたり，おおむね45歳から55歳の閉経期前後の10年間をさす[△1]」と言われています。女性の人生サイクルを女性ホルモン「エストロゲン」の分泌の量，月経の有無に焦点化してあらわした用語です(図IX-1参照)。40歳前後から45歳前後をプレメノポーズ，55歳過ぎから60代半ばをポストメノポーズと呼ぶこともあります[△2]。

この時期には卵巣機能が低下し，女性ホルモンの分泌が減少することで，ほてりや急な発汗，手足の冷えなどが主症状としてあらわれます。卵巣機能の低下の度合いやホルモン分泌の低下の起こり方は人によって異なりますから，症状の差があります。ほとんどなにも感じることなくこの時期を過ごす人もいる一方で，日常生活に支障をきたし，入院を余儀なくされる場合もあります。

2 症　状

表IX-1は「更年期」のさまざまな症状を示したものです。エストロゲンは月経，妊娠，出産をコントロールするだけでなく，骨や心血管，脳，膣・尿道・膀胱，皮膚の状態にも影響するものなので，女性の心身全体，広範囲にさまざまな症状をもたらすことがわかります(巻末表4)。こういった症状は深刻

▷1　野末悦子『更年期障害──防ぎ方・治し方』家の光協会，1996年。

▷2　NPO法人女性の健康とメノポーズを考える会ホームページ(http://www.meno-sg.net/iryou/what.html，2011/1/5)。

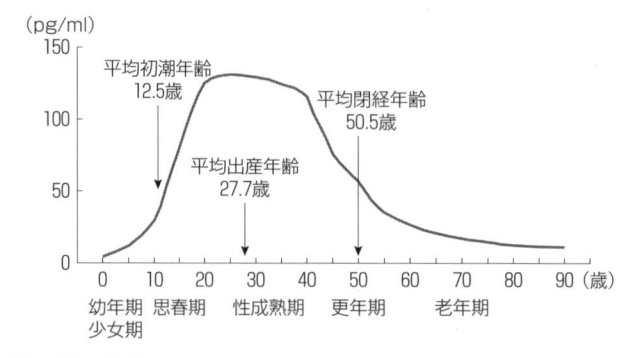

図IX-1　女性のライフサイクルと女性ホルモン──女性ホルモン「エストロゲン」の変化
出所：NPO法人女性の健康とメノポーズを考える会ホームページ(http://www.meno-sg.net/iryou/what.html，2011/1/5)。

表Ⅸ-1　更年期のさまざまな症状

精神神経系	頭痛，めまい，耳鳴り，物忘れ，憂鬱感，判断力や集中力の低下，不眠・不安感・倦怠感など
知覚系	しびれ・蟻走感（皮膚に虫がはうような感じ），かゆみ，知覚過敏・知覚鈍麻
運動器官系	肩こり・腰痛，関節痛・背筋痛，筋肉痛
自立神経系	のぼせ・ほてり・冷え，動悸・息切れ，手足の冷え
皮膚・分泌系	皮膚や粘膜の乾燥，湿疹・発汗・ドライマウス，ドライアイ，唾液分泌異常
消化器系	食欲不振・吐き気，便秘・下痢，腹部膨満感，のどのつかえ
泌尿器・生殖器系	月経異常・頻尿・残尿感，性器下垂感，性交痛・外陰搔痒症

出所：更年期障害ホームページ（http://www.e-kounenki.jp/kounenki1_1.html，2011/1/5）。

な疾病が隠されていることもあるので，必要に応じて婦人科等受診することが必要です。女性特有の疾病を早期に発見し，的確に対応するためには女性外来を増やし，女性が気軽に受診できるようにする医療体制づくりが必要です。

３　女性特有の病気

　次に挙げるのは，女性特有の病気です。更年期の女性についていえば，月経異常，たとえば，不正出血や異常出血などがあります。これらは，子宮筋腫や子宮がんなどの症状と見間違うこともあるので，注意が必要です。

① 月経の異常：月経困難症・月経前症候群（PMS）
② 子宮の病気：子宮下垂，子宮脱，子宮筋腫，子宮腺筋症
③ 卵巣・卵管の病気：黄体機能不全，卵巣機能不全，卵管炎，卵巣炎
④ 膣・外性器の病気：バルトリン腺のう腫，萎縮性膣炎，外陰ジストロフィー
⑤ 乳房の病気：急性うっ滞性乳腺炎，急性化膿性乳腺炎・乳腺症
⑥ 性感染症：エイズ・クラミジア感染症・性器ヘルペス，尖圭コンジローマ
⑦ 女性特有のがん：膣がん，子宮がん（子宮頚がん，子宮体がん），乳がん，卵管がん，卵巣がん，絨毛がん，外陰がん

４　男性の場合

　男性には更年期はないのでしょうか。「男性更年期」の概念は，1939年にアメリカのワーナーによって初めて提唱されました。女性の「更年期」は閉経という明白な指標があるのでわかりやすいのですが，男性はわかりにくいのです。しかし，男性も加齢にしたがって性腺機能の低下がみられ，更年期の女性が訴える症状と同じような症状が現れることが明らかになってきています。前立腺肥大にともなう排尿障害や疲れやすさ，不眠，抑うつ，集中力減退，また，動悸，めまいなど，泌尿器科領域や精神神経科領域などの症状が複合して現れることが多いといわれています。男性の更年期特有の病気としてあげられるのは前立腺肥大症，前立腺炎，前立腺がん，精巣がん，陰茎がん，勃起障害です。

（山田知子）

IX 壮年期

4 ミドルエイジの憂鬱

1 精神的不安と自殺

　更年期の精神的不安定の症状としてよく挙げられるのは、「更年期うつ」です。特に子どもが成長した後にやってくる虚無感やさびしさからうつ的状況に陥るという症状は、「空の巣症候群（Empty nest syndrome）」と呼ばれています。

　図IX-2は男女別のミドルエイジ（40〜50代）の配偶者関係別の自殺率（人口10万人あたり自殺数）を示しています。離別した中年男性の自殺率はきわめて高く、女性は、離別、加えてほぼ同率で未婚の率が高いです。中年男女の離別では、別れた男性側に強い負荷がかかっているのかもしれません。中年女性の離別、その向こう側にいる残された男性もまた深い悩みを抱いていること、仕事上、家庭生活上、強いストレスがかかっていることが推察できます。仕事や家庭がうまくゆかず、妻や子と離れ、次第に社会の中で孤立し、排除されていく中年の男性もまた、なんらかの社会的支援の対象であると考えられます。

2 夫婦関係のゆらぎ――熟年離婚

　最近注目されているミドルエイジのトピックとしては、熟年離婚が挙げられます。「熟年離婚」とは、1990年ごろからメデイアで取り上げられてきました。学問的には概念規定されているわけではありませんが、一般的に20年以上連れ添った夫婦が積年の不満を解消すべく、定年退職や子どもの大学進学、結婚な

▷1　子どもが成長し巣立ってしまって、巣（家）が空っぽになってしまったことに寂しさを感じることを空の巣症候群という。特に内向的で人付き合いが苦手、外に出るよりも家にいる方が好きで子育てを生きがいとしている専業主婦に多く見られるといわれる。そのような人にとっては子どもが成長するということは母親という役割を失う、一種の喪失体験となる。虚無感、自信喪失、不安などの精神症状、肩こり、頭痛、吐き気、食欲不振、不眠などの身体症状が現れる。また、これらの症状から逃れるためにアルコール依存症となり、体を壊すケースもある。ただし、空の巣症候群には更年期によるホルモンバランスの変化や、夫が仕事人間、あるいは単身赴任中であるため不在、コミュニケーション不足であるといった他の要因の影響もあると考えられている。

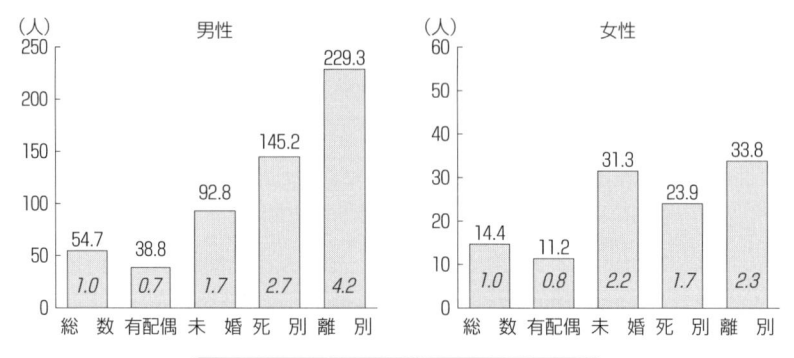

図IX-2　中年男女の配偶関係別自殺率（2000年）

男性：総数 54.7 (1.0)、有配偶 38.8 (0.7)、未婚 92.8 (1.7)、死別 145.2 (2.7)、離別 229.3 (4.2)
女性：総数 14.4 (1.0)、有配偶 11.2 (0.8)、未婚 31.3 (2.2)、死別 23.9 (1.7)、離別 33.8 (2.3)

（注）人口10万人当たり自殺者数。ここで中年とは40歳代〜50歳代。斜体数字は総数を1とする水準値。
資料：「平成16年度人口動態調査特殊報告」、総理府統計局「国勢調査」。
出所：「本川データトリビュン社会実情データ図録」（http://www2.ttcn.ne.jp/honkawa/2750.html, 2011/1/5）。

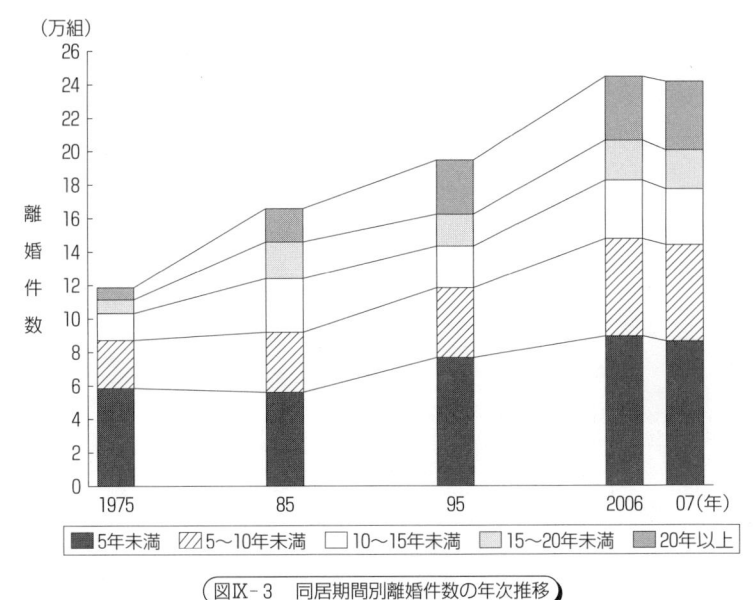

図Ⅸ-3　同居期間別離婚件数の年次推移

出所：「平成19年　人口動態統計月報（概数）の概況」(http://www.mhlw.go.jp/toukei/saikin/hw/jinkou/geppo/nengai07/kekka5.html, 2011/1/5)。

どを契機に離婚すると一般的には考えられています（**図Ⅸ-3参照**）。

　離婚は決して悪いことではありません。離婚に対する社会全体としての許容度も高くなっています。しかし，子育てもおわり，人生これからという時期に，しかも結婚歴20年以上というような年季の入った夫婦にどのような危機的状況が起こり，離婚に至るのでしょうか。

　原因として性格の不一致，性の不一致，価値の不一致などが挙げられます。具体的には，家事を手伝わない，暴言を吐く，DV，失業や借金，ギャンブル，夫の愛人，妻の愛人……，などなどです。特に理由はない，というケースも少なくありませんが，20代30代と年を重ね，子育てを経験した後，生活スタイルや価値に双方がギャップを感じることもあるのでしょう。夫や妻，それぞれの生活変化，たとえば，失業，リストラや配置転換や単身赴任，事業の失敗などにより，それまで安定していた夫婦の関係に変化，亀裂が生じることもあります。人生80〜90年と考えると，ミドルエイジ期に人生の仕切りなおしをし，次のライフステージを新しく設計するという結婚をめぐる長寿社会ならではの価値転換が背景にあるのかもしれません。

3　老親介護と看取りという重圧

　図Ⅸ-4は，「介護を理由とする離職者と女性割合の推移」の全国の状況を示しています。親の介護を誰が担うのか，という選択を突きつけられたとき，多くの女性たちが仕事を離れているという現実を目の当たりにします。その結果，経済的にゆとりがなくなるとか，介護を一手に引き受けることによって，心身ともに疲れ燃え尽きてしまうということも十分考えられます。

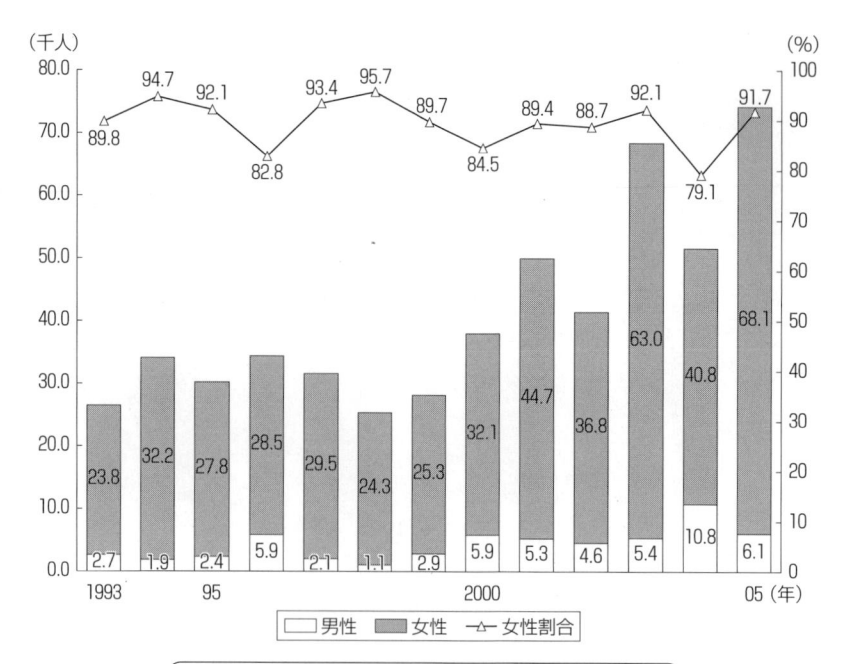

図Ⅸ-4 介護を理由とする離職者と女性割合の推移（全国）

資料：厚生労働省「雇用動向調査」（http://www.seikatubunka.metro.tokyo.jp/index8files/nenjihoukoku.top/2008/002_Toku_1-1.pdf, 2011/1/5）。

　図Ⅸ-5は主な介護者を男女別・年齢階級別で表わしたものです。女性介護者でもっとも多い年齢層は50〜59歳，次いで40〜49歳です。他方，男性は70代以上が中心です。家庭内における介護役割は，年齢によって男女差があることがわかります。女性ではいわゆるミドルエイジとよばれる世代が家庭内で，介護を中心的に担っているのです。個人差はあるとはいえ，家庭内で介護を担当している女性たちが，更年期特有の不定愁訴を抱えている可能性が十分あります。親族との軋轢，職場の悩みなども加わり，思い描く介護ができず1人悩む姿，だるく，眠れない，うつ的状況に陥る，ということもあるでしょう。更年

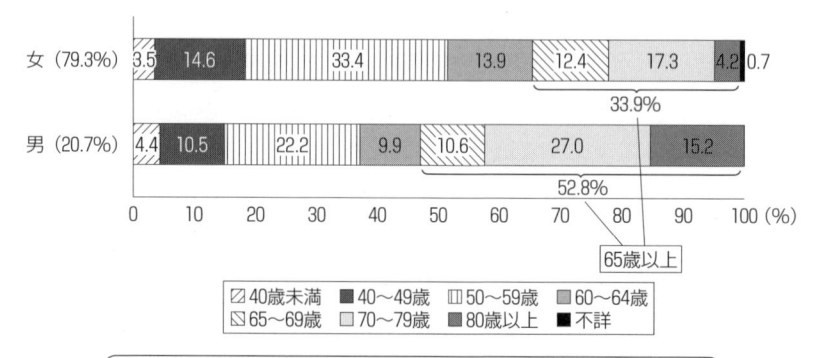

図Ⅸ-5 主な介護者の男女・年齢階級別要介護者等の構成比（65歳以上）

（注）「男」，「女」横の（　）内は主な介護者の男女構成比（男女不詳を除く）。要介護者等（介護保険制度において，要支援及び要介護1から5に認定された者）を介護している者に限定。

資料：厚生労働省「介護サービス世帯調査（平成12年）」。
出所：内閣府編『高齢社会白書　平成14年版』。

期にある女性介護者を念頭においた介護者支援策が必要であるということを示しています。

また，この時期は親の看取りを経験する可能性が高い時期です。非婚の働く子が親を介護し，看取ることもあるでしょう。介護休業制度や在宅の訪問，看護サービス等を効果的に利用しながら，仕事と介護の両立，よりよい終末期がむかえられるような，思い残すことのないようなまた，精神的に追い詰めることのないような社会システム，医療や福祉の体制の整備が必要です。

❹ 孤独死

私たちは，ひとり暮らしをしていたら，通常は元気でも，急な発作で死に至る可能性があります。孤独死になる可能性もあります。孤独死は，特に大都市部で核家族化が進んだ1970年代ごろにマスコミなどで取り上げられました。また，阪神・淡路大震災後の仮設住宅や復興住宅で多発したこともあり，高齢者の問題として取り上げられるようになりました。最近では，住民が中心になって，東京都新宿区や千葉県松戸市常盤平団地などで孤独死防止の取り組みが始まっています。

表Ⅸ-2は新宿区（2006年4月～9月）における孤独死の死亡原因，年齢，性別等を示したものです。必ずしも高齢者ばかりではなく，ミドルエイジ，それも男性が多いことがわかります。新宿区では福祉事務所が高齢のひとり暮し世帯の実態調査，介護保険のサービスを受けていない人に対して見守り台帳の作成，緊急通報システムや地域見守り協力員事業による安否の確認など，さまざまな支援の取り組みをしています。

ミドルエイジ以降，高齢期をふくめ，社会との関係がうまくゆかず自ら社会との関係を遮断する人もいるでしょう。1人で生きる，孤独に打ち勝つ精神的強さも必要ですが，独自の生活スタイルを保ちつつも，どこかで誰かを支え支えられる関係をつくる努力も必要です。孤独死は女性より，とりわけミドルエイジの男性に少なくないことから，この時期の男性への支援が大切です。経済的状況や家族との軋轢などさまざまな要因から社会のとの関係が途絶している人々がいます。それらの人々を含めた新しい地域関係づくりが必要です。

（山田知子）

表Ⅸ-2 孤独死の状況（2006年4～9月）（件）

孤独死件数		21
死亡原因	虚血性心不全	6
	病死の疑い	8
	肝障害・腎不全	4
	その他	3
第1発見者	家主・病院関係者	9
	警察	5
	地区担当員（CW）	3
	新聞配達員	1
	ヘルパー	1
	元同居人	1
	家族	1
年齢	65歳未満	8
	65～69歳	5
	70歳以上	8
性別	女性 4（40歳，53歳，69歳，77歳）	
	男性 17	

出所：新宿区第2回孤独死を考えるシンポジウム資料（2007年12月1日）。

▷2 法的に明確な定義はない。警察庁では，統計上では「変死」に分類している。明確な統計数字は不明。孤独死，あるいは，孤立死ともいわれる。
ひとり暮らしの高齢者などが，誰にも看取られることなく，当人の住居内で，突発的な疾病などによって，死亡すること。厚生労働省は孤立死を使用。その対象は，①独居の高齢者，②要介護者を抱えた高齢者だけの老老介護世帯，③失業をはじめとして複雑な家庭環境の中で実質上孤独な生活を送っている高齢者，とされる。

IX 壮年期

5 ドメスティック・バイオレンス（DV）

１ ドメスティック・バイオレンスの実態

　ミドルエイジは更年期という心身のゆらぎ，熟年離婚や親の介護や看取りなど，シビアで高齢期へつながる生活問題の火種を抱えやすいリスキーな時期といってもよいでしょう。こういう時期こそソーシャルなサポートが必要です。

　次に女性のソーシャルサポートの中で重要と思われる熟年離婚の原因の一つに挙げられていたドメスティック・バイオレンス（DV）について取り上げ，DVとはなにか，どのようなソーシャルサポートが必要か考えてみましょう。

　DVとは，一般的に「配偶者や恋人など親密な関係にある，又はあった者から振るわれる暴力」です。1993年，「国連女性に対する暴力撤廃宣言」をきっかけに社会の関心が集まりましたが，DVが問題として社会の前面に出てきたのは，1995年の世界女性会議（北京）で女性への暴力がさまざまな角度から語られたことがきっかけといわれています。この会議では，夫や恋人からの暴力，子ども時代の性的虐待，旧ユーゴ地域やアフリカなどの民族紛争における集団レイプ，従軍慰安婦，政治的・経済的人権侵害などの女性への暴力が体験者自身や支援者によって語られました。

　2000年，当時の総理府男女共同参画室が行った「男女間における暴力に関する調査」で，はじめて男女間の暴力が統計的に明らかになりました。被害者はほとんどが女性でした。「夫または妻から暴力を受けた経験の有無」の質問に対し，「何度もあった」と回答している主なものの数値を次に挙げておきます。

「命の危険を感じるくらいの暴行」（2.7％），

「医師の治療が必要となる程度の暴行」（2.6％）

「医師の治療が必要とならない程度の暴行」（3.4％）

「無視される」（4.4％）

「性的行為の強要」（4.1％）

「だれのおかげで生活できるんだ・甲斐性なしといわれる」（4.4％）

「大声でどなられる」は37.7％

　特に「大声でどなられる」は約４割にものぼり，大変高い比率でした。

　また，「相談の有無」について，「何らかの相談をした」は50.4％でしたが，どこ（だれ）にも相談しなかった」も40.9％にものぼり，多くの女性たちが深刻な暴力を受けていながら，相談をしていない実態が明らかになったのです。

▷１　11月25日は女性に対する暴力撤廃国際日である。

▷２　パープルリボンは，子どもや暴力の被害者にとって安全な世界をつくる目的で1994年，アメリカのニューハンプシャーの小さな町で近親姦やレイプのサバイバーによって生まれた。紫のリボンであればどのようなものでもよい。

(件)

年　度	総　数	女　性		男　性	
2002	35,943	35,797	(99.6%)	146	(0.4%)
2003	43,225	43,054	(99.6%)	171	(0.4%)
2004	49,329	49,107	(99.5%)	222	(0.5%)
2005	52,145	51,770	(99.3%)	375	(0.7%)
2006	58,528	58,020	(99.1%)	508	(0.9%)
2007	62,078	61,636	(99.3%)	442	(0.7%)
2008	68,196	67,660	(99.2%)	536	(0.8%)

表Ⅸ-3　配偶者暴力相談支援センターにおける相談件数

（注）　内閣府の調査による。
出所：内閣府男女共同参画局「配偶者からの暴力で悩んでいる方へ　平成21年度改訂版」
（http://www.gender.go.jp/e-vaw/book/images/pdf/stoptheboryoku21.pdf, 2011/1/5）。

　家庭内の夫婦間の暴力は，私的な領域に押しとどめられ表面化しにくいことが特徴です。暴力を受ける女性側も恥ずかしい，自分にも落ち度があるのでは，と考え，我慢してしまうこともあります。しかし，女性に対する暴力は重大な人権侵害です。人権擁護，男女平等の実現のため，配偶者からの暴力を防止し，被害者の保護を目的とする法律が，超党派の女性議員によって立法化され成立しました。DVは犯罪であると明確になったのです。

　2009年の内閣府調査結果は，**表Ⅸ-3**に示す通りです。

　男性も暴力の対象になっていますが，圧倒的に女性が被害者です。15～20%程度の女性はなんらかの暴力の被害にあっていることが読み取れます。

❷ 配偶者からの暴力の防止及び被害者の保護に関する法律（DV防止法）

　2001年4月，DV防止法が成立しました。その後，2004年，2007年に改正され，暴力の定義の拡大，法律の保護の対象の拡大（被害者の保護）などが拡充されています。

❍暴力の定義

　この法律では，配偶者からの暴力を次のように定義しています。

　配偶者：配偶者，元配偶者，事実婚のパートナー，元パートナー

　暴　力：身体に対する暴力（身体に対する不法な攻撃であって，生命や身体に危害を及ぼすものや性的暴力を含む）や，心身に有害な影響を及ぼす言動，たとえば「お前は馬鹿だ」などと人間としての尊厳を侵害する言葉による暴力も含まれます。

❍法律の内容

① 配偶者からの暴力の防止，被害者の自立支援・保護を国・地方自治体の責務とする。

② 主務大臣は基本方針を，都道府県は義務，市町村は，基本計画の策定を努力義務とする。
③ 都道府県は義務，市町村は「配偶者暴力相談センター」の設置を努力義務とし，被害者支援のための相談，カウンセリング，自立援助，関係機関との連絡調整等を行う。
④ 婦人相談所は，被害者（同伴する家族を含む）の「一時保護」を行うこと，民間シェルターに委託して行うこともできる。
⑤ 福祉事務所は，法令に従って，被害者の自立支援のために必要な措置をとるよう努める。
⑥ 配偶者からの暴力を発見した人は，支援センターや警察に通報するよう努めなければならない。
⑦ 警察は通報を受け，法令に従って，被害発生防止と被害者の保護に努めなければならない。
⑧ 関係各機関は，被害者の国籍，障がいの有無にかかわらず，協力して迅速な対応をしなければならない。
⑨ 保護命令とは，配偶者から脅迫・暴力により，生命や身体に危害を受けるおそれのあるとき，被害者の申し立てによって，裁判所が加害者に対して発する命令のことであり，以下のものがある。保護命令に違反したものは，1年以下の懲役または100万円以下の罰金で処罰される。

接近禁止命令：被害者やその子，親族等の身辺へのつきまとい，住居付近・職場・学校等への徘徊を6カ月間禁止する。（再度申し立て可能）。
退去命令：当該住居からの2カ月間の退去と付近の徘徊の禁止（再度申し立て可能）

3 相談機関

DVに関する相談は下記の所などさまざまな機関で行っています（図Ⅸ-6）。

○配偶者暴力相談センター

都道府県の婦人相談所などがこの機能を果たしています。市町村が設置している配偶者暴力相談センターもあります。相談または相談機関の紹介やカウンセリング，被害者及び同伴者の緊急時の安全確保及び一時保護，被害者の自立生活促進のための情報提供その他の援助，保護命令制度利用に関する情報提供や保護する施設に関する情報提供等を行っています。

○民間シェルター

民間団体によって運営されている暴力を受けた被害者が緊急一時的に避難できる施設です。民間シェルターは，被害者の一時保護だけでなく，相談，被害者の自立へ向けたサポートなど，被害者に対するさまざまな援助を行っています。NPO法人や社会福祉法人等の法人格を持っているところや，法人格を持

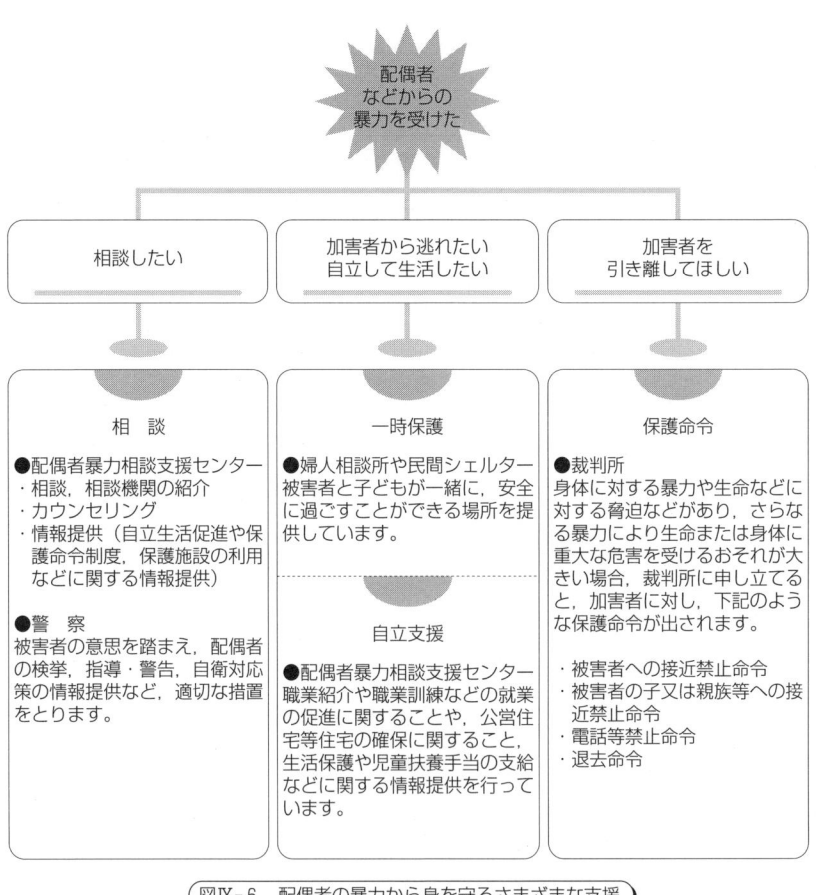

図Ⅸ-6 配偶者の暴力から身を守るさまざまな支援

配偶者などからの暴力を受けた

- **相談したい**
  - **相　談**
    - ●配偶者暴力相談支援センター
      - ・相談，相談機関の紹介
      - ・カウンセリング
      - ・情報提供（自立生活促進や保護命令制度，保護施設の利用などに関する情報提供）
    - ●警　察
      - 被害者の意思を踏まえ，配偶者の検挙，指導・警告，自衛対応策の情報提供など，適切な措置をとります。

- **加害者から逃れたい　自立して生活したい**
  - **一時保護**
    - ●婦人相談所や民間シェルター
      - 被害者と子どもが一緒に，安全に過ごすことができる場所を提供しています。
  - **自立支援**
    - ●配偶者暴力相談支援センター
      - 職業紹介や職業訓練などの就業の促進に関することや，公営住宅等住宅の確保に関すること，生活保護や児童扶養手当の支給などに関する情報提供を行っています。

- **加害者を引き離してほしい**
  - **保護命令**
    - ●裁判所
      - 身体に対する暴力や生命などに対する脅迫などがあり，さらなる暴力により生命または身体に重大な危害を受けるおそれが大きい場合，裁判所に申し立てると，加害者に対し，下記のような保護命令が出されます。
      - ・被害者への接近禁止命令
      - ・被害者の子又は親族等への接近禁止命令
      - ・電話等禁止命令
      - ・退去命令

出所：内閣府資料（http://www.gov-online.go.jp/useful/article/200901/1.html，2011/1/5）。

たない運営形態を取っているところもあります。各都道府県・政令指定都市が把握している民間シェルターは全国で108カ所（2008年11月現在）ありますが，被害者の安全の確保のため，所在地は非公開です。

○DV 相談ナビ

暴力の被害にあっている当事者の多くはどこに相談したらよいかわからず，状況がどんどん悪化してしまいます。内閣府男女共同参画局は，どこに相談すればいいかわからないという人のために，相談先の電話番号を自動音声で案内する「DV 相談ナビ」（0570-0-55210）を，設置しました。

DV 被害は「恥ずかしい」ことではありません。とにかく相談することが被害から脱出するための第一歩です。医療や福祉事務所，警察，学校などの関係者は，DV を疑うケースに出会うことがあるでしょう。発見したら関係機関につなげること，それが DV の被害を最小限にとどめることになるのです。

（山田知子）

参考文献

上野千鶴子『おひとりさまの老後』法研，2007年。
香山リカ『老後がこわい』講談社，2006年。
松原淳子『ひとりの老後は怖くない』海竜社，2007年。
吉廣紀代子『恐くないシングルの老後』朝日新聞社，2007年。
マーガレット・ロック，江口重幸・山村宜子・北中淳子共訳『更年期――日本女性が語るローカル・バイオロジ』みすず書房，2005年。

X 高齢期

1 高齢社会と女性①
―― 日本の高齢化

1 高齢期の特徴

高齢期の生活特徴として一般的に挙げられるのは，次の5点です。

① 社会的役割の変化

定年退職で会社を離れたり，子どもの成長，結婚他出などにより，家庭内や職場など社会における役割が変化します。

② 収入の縮小，減少と生活費の切り詰め

定年退職により多くの人は年金生活になります。その結果，家計収入は限定的になります。将来のことを考えるとできるだけ節約し，生活費を切り詰めようとする傾向があります。

③ 健康不安

高齢化に伴い，さまざまな疾病や障がいを持つことが多くなります。また，それらの症状が長期化する傾向があり，健康に対する不安も大きくなります。

④ 家族や親しい人との別れ

配偶者や親しい人の死を経験することが若い時より多くなります。精神的な不安を抱えたり，孤独感，うつ的な症状に陥ることもあります。

⑤ 高齢期以前の生活上の問題が凝縮される時期

それまでの人生で未解決のままになっている生活上の問題，たとえば，経済上，健康上，あるいは家族関係の問題など，凝縮されて押し寄せることもあります。そのような生活上の問題は，長い年月をかけて作り出されてきたこともあり，簡単には解決できないことが多々あります。

これらは一般的な特徴で，実は，高齢期ほど個別性の高い時期はありません。それは，個々の心身の状況が多様であること，それまでの人生遍歴によって高齢期の生活は大きく規定されるからです。

2 高齢化の現状

日本の高齢化の動向をみてみましょう。主な特徴として，次の4点が挙げられます。

① 世界の国々と比較して，高齢化率が非常に高くなる

21世紀初頭の高齢化率は，20％を超える高水準となり，世界のどの国もこれ

表X-1 高齢化率が高い市町村及び低い市町村

(%)

高い市町村				低い市町村			
市		町　村		市		町　村	
北海道夕張市	39.7	群馬県南牧村	53.4	千葉県浦安市	9.1	東京都小笠原村	8.5
北海道三笠市	38.3	三重県紀和町	53.4	埼玉県和光市	11.9	愛知県三好町	10.5
大分県竹田市	38.0	福島県昭和村	52.4	埼玉県戸田市	12.0	愛知県長久手町	11.0
石川県珠洲市	37.3	山梨県芦川村	51.8	茨城県守谷市	12.1	宮城県富谷町	11.4
北海道歌志内市	36.8	福島県金山町	51.8	滋賀県栗東市	12.2	沖縄県西原町	11.9

資料：総務省統計局「国勢調査」2005年。

まで経験したことのない高齢社会の道を歩むことになります。

② 高齢化の速度が速い

　高齢化率が7％を超えてからその倍の14％に達するまでの所要年数（倍化年数）はフランス115年，スウェーデン85年，ドイツ40年，イギリス47年です。それに対し，日本は，1970年に7％，1994年には14％に達し，倍化指数は24年ときわめて短期間です。短期間に急激な高齢化が起きたのです。社会システムの整備が追いつかない可能性があり，さまざまな社会問題が発生することが予想されます。

③ 高齢化率の地域的偏在

　表Ⅹ-1に示すように，地域的に高齢化率が高いところとまだそれほど進行していないところがあります。人口の半分が65歳以上という自治体がある一方で，まだ，1割にも満たない自治体もあります。それぞれの自治体ごとのオリジナルなきめ細かな高齢者施策やサービスのあり方が求められています。そして，今は高齢化率がそれほど高くなくとも，今後，急激に高齢化が予想される地域もあります。

④ ひとり暮らし世帯や老夫婦世帯が多くなっている

　世帯の特徴として，ひとり暮らしの高齢者世帯や老夫婦世帯が増えています。ひとり暮らし世帯の中でも，女性のひとり暮らし世帯の増加は顕著です。また，晩婚化や離婚の増加を反映し，老夫婦と離婚した子どもの世帯や85歳の母と未婚の60歳の息子世帯といった老夫婦と未婚の子どもという世帯も少しずつ増えています。人口の高齢化は家族形態の多様化と重なって，新しい老親扶養や介護問題などを発生させています（**巻末図13参照**）。

(山田知子)

X 高齢期

2 高齢社会と女性②
―― 世界の動き

1 高齢化する世界

　2005年の世界の総人口は65億1,475万人です。2050年には91億9,129万人になると見込まれています。総人口に占める65歳以上の者の割合（高齢化率）は，1950年には，5.2％でしたが，2005年には7.3％に上昇しました。2050年には16.2％にまで上昇するといわれています。世界の人口は，今後，半世紀のうちに高齢化が急速に進展すると予想されています。

　高齢化率を地域別にみると先進地域（ヨーロッパ，北部アメリカ，日本，オーストラリア及びニュージーランドからなる地域）は，1950年の段階で既に約8％に達し，2005年には，約15％，2050年には25％を超えることが予想されています。一方，開発途上地域（アフリカ，アジア〔日本を除く〕，中南米，メラネシア，ミクロネシア，ポリネシアからなる地域）においては，現時点では高齢化はそれほど進展していません。しかし，今後，緩やかに高齢化率が上昇すると予想されています。21世紀の前半で先進地域のみならず，途上国もまた人口の高齢化が進展するのです。

　男女の平均寿命は世界的にみても男性より女性の方が長いので，世界人口の高齢化は，高齢女性の増大を意味します。このことは，地球規模で女性高齢者への対応が重要になることを示しています。とりわけ，先進地域の高齢者は産業化の過程で家族や地域の機能が変容し，必ずしも家族や地域の支援を受けられない場合が多いです。高齢者を守る社会システムをどうつくるか，それぞれの国や地域を越えて，地球規模で考えていくことが必須になっています。

2 国連の動き

　国連は世界人口の高齢化に対し，高齢化に関する会議の開催や行動計画の策定など，多面的に対応しています。1982年にはウィーンで「高齢化に関する世界会議」が開催され，高齢者に経済的・社会的安定を保障し，国の発展に貢献する機会を提供するための国際行動計画が策定されました。前文では，世界人権宣言にうたわれた基本的権利が高齢者に完全にかつ制限されることなく認められること，生活の質は長寿に劣らぬほど重要であることなどがうたわれています。また，1991年の第46回国連総会では「高齢者のための国連原則」が採択されています。自立，参加，ケア，自己実現，尊厳という5つの基本原則が示

表Ⅹ-2　高齢者のための国連原則

1．自立（Independence）
- 収入や家族・共同体の支援や自助努力を通じて十分な食料，水，住居，衣服，医療にアクセスできること。
- 仕事をすることなどで収入手段を得る機会があること。
- 退職の時期をいつにするか，高齢者自身もかかわって決めること。
- 適切な教育や職業訓練を受ける機会が与えられること。
- 安全な生活環境に住むことができること。
- できる限り自宅に住むことができること。

2．参加（Participation）
- 社会の一員として関係する政策の決定に積極的に参加し，若い世代と豊富な経験と知識を分かち合うこと。
- 趣味や能力にあったボランティアとして地域社会へ貢献する機会があること。
- 高齢者の集会や運動を自ら組織することができる。

3．ケア（Care）
- 家族や地域共同体から介護や保護をうけることができる。
- 病気の予防，心身が健やかでいられるよう医療を受けることができる。
- 自立や保護，ケアを受けるために社会的・法的サービスにアクセスすることができる。
- 安全な環境で，保護やリハビリテーション，さまざまな刺激を受けられる施設を利用できる。
- どのような場所に住み，どのような心身の状態にあっても，自己の尊厳，生活信条，ニーズ，プライバシー，自己の介護の生活の質を決定する権利を主張でき，尊重されるべきであり，基本的人権や自由を享受することができる。

4．自己実現（Self fulfillment）
- 自らの可能性を発展させるためあらゆる機会を利用することができる。
- 教育，文化，精神的，娯楽の社会的資源を利用することができる。

5．尊厳（Dignity）
- 尊厳が守られ，肉体的・精神的虐待を受けることのない生活を送ることができる。
- 年齢，ジェンダー，人種，民族的背景，障がいなどにかかわらず，公平に扱われ，経済的貢献にかかわらず尊重される。

出所：内閣府共生社会政策統括官高齢社会対策ホームページ（http://www8.cao.go.jp/kourei/program/iyop_1.htm，2011/1/5）。

されました。各国はこれらの原則を自国のプログラムに組み入れることが奨励されています（表Ⅹ-2参照）。

　1999年は国際高齢者年でした。前述の「高齢者のための国連原則」を促進し，それをそれぞれの国で政策化，具体化することが推奨されました。また，2002年には第2回高齢者会議がマドリッドで開催され，「高齢化に関する国際行動計画2002」が策定されています。このマドリッド会議政治宣言では，8項で「男女高齢者のニーズと経験を考慮するため，すべての政策とプログラムにジェンダーの視点を組み込む必要があることを認識する」と明記されています。高齢者問題を男女という枠組みでとらえ直し，まさにジェンダーの視点から取り組むことが必要です。また，12項では，「高齢者のエンパワーメントと完全参加の促進は，活力のある高齢化（アクティブ・エイジング）実現のための重要な要素であるので，持続可能な社会的支援を提供すべきである」とも明記されています。高齢であることを理由に社会から排除されることのないように，社会は高齢者の支援に充分配慮しなければならいといえましょう。（山田知子）

X 高齢期

3 平均寿命と性差

1 日本の平均寿命の特徴

　人は誰もが長生きに憧れ，これを求めてきたといってよいでしょう。日本では，還暦（数えで61歳），古希（70歳），米寿（88歳）等，長寿を祝う風習がありますが，これはその表れともいえます。日本は，世界でも有数の長寿国です。2009年の平均寿命は，男性5位，女性1位で（**巻末表5**），女性は25年連続で最長寿でした。戦後，日本の平均寿命は，男女ともに延び続けています。寿命の延びは死亡率の低下に伴って生じますが，戦後日本は，食生活の改善や公衆衛生，医療の発展によって死亡率が大きく低下しました。特に女性は男性よりも平均寿命が長く，2009年には，男性の79.59歳に比べ86.44歳と6.85年も長生きです（**図X-1**）。理由は，女性が遺伝的に長生きであることや戦争で男性が多く亡くなっていることなど，さまざまな側面から考えられています。

　平均寿命を都道府県別にみると，その中にも性差が顕著な地域があります。たとえば，世界各国から研究者が調査に訪れるなど長寿県として知られる沖縄県です。1972年の本土復帰以降，女性は最長寿連続1位にありますが，男性は1995年には4位，2000年には26位にまで順位が落ち込みました（26ショック）。不況における精神衛生状態の悪化や，車社会に伴う運動不足，伝統的な食文化伝承の薄れなどが要因として指摘されており，女性の長寿についても危機が提唱されています。

2 長寿のもたらす問題

　平均寿命の延びとともに，多くの問題が生じてきたことも事実です。高齢者数の増加，特に疾病率や障がい率が上がる傾向のある75歳以上の後期高齢者の増加，また，少子化とあいまって生じる年金や医療費，介護費等社会保障費の肥大などがあります。特に女性にとっては，要介護高齢者の増大は大きな問題です。それは，これまで高齢者を家族で介護するシステムの中で女性が中心的な役割を果たしてきており，女性の生き方が多様化した現代社会においても，それが慣習となってあまり変化していないからです。今日，同居している主な介護者の男女内訳をみると，男性28.1％に対し，女性は71.9％です。核家族化等による家族員の減少や女性の社会進出といった現代社会における動向は，介護に関わる女性への負担をさらに重いものにしています。たとえば，仕事と家

▷1　厚生労働省「平成21年簡易生命表の概況について」。

▷2　特に0歳の平均余命をさす。平均余命は，基準となる年の死亡状況が今後変化しないと仮定した時に，各年齢の者が平均的にみて今後何年生きられるかという期待値を表したものをいう。

▷3　平均寿命は，疾病（X-4参照）と関連している。厚生労働省は，日本人の2009年の平均寿命は4年連続で過去最長となり，悪性新生物，心疾患，脳血管疾患の三大疾患及び肺炎等の死亡率の低下がこれに寄与したと報告している（厚生労働省「平成21年簡易生命表の概況について」）。

▷4　高齢者のうち，75歳以上の者。なお，65歳以上75歳未満の者を「前期高齢者」という（高齢者の医療の確保に関する法律等により規定）。

▷5　厚生労働省「平成19年国民生活基礎調査」。

(歳)

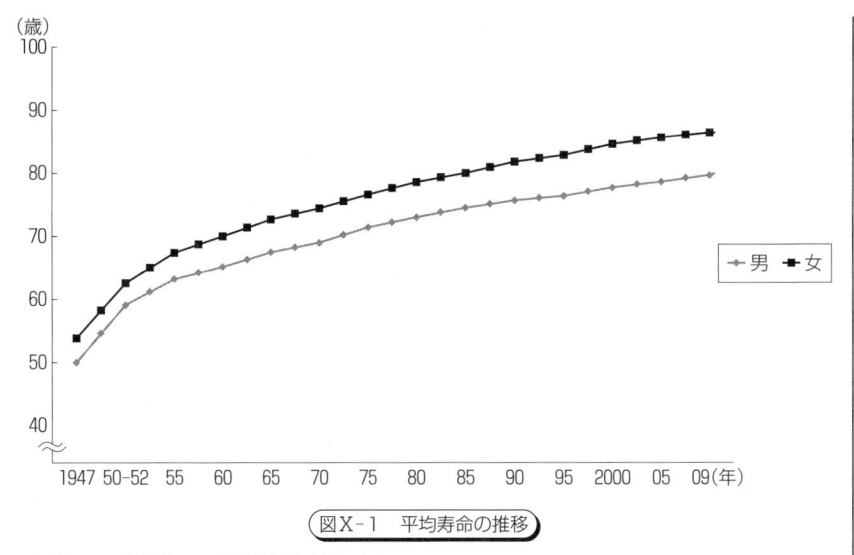

図X-1 平均寿命の推移

(注) 1976年以前は，沖縄県を除く値である。
出所：2009年のみ厚生労働省「平成21年簡易生命表」，その他の年は厚生省・厚生労働省「完全生命表」。

庭の両立のために介護休業制度がありますが，この制度の取得率は2004年度で0.04％とたいへん低く，問題視されています。このような問題を解決するために，2005年4月に改正育児・介護休業法が施行されました。同一家族に対する複数回の休業取得や，制度の適用対象となる労働者の範囲の拡大などの改善がなされたもので，制度の活用が期待されています。

▷6 厚生労働省「平成17年度女性雇用管理基本調査」。

3 長生きを「長寿」に

「健康寿命」という指標があります。平均寿命を延ばし続けてきた日本は，現在は健康寿命の延長をめざしています。健康に楽しく長生きをするためには，健康維持のための運動や食生活といった生活習慣の改善に加え，地域ネットワークの構築等の対策も重要でしょう。なかでも，ひとり暮らし高齢者の増加傾向に鑑みると，とりわけ女性は，子どもとの別居高齢者の増加及び男女の平均寿命の格差から，配偶者との死別後ひとり暮らしになる可能性が高いこと，またパートナーを持たない選択をすることからひとり暮らしになることなどが考えられるため，一層の留意が必要でしょう。

なお，前述の介護については，介護に直面したときに介護者がそれまでの生活を維持できるよう，在宅福祉サービスの充実や介護休業制度の成熟等も課題となるでしょう。介護が予期せぬ人生設計の変更やいきがいの喪失，経済力にも結びつく辞職などを招くことにならないようにすべきです。介護は女性の問題となりがちですが，根本的に見直す必要があります。

男女がともに問題に向き合い，社会的サポートを充実させ，長生きを真に「長寿」として喜べる社会をめざしましょう。

(山田恵子)

▷7 0歳児がこれから生きるであろう年数（平均寿命）のうち，健康に過ごせる年数のことで，2000年にWHOが発表した。日本では，厚生労働省が2000年より21世紀における国民健康づくり運動（健康日本21）を推進し，健康寿命の確保，延長をめざしている。

Ⅹ　高齢期

4　高齢期の疾病及び障がいの状況

1　高齢期の女性の疾病と障がいの特徴

　高齢になると，病気がちになり，身体機能も低下してきます。高齢者に多い病気には，脳血管疾患，悪性新生物，心疾患等があります。高齢者の受療率が高い主な傷病をみると，入院では男女ともにこれらの傷病が上位に位置しており，高齢になるにつれ割合も高まっています（巻末表6）。一方，外来では，女性の特徴として骨に関するものが上位にみられます（巻末表7）。また，特に高齢女性は，心の病気をもつ傾向があります。たとえば，気分障害の受療率をみると，男性に比べ女性の方が病院にかかっており，高齢になるにつれその割合も高まる傾向にあります（図Ⅹ-2）。また，健康上の問題で日常生活動作（起床，衣服着脱，食事，入浴等）に影響のある人は，65歳以上では226.3（人口千対）となっており，年齢が上がるにつれその割合も高まっています。男女で比較してみると，男性は209.5，女性は239.5と女性が上回っています。

　戦後の公衆衛生や食生活の改善などによって，人は長寿を手に入れました。しかし寿命が延びた一方で，病気や障がいとともに高齢期を過ごさねばならない人が少なくないのが現状です。

2　介護予防に関わる制度・施策

　高齢期の疾病及び障がいは，介護につながることが少なくありません。介護が必要となった主な原因としては，男性では脳血管疾患が多く，女性では高齢による衰弱，関節疾患や骨折・転倒，認知症も多いのが特徴です。

　介護は，介護保険によって社会的に保障されています。介護保険制度は，要介護状態になってからだけでなく，重度の要介護状態にならないように介護予防という側面でもより機能するよう，介護保険制度開始から5年後の2005年に見直しが行われました。この見直しは，2003年の報告を受けたものです。報告では，介護軽度者（要支援者及び要介護1）の著しい増加と，介護軽度者への予防給付が要介護状態の改善につながっていないため，これらに対して，介護予防やリハビリテーションを充実させること，要支援者に対する予防給付を，要介護者と同一のサービスメニューではない，より介護予防やリハビリテーションを重視した別のサービスを検討すべきであることなどが指摘されています。そして，見直しにおいては，介護予防の観点から，運動機能の向上や栄養改善

▷1　高齢者の死亡につながる疾病としては，男女ともに，悪性新生物，心疾患，脳血管疾患が上位3位を占めており（厚生労働省「平成19年人口動態統計（確定数）」），これらは高齢者に多くみられる傷病と一致している。

▷2　厚生労働省「平成19年国民生活基礎調査」。

▷3　X-5 図Ⅹ-3参照。
▷4　ここでは，公的介護保険をいう。高齢の要介護者等に対して社会保険方式により介護等サービスを提供することを定めた法律，介護保険法（2000年施行）による。

▷5　高齢者介護研究会「2015年の高齢者介護——高齢者の尊厳を支えるケアの確立に向けて」2003年。
▷6　介護保険の給付を受けるためには申請が必要であり，申請後に要介護認定が行われる。支援や介護の必要性に応じて，自立（非該当），要支援1〜2，要介護1〜5のうちのどの状態にあるか認定され，申請者に通知される。

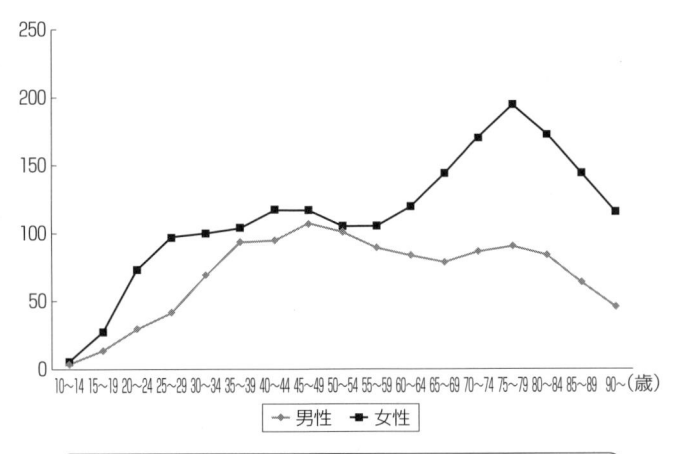

図Ⅹ-2　性・年齢階級別気分〔感情〕障害の受療率（人口10万対）

（注）躁うつ病を含む。
出所：厚生労働省「平成20年患者調査」。

等の新たなサービスとして「新予防給付」が，また要支援・要介護になるおそれのある高齢者を対象として「地域支援事業」が創設されました。

3　疾病・障がいの予防等

　高齢期の疾病，障がいや要介護状態を予防するには，どうすればよいでしょうか。まずは，個々人が生活習慣に気をつけることです。食生活に注意する，運動を心がけるといったことに加え，定期的に健康診断を受けるなど，当事者自身が健康への意識を高めることが重要です。そのためには，高齢者の自発性に期待するだけでなく，市町村等による広報活動等にさらなる工夫が必要でしょう。また，孤立しないようにすることも重要です。人は他者と関わることで，自然と体を動かし，ものを考えるようになります。したがって，家族・親族や友人，地域住民等との人間関係をよりよく保持することが望ましいのです。個人として意識的に孤立をしないような生活を心がけたいものです。

　しかしながら，高齢期に入ると，退職や育児の終了などでこれまで築いた人間関係を保ちにくい状況になります。また，人間関係が希薄であるといわれる現代社会において，個人の意識だけではよりよい人間関係を築くのが難しいこともあるでしょう。この支援のために，市町村やNPO等により高齢者の孤立を防止する活動が行われている地域もあります。また，生活課題を抱えるようになった個人を基軸にソーシャルワーカーがその地域でフォーマル，インフォーマルなサポートを含めたソーシャル・サポート・ネットワークの構築を支援するという方法や予防も含めた福祉コミュニティの形成も期待されています。

　疾病や障がいの予防には，生活を健康問題としてだけでなく社会的にも見直すことが必要です。現在高齢期にある人は高齢期を意識した生活を，いずれ高齢期を迎える人は高齢期を見据えた生活をすることも重要です。（山田恵子）

X 高齢期

5 高齢女性と住宅

1 高齢者にとっての住宅と安全性

高齢者にとって，住宅とはどのような意味を持つのでしょうか。住宅は，元気な高齢者にとっても自宅で見守りや介護を必要とする高齢者にとっても，生活に必要不可欠な場です。高齢者にとってどのような住宅が望ましいかを考える場合，利便性や居心地のよさなどさまざまな要素があります。ここでは，中でも最も重要だと思われる安全性に焦点を当てて考えていきましょう。

将来改造したい高齢者向けに必要な構造・設備について，内閣府の調査では，約半数の高齢者が住宅を改造したいと考えていました。手すりを設置したい，住宅内の床の段差をなくしたい，浴槽を入りやすいものに取り替えたいといった希望が挙げられています。これらのような住宅改造の希望から，高齢者は自宅内での移動に不便，不安を感じていることがわかります。

自宅のハードの部分に不便や不安を感じながら住宅改造を行わず住み続けると，転倒などの事故へつながる恐れがあります。転倒は，高齢女性に起こりやすい事故です。高齢者の自宅における転倒事故についてみると，男性が7.2%であったのに対し，女性が13.4%で，女性の方が約2倍転倒していました。さらに，けがのなかった人は，男性50.8%，女性31.7%で，女性は約7割もの人が何らかのけがをしており，女性のほうが転倒もそれによるけがも割合が大きいことがわかります。

高齢者にとっての転倒事故は，若者に比べて大きな意味を持っています。高齢者は骨折しやすく治癒が遅いため，特に入院に至ったような場合は，社会関係がとぎれ地域で孤立する危険性もあります。また，骨折が原因で寝たきりになる場合も少なくありません。とりわけ女性は，男性にくらべ筋力や骨が虚弱化する傾向がみられ，骨粗しょう症を患う人も多く，骨折しやすいといわれています。実際，骨折で受療した高齢者の割合は男性より女性の方が高く，転倒・骨折は介護を必要とするようになる原因にもなっています（図X-3）。

高齢女性にとって，住宅改造は，自宅内での移動の不便や不安を取り除くだけでなく，けがや介護の予防にもつながるのです。

2 高齢者の住宅に関わる制度・施策

高齢者にとって住みやすい住宅の整備については，公的な取り組みがなされ

▷1 内閣府「平成17年度高齢者の住宅と生活環境に関する意識調査」。

▷2 同前。

▷3 巻末表6参照。
▷4 高齢者や障がい者にとって生活上障害となっているものを除去すること。たとえば，段差の解消や手すりの設置等。最近では偏見や差別意識も障壁とされ，それらを取り除くことを「心のバリアフリー」と呼ぶ。
▷5 住宅問題に関する近年の世界動向として着目すべきは，2008年に開かれた高齢化問題に関する国際会議「IFA (International Feder-

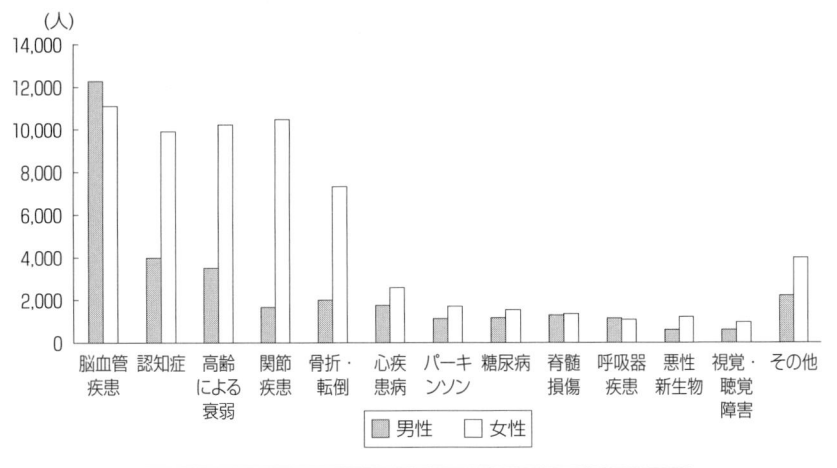

図X-3 介護が必要となった主な原因（介護を要する者数10万対）

出所：厚生労働省「平成19年国民生活基礎調査」。

てきました。1990年，高齢者の住みやすい住宅増改築・介護機器相談事業により住宅改造相談事業が開始されることとなり，2000年に開始された介護保険制度では，住宅改造をサービスとして利用できるようになりました。

1991年の第6期住宅建設5カ年計画においては，住宅のバリアフリーが政策として示され，1995年には長寿社会対応住宅設計指針で具体的な仕様が示されました。1996年には，住宅金融公庫等公的融資の改正が行われ，住宅のバリアフリー化にも基準金利が適用されることになります。なお，公的な住宅については，1991年の公営住宅法一部改正により，新築の場合は高齢対応仕様が適用されることとなっています。

2001年には高齢者の居住の安定確保に関する法律（高齢者居住安定確保法）が制定されます。本法は2009年に改正され，国土交通省のみでなく厚生労働省との共管となるとともに，自治体による高齢者向け住宅の整備計画（高齢者居住安定確保計画）策定を可能にするものとなりました。

3 高齢者の住まいに関する課題

今後の課題としては，まず，高齢者が自宅で転倒やけがをしないように，住宅を改造することが挙げられます。しかし，それだけでは十分ではありません。筋力や骨を強くするよう運動や食事に気をつける，スリッパやサンダル等の滑りやすい履物を履かない，照明を明るくするなど，個人でできる日常生活のほんの少しの注意が実はとても重要なのです。ことに女性は要介護期間が男性に比べて長いことから，一層の注意が求められます。

（山田恵子）

ation on Aging) 世界会議」である。「健康」「社会参加」「安全」が主なテーマであったが，高齢化問題への対策としてユニバーサルデザイン※も話題となった。この会議には，日本からも多くの参加があり，今後の日本の高齢者住宅の支援策にも影響を与えるものと考える。※年齢や身体の状況にかかわらず，誰もが利用しやすい環境（商品や家，町等）を設計すること。UD（universal design）と略記することもある。

▷6 本項では，「住まい」という意味で住宅問題をとらえてきたが，住まいは住生活の一部としてとらえる必要がある。つまり，病院や文化施設，親戚や友人の家等そこに居住する高齢者が必要とする建物が住まいの近くにあるか，その建物に到達するために利用できる交通機関はどうか，建物自体は高齢者でも利用しやすいか，周辺の交通量や治安等環境はどうかといったアクセス等の問題，住環境までをも含め包括的に考える視点も重要である。

なお，高齢者の施設利用やアクセスの問題に対しては，1994年に高齢者，身体障害者等が円滑に利用できる特定建築物の建築の促進に関する法律（ハートビル法），また2000年には高齢者，身体障害者等の公共交通機関を利用した移動の円滑化の促進に関する法律（交通バリアフリー法）が制定されている。これらは，2006年に高齢者，障害者等の移動等の円滑化の促進に関する法律（バリアフリー新法）として統合された。

Ⅹ 高齢期

6 高齢女性と経済
——高齢者世帯の経済状況

1 所 得

　若年世代からみると、高齢者の経済生活は、年金という安定した生活基盤をもち、多額の退職金や長年積み立ててきた預貯金をもつ豊かな世代というイメージがあります。しかし実は、高齢者世帯の経済状況は、裕福な高齢者ばかりではなく、低所得の人々も少なくなく、かなりのバラつきがあります。

　「国民生活基礎調査」（厚生労働省）によれば、高齢者世帯（65歳以上の者のみで構成するか、又はこれに18歳未満の者が加わった世帯）の年間所得は、平均301万9,000円ですが、中央値を見てみると240万円です（**図Ⅹ-4**参照）。このことは何を示しているのでしょうか。平均でみると300万円を超えているので、1カ月25万円ぐらいの所得があるのだろうと考えられます。分布をみると、3割近くの高齢者が100万〜200万円であり、最も多いのです。さらに中央値をみてみると高齢者世帯の50％は240万円以下の所得であることがわかります。下位15％は年間所得が100万円未満と経済的に非常に厳しい状況であることがわかります。他方、1,000万円以上は2.6％、900万円は0.7％、800万円は1.4％で、ゆとりのある層も存在します。しかし、その数はそう多くはないのです。高齢者

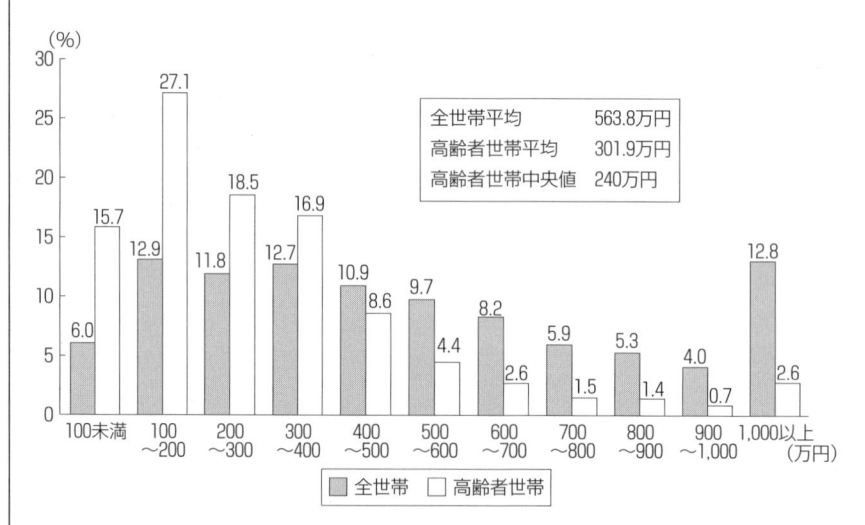

	全世帯平均	563.8万円
	高齢者世帯平均	301.9万円
	高齢者世帯中央値	240万円

全世帯 / 高齢者世帯（万円）

所得階級	全世帯(%)	高齢者世帯(%)
100未満	6.0	15.7
100〜200	12.9	27.1
200〜300	11.8	18.5
300〜400	12.7	16.9
400〜500	10.9	8.6
500〜600	9.7	4.4
600〜700	8.2	2.6
700〜800	5.9	1.5
800〜900	5.3	1.4
900〜1,000	4.0	0.7
1,000以上	12.8	2.6

図Ⅹ-4　高齢者世帯の年間所得の分布

（注）高齢者世帯とは、65歳以上の者のみで構成するか、又はこれに18歳未満の未婚の者が加わった世帯をいう。
資料：厚生労働省「平成18年国民生活基礎調査」（同調査における平成17年1年間の所得）。
出所：内閣府編『高齢社会白書　平成20年版』。

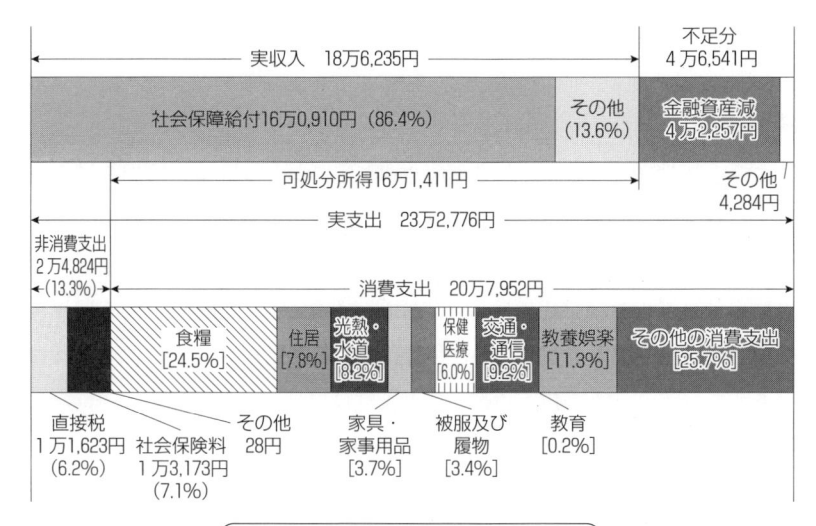

```
┌─────────────── 実収入　18万6,235円 ───────────────┐ 不足分
                                                    4万6,541円
│ 社会保障給付16万0,910円（86.4％）│ その他 │金融資産減
                                   │(13.6％)│4万2,257円
├──────── 可処分所得16万1,411円 ────────┤ その他
                                              4,284円
├──────── 実支出　23万2,776円 ────────┤
非消費
支出
2万4,824円 ├──── 消費支出　20万7,952円 ────┤
(13.3％)
         │食糧　│住居│光熱・│保健│交通・│教養娯楽│その他の消費支出
         │[24.5％]│[7.8％]│水道│医療│通信│[11.3％]│[25.7％]
                         │[8.2％]│[6.0％]│[9.2％]│
直接税　  その他　    家具・　被服及び　教育
1万1,623円 28円　    家事用品　履物　　[0.2％]
(6.2％) 社会保険料   [3.7％]　[3.4％]
        1万3,173円
        (7.1％)
```

図X-5　高齢無職世帯の家計収支（2007年）

注：（　）は実収入に占める割合，[　]は消費支出に占める割合である。
資料：総務省統計局「家計調査（総世帯）」2007年。
出所：内閣府編『高齢社会白書　平成20年版』(http://wwwhakusyo.mhlw.go.jp/wpdocs/hpax200801/img/fb1.2.3.5.gif，2011/1/5)。

＝豊か，というわけではないのです。

　図X-5は，働いていない高齢者世帯の1カ月の家計収支の状況を表したものです。実収入は18万6,245円で約9割が公的年金などの社会保障によるものであることがわかります。高齢者の経済生活を中心的に担っているのは，公的年金なのです。その他の収入としては，子どもからの仕送りなどです。さらに，不足分，つまり赤字が4万6,541円となっていますが，これは，実際には，預貯金の取り崩しによって対応しています。

　他方，実支出は23万2,776円です。もっとも大きい支出は食費（24.5％）で大体5万円から6万円です。また，13.3％は介護保険料などの社会保険料等が占めていることがわかります。もし仮に介護保険料が値上がりすると高齢者の懐を直撃することを意味します。また，光熱・水道は8.2％で約2万円，住居は7.8％で，1万8,000円程度となっています。光熱費や住居の費用も以外と家計を圧迫していることがわかります。高齢者は通院する機会が多いので，結果として交通費や保健医療費などへの支出もかさみます。

　社会保険料や光熱・水道，住居費用，交通費などの生活の基盤を支える支出は，なるべく低額であれば赤字にならないでしょう。

　高齢者世帯の家計が苦しくなると，子どもからの仕送りに頼ることが考えられますが，子ども世代も不況などで給料が減少するとそれも期待できず，連動して高齢者の生活も苦しくなるという構造をもっています。また，子どもがいなくて頼れない高齢者は経済的不安，困窮にさらされることが予想されます。子ども世代と高齢者世代は社会保障の仕組みだけでなく，実質的な生活経済レベルでも支え合い連動しているのです。では，貯蓄はどうなのでしょうか。貯

蓄がたくさんあれば，所得は少なくても生活の安定は図れます。

② 貯　蓄

　次に「全国消費実態調査」（総務省，2004年）により，貯蓄水準をみてみましょう。高齢単身世帯に限ってみてみると，高齢単身女性の貯蓄水準は，平均値1,422万円（中位数869万円），1割は100万円未満，約2割は300万円未満です。反対に高齢単身男性の平均値は1,816万円（中位数1,306万円），1,500万円以上が約45％と高い貯蓄水準を示しています。男女を比較してみると，どのような特徴があるでしょう。平均値を比較すると女性は男性の8割弱です。中位数では女性は男性の65％程度であることがわかります。このように貯蓄の男女格差はかなり大きいといえます。現役時代の賃金格差が高齢期の貯蓄の差に反映されていると考えられます。

　高齢単身男性の貯蓄は100万円未満が12.7％です。男女ともに貯蓄100万円未満の層が存在します。貯蓄は老後の年金生活の基盤となるものです。年金が少額である場合は貯蓄を切り崩し，日々の生活費にあてることになります。定年後の生活はまったく予想がたちません。病気やけがで入院するかもしれませんし，がんなどの治療で高額な医療費がかかるかもしれません。わずかの年金や貯蓄しかない場合，高齢期の経済生活への不安はますます高くなります。高齢者は先行き不安から，交際費や趣味・娯楽費，衣料費や食費などを節約し，貯蓄する傾向があるといわれます。このように先の見えない高齢期の経済生活は基本的に縮小し，消費には結びつきにくい構造があります。

③ 婚姻関係のゆらぎと経済不安

　「高齢男女の自立した生活に関する調査」（内閣府，2008年）によると，55～74歳のひとり暮らし女性，なかでも離別女性の年間収入は60万円未満が12.5％を占めており，非常に厳しい経済状況です。男性も未婚（婚姻歴なし）のひとり暮らしの年間収入が非常に低いです。男女ともに婚姻関係という生活の基盤となる関係が希薄であると高齢期の経済状況が厳しくなることが読み取れるのです。経済的な状況が婚姻関係となんらかの因果関係があると考えられます（図Ⅹ-6参照）。

　この傾向は生活保護の被保護人員数や発生率をみると，さらに明白になります（表Ⅹ-3参照）。被保護者の約4割を65歳以上の高齢者が占めているのですが，その内訳は女性22.6％，男性16.1％で，ほとんどが単身世帯です。単身であること，婚姻関係がないことが経済的困窮につながっていることを示しています。

　また，母子世帯は，将来，高齢期になったとき，困窮状態に陥りやすい潜在層であるといわれています。なぜなら，母子世帯の母親は非正規雇用で働いて

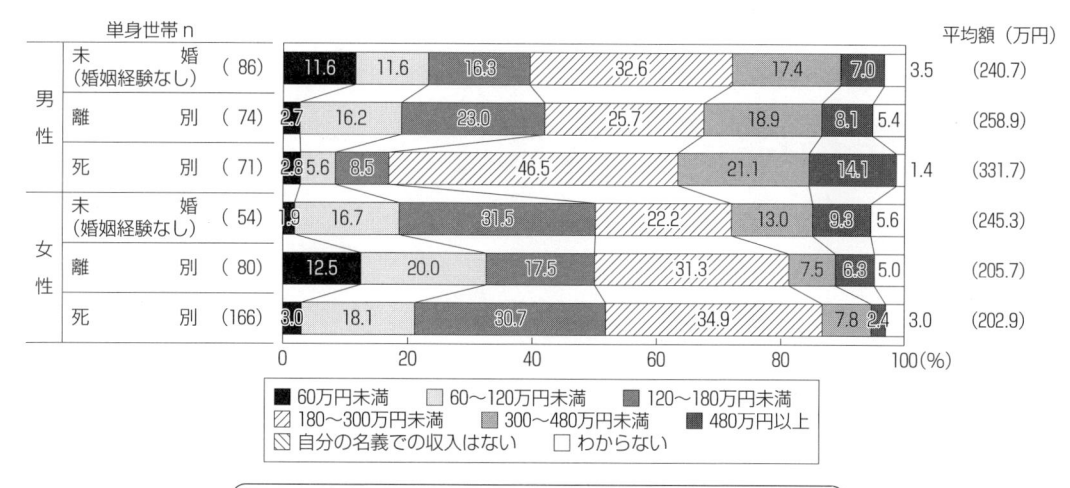

図X-6 本人自身の年間収入の分布──婚姻状況別（55〜74歳単身世帯）

単身世帯		n	分布（％）	平均額（万円）
男性	未婚（婚姻経験なし）	(86)	11.6 / 11.6 / 16.3 / 32.6 / 17.4 / 7.0 / 3.5	(240.7)
	離別	(74)	2.7 / 16.2 / 23.0 / 25.7 / 18.9 / 8.1 / 5.4	(258.9)
	死別	(71)	2.8 / 5.6 / 8.5 / 46.5 / 21.1 / 14.1 / 1.4	(331.7)
女性	未婚（婚姻経験なし）	(54)	1.9 / 16.7 / 31.5 / 22.2 / 13.0 / 9.3 / 5.6	(245.3)
	離別	(80)	12.5 / 20.0 / 17.5 / 31.3 / 7.5 / 6.3 / 5.0	(205.7)
	死別	(166)	3.0 / 18.1 / 30.7 / 34.9 / 7.8 / 2.4 / 3.0	(202.9)

凡例：■60万円未満　□60〜120万円未満　■120〜180万円未満　▨180〜300万円未満　■300〜480万円未満　■480万円以上　▧自分の名義での収入はない　□わからない

資料：内閣府「高齢男女の自立した生活に関する調査」（平成20年）。
出所：内閣府「高齢者の自立した生活に対する支援に関する監視・影響調査報告書」2008年。

表X-3 生活保護の被保護人員数と発生率

	総数	うち65歳以上	うち女性	うち男性	うち女性単身世帯	うち男性単身世帯
被保護人員数（人）	1,433,227	555,096	324,556	230,540	235,574	158,939
構成比（％）	100.0	38.7	22.6	16.1	16.4	11.1
人口（2005）[1]（人）	127,767,994	25,672,005	14,797,406	10,874,599	2,813,571	1,051,207
被保護人員の発生率（％）[2]	1.12	2.16	2.19	2.12	8.37	15.12

（注）1. 高齢者数は国勢調査（平成17年）より。
　　　2. 被保護人員の発生率を単身世帯（男女合計）としてみると10.21％
資料：厚生労働省「被保護者全国一斉調査（基礎調査）」（平成17年）より内閣府作成。
出所：図X-6と同じ。

いることが多く，収入が不安定で貯蓄をする余裕がないためです。また，非正規雇用者は厚生年金への加入率も低いため，高齢期に経済的に不安定になるということもいえます。さらに，離婚するまでは第3号被保険者として夫の厚生年金の傘下にあったとしても，離婚後は，その枠から外れるため，年金制度の狭間に落ちてしまって，高齢期になって年金が支給されないというようなトラブルも発生する可能性があるのです。

自営業や農林漁業に従事する家族従事者も高齢期に困窮状態に陥りやすい人々です。家族従事者には女性が多いのですが，彼女らの労働は無償労働とされ，金銭的に評価されないことが多く，自らの資産を形成しにくいという理由が挙げられます。

つまり，婚姻関係などの生活を支える関係のゆらぎが経済不安を招き，高齢期の生活不安につながってしまうことになるのです。日本の社会保障・社会福祉のシステム上の弱点を示すものといえましょう。

（山田知子）

X 高齢期

7 高齢者虐待と女性

1 高齢者虐待とは

　高齢者虐待は、1980年代にアメリカで社会問題として認識されました。虐待の実態や原因の把握に関する研究が進められ、防止や対処方法をめぐる法制度もかなり整備されています。

　日本では、1987年に金子善彦の『老人虐待』(星和書店) が出版されたことで高齢者虐待が注目されるようになり、その後研究が進められてきました。そして、厚生労働省が委託した全国調査で、家庭内で虐待を受けている高齢者の約1割が生命に関わる危険に直面していること、虐待している人の約半数は自覚がないことなどが実態として明らかになりました。

　高齢者虐待に対する取り組みは、研究者らにより電話相談センター（日本高齢者虐待防止センター）が設置されたり、政府によって、介護保険制度（2000年施行）下で身体拘束を禁止する、成年後見制度（2000年施行）下で認知症高齢者等自己の財産を管理・処分する能力が障害された成人への支援が行われるようにするなどの形でなされてきました。そして、2005年、高齢者虐待の防止、高齢者の養護者に対する支援等に関する法律（高齢者虐待防止法）が公布されました（2006年4月施行）。

　高齢者虐待は、①たたく、身体を拘束する等の身体的虐待、②意図的であるか否かにかかわらず、食事や入浴、排泄といった介護・世話をしない等の放棄・放任（ネグレクト）、③自尊心を傷つけられる、怯えさせられる等の心理的虐待、④本人との間での合意のない性的行為等の性的虐待、⑤所有している財産を搾取される等の経済的虐待に分類されます。法律には規定されていませんが、その他に、⑥自己放任・自虐を挙げることもあります。

　高齢者虐待の加害者となりうるのは、高齢者を世話している家族や親族、知人等身近な人が挙げられます。また、病院や老人ホームの職員、ホームヘルパー等、医療や社会福祉施設の業務に従事する者による虐待も報告されています。

2 女性にとっての高齢者虐待

　なぜ高齢者に対する虐待が起こるのでしょうか。高齢者への虐待が起きる要因はさまざまですが、ここでは特に、女性に関わる要因をいくつか指摘しておきたいと思います。まず、養護を受ける高齢者が女性である場合に虐待が起こ

▷1　財団法人医療経済研究機構「平成15年度家庭内における高齢者虐待に関する調査」。

▷2　65歳以上の高齢者に対する虐待が深刻な状況にあり、これを防止することが重要であるとして制定された。国及び地方公共団体が虐待の防止、高齢者の保護や養護者の支援等を行い、国民もそれらに理解を深め施策に協力することが定められている。

▷3　高齢者虐待は、養護者（高齢者の世話をする者）が養護、介護による肉体的・精神的負担に耐えかねて虐待に及ぶこともあるため、加害者も「被害者」だと考えられる場合がある。こうしたことを考慮し、否定的な響きをもつ「虐待」に代えて、より中立的に「不適切処遇」という言葉

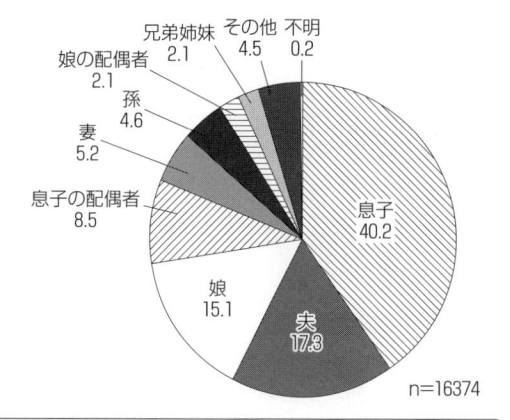

図X-7　高齢者虐待における虐待者と被虐待者との関係（％）

息子 40.2
夫 17.3
娘 15.1
息子の配偶者 8.5
妻 5.2
孫 4.6
娘の配偶者 2.1
兄弟姉妹 2.1
その他 4.5
不明 0.2
n=16374

出所：厚生労働省「平成20年度高齢者虐待の防止，高齢者の養護者に対する支援等に関する法律に基づく対応状況等に関する調査結果」。

りやすいことがわかっています。2008年の厚生労働省の調査を例にみると，養護者により虐待を受けた高齢者の性別は，男性22.1％に対し，女性77.8％で，前年度，前々年度の調査でも同様の傾向を示す結果が得られています。この背景には，女性の方が比較的長寿であるがゆえに養護，介護を必要とする機会が多いことや，女性の方が男性よりも非力であることなどが指摘されています。また，養介護施設等従事者による虐待においても，被虐待高齢者の7割が女性です。施設における虐待が起きる背景としては，従事者が多忙な勤務状況におかれ精神的な余裕がなく研修も受けにくいことが考えられています。

　長寿であり養護，介護が必要となる可能性の高い女性は，被害者となる危険性が高いといえます。また，女性は，家庭内で主養護者になる確率が高く，加害者になる可能性もあるのです。**図X-7**をみると，息子，夫に次いでではありますが，娘，息子の配偶者，妻と加害者に女性が続いています。さらに，施設等従事者には女性が多いことも忘れてはなりません。たとえば，介護労働者では，約8割が女性です。高齢者虐待は，被害者・加害者を問わず，女性が直面しやすい問題だといえるでしょう。

❸ 虐待の早期発見と予防

　先に触れた高齢者虐待防止法には，発見者の市町村への通報制度が盛り込まれています。市町村等における広報から情報を得たり，研修に参加するなどして，私たちひとりひとりが日ごろから虐待を理解し，問題関心をもち，周囲における虐待の危険性を察知できるようになることが課題でしょう。

　それとともに，養護を受けている高齢者の家族など身近な人が知識をもつことや，施設における労働環境の整備，従事者への研修により専門性を向上させることなどによって，虐待を未然に防ぐことも重要です。

（山田恵子）

X-7　高齢者虐待と女性

を用いることもある。

▷4　厚生労働省「平成20年度高齢者虐待の防止，高齢者の養護者に対する支援等に関する法律に基づく対応状況等に関する調査結果」。

▷5　同前。

▷6　財団法人介護労働安定センター「平成20年度介護労働実態調査──介護労働者の就業実態と就業意識調査」。

X 高齢期

8 高齢女性と他者との交流

1 高齢期の他者との関わり

　高齢期に入ると，男女ともに生活時間に急速な変化がみられます。仕事や家事などに費やす時間が減り，自由に行動できる時間が増える傾向があり，この時間は主にテレビの視聴や新聞を読むことに使われています。このことは，高齢者が社会的に孤立しやすい状況を生み出しています。家に閉じこもりがちになり，他者との接触が億劫になり，ひいては孤独死に至る危険性もあるのです。

　では現在，高齢者は他者とどれくらい，どのような交流を持っているのでしょうか。ここでは，他者との関わりをもつ機会として，交流状況（近所付き合いや友人）と社会参加状況（何らかの活動への参加）を例にみていきたいと思います。

　まず，高齢期の交流状況について，内閣府の調査によれば，近所付き合いがほとんどない人は6％ほどで，大多数の高齢者が近所の人と何らかの交流をもっていました。性別でみると，近所の人と親しくつきあっている人の割合は女性の方が高く（男34.8％，女42.4％），あいさつをする程度の人では，男性の割合が高くなっていました（男31.3％，女19.4％）。こうした傾向の理由としては，仕事で外に出ていた男性よりも，家庭にいることの多かった女性の方が，地域交流を深めやすかったことが考えられます。また，友人関係については，男女ともに約95％の高齢者に親しい友人・仲間がいましたが，このことは一方で友人・仲間がいない人がいる（男5.2％，女4.2％）ことを意味します。女性の方が，親しい友人・仲間をもつ割合はやや高いのですが，友人・仲間がいない女性もいることに注意しなければなりません。

　次に，社会参加の状況です。1年間に個人又は友人とあるいはグループや団体で自主的に行われている何らかの活動に参加したことがある高齢者は約6割おり，男性の割合がやや高くなっていました（男64.0％，女55.1％）。活動内容をみると，健康に関するものやスポーツ，地域行事は男性の割合が高く，趣味は女性の割合が高くなっていました（図X-8）。また，このような活動に今後とも，あるいは今後は参加したいと考えている高齢者は5割を超えていましたが（男58.6％，女50.2％），その一方で，参加したくないと考えている人もみられました（男24.3％，女30.0％）。高齢女性は，社会参加を行っている人も約半数いますが，その割合は男性より少ない傾向にあるうえに，参加したくないと

▷1　内閣府「平成21年度高齢者の地域におけるライフスタイルに関する調査結果」。

▷2　内閣府「平成20年度高齢者の地域社会への参加に関する意識調査結果」。

▷3　「趣味」は俳句，詩吟，陶芸等，「健康・スポーツ」は体操，歩こう会，ゲートボール等，「生産・就業」は生きがいのための園芸・飼育，シルバー人材センター等，「教育・文化」は学習会，子供会の育成，郷土芸能の伝承等，「生活環境改善」は環境美化，緑化推進，まちづくり等，「安全管理」は交通安全，防犯・防災等，「高齢者の

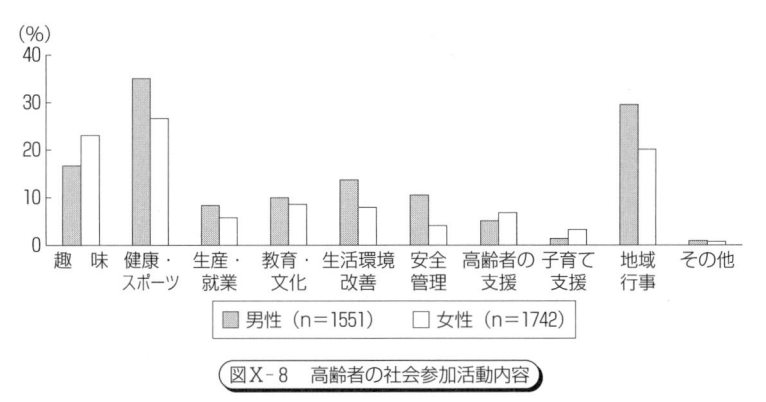

図X-8　高齢者の社会参加活動内容

（注）調査対象の高齢者は，60歳以上の者。
出所：内閣府「平成20年度高齢者の地域社会への参加に関する意識調査結果」。

支援」は家事援助，移送等，「子育て支援」は保育への手伝い等，「地域行事」は祭りなどの地域の催しものの世話等である（前掲▷2）。

▷4　前掲▷2。

考えている女性も少なくありません。高齢女性は，地域交流に長け，社会参加にはやや積極性に欠ける傾向が伺えます。

2　社会参加や生きがいに関わる対策

　高齢期に他者と関わりを持つことは，生きがいにつながることも少なくなく，社会的孤立の防止になります。では，高齢者の社会参加や生きがいについて，公的にはどのような対策がとられているのでしょうか。1995年の高齢社会対策基本法で，国は，社会的活動に参加する機会の確保（2条），生きがいのための生涯学習の機会の確保，社会的活動への参加の促進とボランティア活動の基盤整備（11条）を挙げています。また，1996年及び2001年の高齢社会対策大綱では，生涯学習社会の形成，社会参加活動の促進が指摘されています。具体的には，「生きがいと健康づくり推進事業」や「老人クラブ活動の支援」といった形で行われており，これらは，2000年の介護保険法施行に伴って，「介護予防・地域支え合い事業」として実施されるようになりました。

3　高齢期における他者との交流を考えることの重要性

　時代の流れによって家族のあり方が変わり，高齢者のみの世帯が増加している今，近所付き合いや友人関係，社会参加などをもう一度見直していく必要があります。友人との個人的な付き合いや地域交流の他にも，社会参加を上手に利用して生き生きとした生活を営めるようにしたいものです。そのためには，個人でできることとして，まずは自らその場に出向いてみることです。それらに関する情報や相談サービスは，市町村等も提供しています。また，高齢期に達する前から意識をもって他者との関わりを作り，高齢期への備えとすることも考えられるのではないでしょうか。

　　　　　　　　　　　　　　　　　　　　　　　　　　　（山田恵子）

Ⅹ　高齢期

9　高齢女性の性

1　高齢期の性

　日本における戦前の性は，「家」を存続させるための生殖の意味合いの強いものでした。高齢者は生殖が困難もしくは不可能であることから，高齢者の性は当時は否定されるものであったと考えることができます。このような伝統的な性道徳は，戦後家制度が崩壊することによって，解放されてきました。海外から多様な文化が流入し，人々の生き方や思想も変化して，現在では高齢者の性に関しても一般の否定的な意識は和らぎつつあり，誤解や偏見が徐々になくなってきています。

　性機能は，加齢とともに低下しますが，失われるわけではありません。高齢者にとっての性の実際をみると，そのとらえ方は幅広く，男女間に差があるようです。荒木乳根子によれば，望ましいとする性的関係を半数以上の高齢男性は性活動（性交をもつ，肌の触れ合い）であると考えているのに対し，高齢女性は半数以上が精神的な愛情のみだと考えています。

2　高齢女性にとっての性

　高齢期に，人は多くの「別れ」を経験します。子どもの独立や自己の退職，配偶者や兄弟姉妹といった家族・親族や友人の死などです。別れは，高齢期の人間関係を狭くする要因の一つであるとはいえ，それは孤独感にもつながる可能性があります。また高齢期には，社会との関わりが薄れることなどから，生活が単調になりがちです。

　こうした状況の中，高齢者がいかに生き生きと充実した生活を送ることができるかが問われています。高齢期にどのような生きがいを見つけ生活するかは，特に女性にとって重要な課題だといえるでしょう。なぜなら，男性よりも寿命が長い女性は，男性よりも長い高齢期を過ごすことになるからです。

　高齢女性にとって，性は生きがいの源となりうるものの一つです。配偶者あるいは交際相手との外出や会話，異性を意識したおしゃれなどは，女性に大きな喜びを与えると思われます。先にみたように，女性は性的関係において精神面を重視しており，このような形の性は高齢女性の精神的安定に寄与するものとなるでしょう。

▷1　荒木乳根子『在宅ケアで出会う高齢者の性』中央法規出版，1999年。

▷2　荒木乳根子「老年期のセクシュアリティ」『現代のエスプリ　老いと性』301，至文堂，1992年。

図X-9　高齢者の婚姻件数

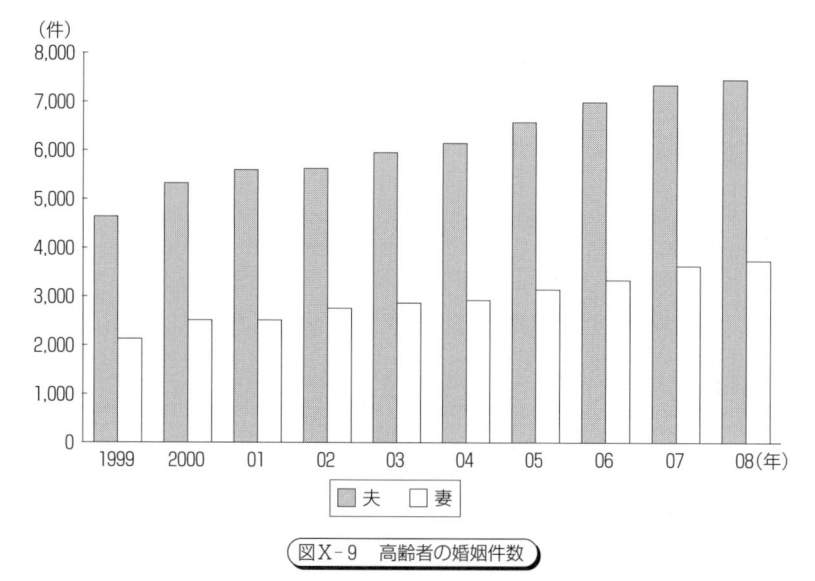

出所：厚生労働省「人口動態統計」（1999-2008年）。

3　高齢期の性のとらえ方

　荒木は，高齢者の性には，若い世代のそれに比して「セクシュアリティ」の視点が必要だと提唱しています。セクシュアリティとは，肉体的なものだけでなく精神的な愛情までをも含めて性をとらえた言葉です。こと女性にとっての性には精神的な意味合いが非常に大きいことを考えると，高齢期の性に向き合う時に，ふまえるべき視点だといえます。

　今後は，高齢期の性を肯定的に認めていくことが望まれます。そのためには，高齢者をとりまく人々が誤解や偏見をなくし，多様な価値観を認めていく社会の土壌を構築することが求められます。もちろん，伝統的な性道徳の余波を受けている高齢者自身も，男女関係を見直す必要があります。個々人が意識的に高齢期の性について考えることが重要なのです。

　高齢期の性について語る場合，交際だけでなく婚姻という形もあります。高齢者の婚姻（老婚）は男女とも増加傾向にあり（図X-9），75歳以上の後期高齢者の婚姻も少なくありません。ただ，婚姻は交際に比べ困難が生じやすく，相続や介護の問題，世間体などを考える家族の反対が婚姻を妨げる要因として挙げられています。その他にも，認知症の高齢者の婚姻のあり方についてなど，いまだ問題は多く，法的，精神的なサポートをも含めて高齢期の男女関係に関する総合的な相談機関を充実させることが必要です。結婚の形も多様化してきています。起こりうるトラブルを予測し，防ぐことが重要です。

　健康でも疾病や障がいをもっていても，自宅でも施設でも，高齢者の性は権利としてとらえられる必要があります。このことが社会全体で認識され，より豊かな老後の実現につながっていくことが期待されます。
　　　　　　　　　　　　　　　　　　　　　　　　　　　　　（山田惠子）

▷3　同前書。

▷4　2008年は，夫1657件，妻631件であった（厚生労働省「平成20年人口動態統計」）。

Ⅹ 高齢期

10 介護の社会化
── 介護保険の登場

1 高齢期の生活のゆらぎへの対応──高齢者関連の法

　高齢期の生活を支援するための法的体系は，制度横断的な高齢社会対策基本法をはじめ，福祉法関連としては，老人福祉法，高齢者虐待防止法，福祉用具法などがあります。保健医療関連では，年長高齢者のための医療法，各種医療保険法（健康保険や国民健康保険など），福祉と保健・医療にまたがるものとして，介護保険法，さらに，所得保障として，各種の年金（厚生年金，国民年金等），高齢期のセーフティネットとして生活保護法，雇用保障として，高年齢者雇用安定法，住宅や生活環境整備として，公営住宅法，バリアフリー新法などが挙げられます。その他，成年後見に関連しては民法が挙げられます。

　既に他の項で主なものは解説されていますので，ここでは，高齢期の身体的虚弱化や認知症などによる精神活動の低下に対する代表的なサービスとして，介護保険サービスを中心に述べます。

2 介護保険と女性

　介護保険法は1997年に成立し，2000年から施行されました。それまで，長い間，寝たきりや虚弱な高齢者の身の回りの世話は同居する息子の妻や配偶者が主に担ってきました。戦前期より，子が親の世話をするのは，美徳，美しい日本の伝統といわれ推奨されてきました。しかし，戦後，高度経済成長期，仕事を求めて若年層は地方から都市に集まり，激しい人口流動が起こりました。また，子どもの数も2人程度となり，かつてのように大家族で親と同居して世話をするという生活スタイルはなくなってきています。住宅事情なども加わり，親と同居する子どもの率は下がっています。この傾向はさらに加速し，家族が親の世話をするという家族介護は限界となりました。そのような社会的状況から介護の社会化が叫ばれるようになりました。介護を社会化する1つの手段として，介護保険が登場したのです。

　時を同じくして，1996年から始まった行政改革の一つとして社会保障構造改革があります。介護保険も社会保障構造改革の一つとして位置づけられました。保健と医療，福祉の制度横断的な再編の先駆けとして，介護保険は登場することになりました。老後の不安の解消，良質で総合的な介護サービスの提供がめざされ，また，保険という制度導入によって，高齢者自身にも保険料，利用料

▷1　1993年に厚生省（当時）と通商産業省（当時）によって制定された「福祉用具の研究開発及び普及の促進に関する法律」の略称である。高齢者および障がい者の自立促進，介護者の負担を軽減するため，福祉用具の普及・開発促進を目的とした法律である。10月1日は「福祉用具の日」である。

▷2　1971年に「中高年者等の雇用の促進に関する特別措置法」が制定された。1986年に改称され，現在の「高年齢者等の雇用の安定等に関する法律」（通称，高年齢者雇用安定法）となった。この法律で「高年齢者等」とは，高年齢者（55歳以上），55歳未満の「中高年者（45歳以上）」の求職者，55歳未満の「中高年齢失業者等（45歳以上65歳未満の失業者その他就職が特に困難な失業者）」をいう。雇用対策法と連動し，高年齢者の雇用の安定確保，再就職の促進，特に40歳以上の応募や採用の差別を原則禁止して，雇用環境の平等化を図っている。

▷3　X-5 側注▷6参照。

X-10 介護の社会化

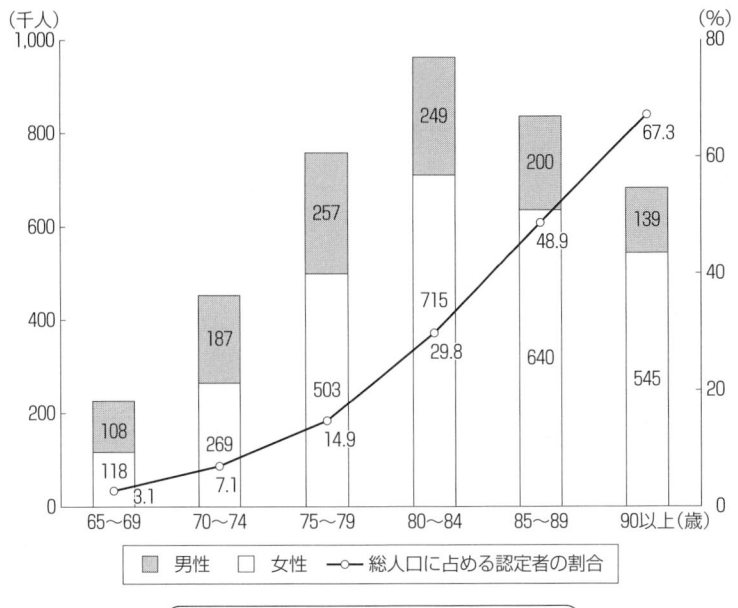

```
(千人)                                                    (%)
1,000                                                    80

                                      249
 800                                           200       60
                            257                              67.3
 600                                                     40
                 187                  715
                            503                48.9
                                               640    139
 400   108                                            545    20
                 269                  29.8
 200   118                  14.9
              7.1
       3.1
   0
      65~69  70~74  75~79  80~84  85~89  90以上(歳)
      ■ 男性   □ 女性   ─○─ 総人口に占める認定者の割合
```

図X-10 年齢階級別の要支援・要介護認定者数

(注) 1. 総務省「人口推計」(平成16年10月1日現在),厚生労働省資料より作成。
　　　2. 認定者数は,受給者台帳に登録された平成16年10月末時点の要支援,要介護の人数。
出所:内閣府編『男女共同参画白書　平成18年版』。

の負担を迫るというものでした。いつでもだれでも利用できる選択の自由が保障されているといわれています。しかし,現実には給付の上限が決められており,際限なく介護サービスを利用することはできませんし,保険料や利用料を負担しなければならないので経済的に豊かでない高齢者にとっては利用しにくいという面もあります。選択の自由の保障といっても,みずから要求し選択することに不慣れな高齢者にとっては絵に描いた餅という批判もあります。加えて,介護保険のサービスは限定的で介護を要する高齢者の生活全体を保障するところまでカバーするものではなく,介護保障には程遠いという批判もあります。また,高齢化の進行によって,介護保険サービスの利用は拡大しており,財源確保は政策的課題になっています。

　課題はありますが,私的な介護を多くの女性たちが担ってきた歴史を考えると,なにはともあれ介護の社会化がめざされたことは,歓迎されるべきことでしょう。

　図X-10は,介護保険サービスの男女別年齢階級別の要支援・要介護認定者数を表していますが,男女別にみると,75歳以上では圧倒的に女性の方が多く,高年齢になるほど,女性の認定者は増えていることがわかります。介護保険サービスの利用者の中心は75歳以上の女性高齢者であることがわかります。

　この制度の充実は介護を担う女性たちにとっても利用する女性高齢者側にとっても重要なのです。

(山田知子)

Ⅹ 高齢期

11 介護保険サービスの概要

1 介護保険サービスのカテゴリー

　介護保険サービスには，次の4つのカテゴリーがあります。①介護給付，②予防給付，③地域密着型サービス，④地域支援事業と言われるものです。
　以下，主なものについて説明していきます。

2 介護給付

　「要介護者」に対するサービスで，介護サービス計画に基づいて提供されるものです。要介護者には居宅介護支援事業者の介護支援専門員（ケアマネジャー）が対応します。介護給付には居宅で提供される居宅サービスと施設で提供される施設サービス，小規模で多面的な機能をもち高齢者の生活している地域に密着した形で提供される地域密着型サービスなどがあります。

　○居宅サービス
- 訪問介護（在宅において介護福祉士などによって受ける入浴や排泄，食事などの介護やそのほかの日常生活上の世話）
- 訪問入浴介護（自宅等に浴槽が提供され，在宅で入浴する介護）
- 訪問看護（在宅で，看護師等によって行われる療養上の世話など）
- 訪問リハビリテーション（居宅で，心身の維持や日常生活自立を支援する理学療法や作業療法など）
- 居宅療養管理指導（病院や診療所や薬局の医師，歯科医師，薬剤師，管理栄養士によって行われる療養上の管理や指導）
- 通所介護（老人福祉法に規定されている老人デイサービスセンターなどを利用して行われる入浴，排泄，食事等の介護その他の日常生活上の世話や機能訓練）
- 通所リハビリテーション（介護老人保健施設，病院，診療所等を利用して行われる心身の機能の維持回復を図り，日常生活自立を助けるために行われる理学療法，作業療法など）
- 短期入所生活介護（老人福祉法に規定されている老人短期入所施設等，いわゆるショートステイとよばれる，に短期間入所して行われる入浴や排泄，食事等の介護その他の日常生活上の世話及び機能訓練）
- 短期入所療養介護（介護老人保健施設や介護療養型医療施設等に短期間入所して行われる看護，医学的管理のもとにおける介護及び機能訓練その他必要な医療や日常生

活上の世話)
- 特定施設入居者生活介護(有料老人ホーム等の特定施設に入居して行われる入浴,排泄,食事等の介護その他の日常生活上の世話,機能訓練及び療養上の世話)
- 福祉用具貸与,特定福祉用具販売

○施設サービス
- 介護老人福祉施設(老人福祉法20条5に規定する特別養護老人ホーム,入所定員が30人以上であるもの,であって,入所する要介護者に対し施設サービス計画に基づいて,入浴,排泄,食事等の介護その他の日常生活上の世話,機能訓練,健康管理及び療養上の世話を提供することを目的とした施設)
- 介護老人保健施設(施設サービス計画に基づいて看護,医学的管理のもとにおける介護及び機能訓練その他必要な医療,日常生活上の世話を行うことを目的とした施設,都道府県知事の許可を受けたもの)
- 介護療養型医療施設(療養病床をもつ病院又は診療所で,施設サービス計画に基づいて,療養上の管理,看護,医学的管理のもとにおける介護,その他の世話,及び必要な医療を行うことを目的とする施設)

○地域密着型サービス
- 小規模多機能型居宅介護(居宅又は近隣のサービスの拠点に通う,又は,短期間宿泊して入浴,排泄,食事等の介護その他の日常生活上の世話及び機能訓練をうける)
- 認知症対応型共同生活介護(グループホーム)(認知症の高齢者が共同生活を営む住居で,入浴,排泄,食事等の介護,その他の日常生活上の世話及び機能訓練の提供をうける)など

3 予防給付

予防給付で提供されるサービスは,①介護予防サービスと,②介護予防支援,③地域支援事業(介護予防事業と包括的支援事業)などがあります。要支援1,2の人を対象としています。介護予防についての業務は,地域包括支援センターが中心的役割を担っています。

地域包括支援センターは介護予防関連のサービスを中心的に担うことになっていますが,それだけではありません。地域の包括的なケアの拠点や高齢者の権利を擁護するための機関としてなど,多様な役割を担っています。

生活圏域で地域包括ケアを有効に機能させるために,保健師,主任介護支援専門員,社会福祉士などの専門職種を配置し,多職種が力を合わせ,その専門知識や技能を互いに活かしながら地域での各種サービスや住民活動を結びつけ,地域のネットワークを構築するという地域包括ケアの中核的役割をもっています(図X-11参照)。

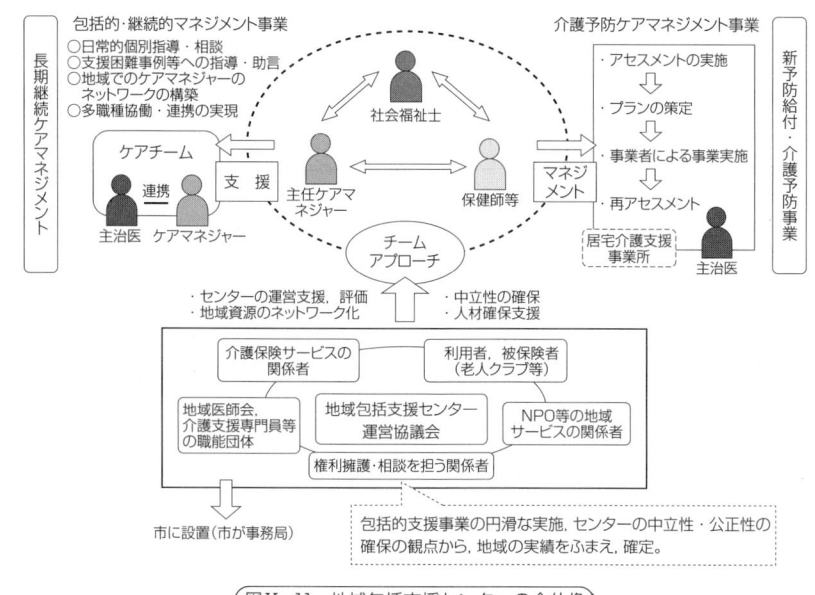

[図X-11 地域包括支援センターの全体像]

出所：厚生労働省資料。

4 地域包括支援センターの役割と機能

役割としては，次の3つが挙げられます。

① 総合性

高齢者の多様なニーズや相談に総合的に対応し，必要な支援につなぐ

② 包括性

地域の保健・医療・福祉サービスやボランティア活動などの多様な社会資源を有機的に結び付ける。

③ 継続性

適切なサービスの継続的提供。

主な機能は，次の5つです。

① 共通的支援基盤構築。
② 総合相談支援。
③ 虐待防止などの高齢者の権利擁護。
④ 包括的継続的サービス提供のためのケアマネジメント支援。
⑤ 効果的かつ効率的な介護予防のためのマネジメント。

設置運営は市町村が事務局となり，地域のサービス事業者，関係団体，被保険者の代表などにより構成される「地域包括支援センター運営協議会」が組織され，センターの運営を側面的に支援することになっています。

地域包括支援センターの設置目的や機能が達成され，地域の多様な高齢者とその家族の持つ問題が解決されることが期待されています。しかし，多くの問題点も指摘されています。相談体制にしぼって，いくつか問題点を挙げておき

▷1 高齢者虐待や高齢者をターゲットにした詐欺，たとえば，オレオレ詐欺などから高齢者（障がい者含む）を護るために成年後見制度がある。成年後見制度には，①あらかじめ契約をして後見人になるべき人とその職務内容を定めておく任意後見，②裁判所が後見人等を選任する法定後見がある。

その他，高齢者の権利擁護に関するものとしては，日常生活自立支援事業がある。

認知症の高齢者や，知的障がい者などの判断能力が不十分な人に対する福祉サービスの利用援助事業である。福祉サービスの申込み手続への同行，代行，契約締結の代理あるいは利用料の支払い，預貯金通帳の保管などがある。

ます。
① 設置数の少なさ

人口2万〜3万人に1カ所といわれていますが，実際には，設置は少なく，包括する高齢者が多くて対応できていません。

② 人材不足

保健師，社会福祉士，主任介護支援専門員が配置されることになっていますが，総合相談を担当できるほど熟練した人材が確保されているとはいえないのが実情です。また，配置された専門職の人数が少なく，多くの相談に対応することが困難で，虐待相談などには対応不可能になっています。

③ 多様で複雑な相談への対応のむずかしさ

高齢者の総合相談といってもその背後に家族の複雑な問題などが潜んでいることが多く，高齢者の相談だけではすまないことが多いのです。たとえば，高齢者から寄せられるDV相談などは配偶者暴力相談センターとの連携が必要ですが，そのような体制は必ずしもとれていないのが実情です。そのほか，高齢者の介護者が精神的障がいを持っている場合などは障害福祉関連課との連携が不可欠ですが実際は難しいものです。つまり，入り口は高齢者の相談でも，対応は福祉事務所や女性関連相談機関，病院など多様な機関等との連携が必要ですが，そのような真の意味の地域の包括的役割を担うには時間がかかるでしょう。

④ 地域包括支援センター運営協議会の機能不全

運営協議会の開催が少なく，形骸化している場合もあり，また，メンバーの硬直化で地域の資源のネットワーク化ができていないところがあります。

⑤ 情　報

始まって日が浅いこともあり地域住民に地域包括支援センターの場所や機能が周知されていないことです。

5 よりよい制度をつくるために

介護保険は利用者の選択の自由，当事者の権利意識を強く打ち出す制度です。しかし，私たちは心身が虚弱化したときにどこまで権利を主張できるのでしょうか。また，介護保険料を支払っていて，心身の状態が虚弱となり介護保険の対象であっても，いざ，サービスを利用しようと主体的に行動する成熟した消費者である高齢者ばかりではありません。介護サービスに対して全幅の信頼がおけるか，というと，残念ながらそういうわけではありません。今後よりよい制度に改変していくために議論を重ねる必要があります。　　（山田知子）

XI　海外の女性と福祉

1　諸外国の社会保障と女性

1　社会保障と福祉国家

　社会保障とは国家が国民ひとりひとりの最低限度の生活を保障する理念です。このように「国家」が「すべての国民」の最低生活を保障するようになったのはいつ頃からなのでしょうか。その歴史は意外と浅く，第2次世界大戦直後です。皮肉なことに戦前・戦中に軍事政策の一環として国家が国民の健康や生活に関心を持ち始めたことがこの背景にあります。総力戦で敵国に勝とうと思えば，母子や兵士の健康に気を配らないといけないからです。

　戦後の社会保障理念の特徴は万人平等主義的な保障，すなわち人権の立場にたった保障を制度化したことにあります。現在の先進国と呼ばれる国々の多くは，戦争ではなく福祉を中心に据えた福祉国家体制のもとで発展してきました。とはいえ，国家は財源なくしてすべての国民の生活保障をすることはできません。国家と国民の間には何が必要なのでしょうか。それは税金や社会保険料を国民が国家に納め，国家はそれを再分配するという方式です。そして税金や社会保険料を納めるために国民は労働（特に雇用）を行わないといけません。つまり，戦後の社会保障は雇用（労働）と福祉（生活の保障）をめぐる国民と国家との契約関係ともいえます。

　しかし既にみてきたように，日本の社会保障の実態には，ジェンダー視点を投入すると顕著な特徴があります。それは社会保険の適用者には男性が多く，社会扶助の適用者には女性が多いということです。その理由は，労働（雇用）と深い関係にあるからです。ジェンダーに中立にみえる社会保障制度ではありますが，雇用との関係で制度が成り立っているために，雇用アクセスにおいて既に存在するジェンダー格差は社会保障の実態にも影響することとなります。

　また2000年にようやく介護保障が制度として実施された状況や保育施設・高齢者施設が不足していた実態を鑑みると，社会保障制度そのものの中に，最初から女性を家庭における無償のケアの担い手として位置づけ，男性（夫）をセーフティネットとし，自立した労働者としての権利を阻害する側面を内包してきたのではないかという点も指摘できます。

　このように，社会保障の実態および社会保障制度そのものにおいて女性と男性が一様でない影響を受けていることは，国家が女性をどのように福祉国家体制の中で位置づけているかによるといえます。

2　福祉国家のタイプと女性

○G. エスピン－アンデルセンの3類型

　福祉国家といっても単一のモデルはありません。福祉国家体制にはいくつかのバリエーションがあります。福祉国家体制が異なれば当然のことながら福祉国家と女性との関係も変わってきます。

　福祉国家研究においては体制の相違及び特徴をさまざまな指標を利用して比較類型化が試みられてきました。その主流となっているのがG. エスピン－アンデルセンの比較類型であり，これは「脱商品化」という，具体的には老齢年金・疾病給付・失業保険を指標に用いて欧米の福祉国家体制を3つに分類したものです。その3つとは「自由主義的な福祉国家」「コーポラティスト的な福祉国家」「社会民主主義的な福祉国家」です。「自由主義的な福祉国家」はアメリカに代表され，市場中心的で，福祉供給に関しては自助を促進する傾向があります。「コーポラティスト的な福祉国家」はドイツ・オーストリアに代表され，階級主義的・家族主義的で，社会保険原則のもとで職域に応じた福祉が供給されるという特徴があります。「社会民主主義的な福祉国家」は北欧諸国に代表され，普遍原則と国家が主に福祉を供給するタイプの福祉国家です。

▷1　Esping-Andersen, Gøsta, *The Three Worlds of Welfare Capitalism*, Polity Press, 1990。(G. エスピン－アンデルセン，岡沢憲芙・宮本太郎監訳『福祉資本主義の三つの世界』ミネルヴァ書房，2001年)。

○フェミニストからの批判

　しかしながら，エスピン－アンデルセンの類型論は正規労働者である男性のライフスタイルを前提としており，家庭で主にケアを無償で担っている女性にはあてはまらないとフェミニストから批判されてきました。女性は，国家・市場などとともに，家族の重要な福祉供給主体でありながら，福祉受給者として男性と同等の権利を与えられていない（保険に関しては，男性の権利に付随した受給者である）という事実は，福祉国家をジェンダー指標で類型化し，再考する方向へと進みます。

　例えば，J. ルイスは男性稼ぎ手家族モデルに福祉国家がどの程度依拠しているのかを指標化し，福祉国家をアイルランド・イギリスに代表される「強固な男性稼ぎ手モデル」，スウェーデンに代表される「弱い男性稼ぎ手モデル」，フランスに代表される「改良された男性稼ぎ手モデル」に分類しました。

　また，A. シーロフはエスピン－アンデルセンの指標に「雇用のジェンダー平等指標」（雇用率，賃金格差，管理職比率など），「家族向け福祉指標」（家族手当，保育サービス，親休暇の充実など）を追加し，これらの水準の高低から各国を4つに分類しています。それによると，「雇用のジェンダー平等指標」も「家族向け福祉指標」も高い北欧諸国，労働市場におけるジェンダー平等は比較的高いが，家族向け福祉が低いアングロサクソン諸国（イギリス・アメリカ・カナダ），逆に労働市場におけるジェンダー平等はそれほど高くないが，家族向け福祉が充実しているヨーロッパ大陸諸国（ドイツ・フランス・オランダ・ベルギーなど），

▷2　Lewis, Jane, 'Gender and the Development of Welfare Regimes', *Journal of European Social Policy*, 2(3), 1992.

▷ 3　Siaroff, Alan, "Work, Welfare and Gender Equality: A New Typology", D. Sainsbury (ed.), *Gendering Welfare States*, Sage, 1994.

▷ 4　Daly, Mary and Rake, Katherine (2003), *Gender and the Welfare State : Care, Work and Welfare in Europe and the USA*, Polity Press, 2003（メリー・デイリー／キャサリン・レイク，杉本貴代栄監訳『ジェンダーと福祉国家——欧米におけるケア・労働・福祉』ミネルヴァ書房，2009年）．

▷ 5　杉本貴代栄・森田明美編著『シングルマザーの暮らしと福祉政策——日本・アメリカ・デンマーク・韓国の比較調査』ミネルヴァ書房，2009年．

そして両方とも低い日本・スイス・ギリシャ・スペインとなっています[43]。

　一方，ジェンダー視点から福祉国家を類型化するという傾向は指標を追加して進むほど，類型化のプロセスにおいて矛盾を生じさせたり，類似点を強調するがゆえに相違点となるような特徴を見逃したりする懸念から，類型化は福祉国家と女性との関係を探究するにはふさわしくないといった見方も出ています。

　例えば，M. デイリーはその福祉国家においてどの女性たちが優遇されるのかという「女性間の不平等レベル」に注目し，ルイスのような「強い男性稼ぎ手家族モデル」や「弱い男性稼ぎ手家族モデル」という福祉国家の対比は，政策がシングルマザーや高齢女性をどのように他の女性たちと区別しているのかを明らかにしていないと指摘しています[44]。

　以上のように，女性と社会保障を考察することは福祉国家における女性の位置づけを明らかにすることです。福祉国家体制にバリエーションがあれば，それらの社会保障制度から女性と福祉国家との関係を探究することができます。次項では諸外国の社会保障と女性について具体的にみていきます。

③ デンマークの社会保障

　北欧諸国の一つであるデンマークは，北欧モデルである「国家福祉」「高税」「高福祉」「普遍原則」「個人単位」といった社会保障制度的特徴をもっています。税方式を主な社会保障財源としているため，所得税率は50～60％と国民負担は重いですが，その分，小学校から大学までの教育費は無料で，老後の生活は行政の責任となるなど，社会的弱者であっても自立した生活が保障されています。ノーマライゼイション発生の地であることからもわかるように，誰にでもその社会におけるノーマルな生活を送る権利を保障することに社会の価値がおかれているため，国民の幸福感も非常に高くなっています。

　デンマークの社会保障制度において女性は男性に扶養されるべき存在として位置づけられていません。老後の生活を子どもに依存することがないため，自分の食い扶持は自分で稼ぐ個人単位のデンマーク社会では，女性は納税して財源を支える自立した労働者として扱われています。雇用率は男女共に 7 割を超え，女性賃金に対する男性賃金は13％増と格差の少ない結果となっています。

　現役世代には男女共に完全雇用が期待されるため，社会サービスである保育施設や高齢者の在宅サービスが充実しています。特に保育施設については，1 歳児の入所率が既に 8 割を超えるなど全子入所可能な体制を整えており，これによって女性の高い就労率及び経済的な自立が確保されています。しかも全日制保育の利用率が高いために，母親の就労形態はフルタイムであることが通常です。母子世帯でも，母親が定職に就いていれば公的扶助の対象となることは少ないという結果が出ています[45]。そして忘れてはならないのが，このような保育施設の充実は単に母親の就労促進からではなく，子ども個人に質の良い社会

184

化教育を保障するという普遍原則からきていることです。

このようにデンマークは、女性の経済的自立と質の高い福祉を両立させた社会保障的特徴のある社会であるといえます。

❹ イギリスの社会保障

イギリスは戦時中に国民の最低生活を国家が保障する「ゆりかごから墓場まで」といわれるような青写真を描き、戦後いち早く社会保障制度を整備した国家です。全国民加入対象の社会保険制度と無料の医療制度により、イギリスの社会保障は戦後当初は普遍主義的な性格を帯びていました。しかしながら1973年のオイルショック以降、肥大化した公共の福祉を維持しようと増税したことが国民の勤労意欲を損ない、結果として国家経済が停滞しました（英国病）。1980年代にはサッチャー政権のもとで選別主義による公共の福祉の切り捨てと民営化が進み、家族やコミュニティをケアの担い手とする自助主義が奨励されました。1990年代末期以降は、ブレア政権のもとで長期的な社会保障制度の維持のために福祉給付よりも雇用創出を目指した職業訓練教育プログラムに政策的力点がおかれてきました。

イギリスは市場経済の活性化を優先するために明示的な家族生活への介入を避けてきました。しかしこのような非干渉が育児や介護などの社会サービスの不十分さをもたらし、自助努力の奨励につながった結果、女性の経済的自立の機会は妨げられることとなります。強固な男性稼ぎ手家族モデルとして位置づけられているのもイギリスの特徴です。戦後直後の普遍主義的な社会保障制度の確立期にですら、全国民対象とはいいつつも、既婚女性は主婦・母親として男性に扶養される存在として位置づけられてきました。このような特徴は母子世帯や高齢単身女性、つまり本来扶養者であるはずの男性（夫）を失った女性たちの貧困率の高さに発現しています。母親はパートタイムであれば雇用アクセスの機会を得ることはできますが、この適用はフルタイム就労と比較すると不利益をもたらしています。保育サービスも母親の仕事と育児の両立をサポートする機能を果たしているとはいえません。このようにイギリスでは家族に対する社会保障的な非干渉主義の結果、女性は男性を通して一般的なセーフティネット（社会保険）を享受し、男性が不在の際にはスティグマを伴うセーフティネット（公的扶助）の対象となっています。

▷6 1942年に発表された「ベヴァリッジ報告書」に関するいくつかのジェンダー分析研究においても同様な点が指摘されている。

❺ フランスの社会保障

フランスの社会保障制度は「国民連帯」を理念として戦後より発展してきました。社会保険方式を社会保障の基礎としていますが、国家ではなく、労使が自律して職域による社会保険の管理運営に参加することによって連帯を維持させることを目的としています。フランスでは、社会保険、労働災害補償、家族

給付の3つの領域から社会保障制度が成り立っています。そのため，子どもに関する福祉も，子どもが将来の良き市民として社会の幅広い領域に積極的に参加をして連帯を深めてゆくことをめざしています。フランスの社会保障は雇用を中心としながら社会的連帯を重視して，社会的に排除されないように国民のニーズを受け入れ，サポートしてゆくタイプの社会保障制度であるといえます。

　フランスにおいてジェンダーが政策課題となることはほとんどありませんが，これらは家族政策の中に埋め込まれているといえます。フランスの家族政策は人口政策として明確に位置づけられており，多様なサポートが特徴となっています。つまり，出産後の就労継続／退職や保育方法についてどのような選択をしても，親休暇や保育サービス，家族給付や税制によって個々の家族ニーズが保障される仕組みとなっているのです。

　たとえば，出産休暇は出産回数，子どもの数，母親の体調に応じて期間にバリエーションがあります。保育サービスについては，保育所，家庭内保育所，一時託児所，保育学校，幼稚園，保育ママの派遣があり，保育所に関しては公共部門ばかりでなく，親や民間団体も運営主体として大きな役割を果たしています。また，障がい児や病児を社会の中に統合することも保育サービスの目標となっており，ここにも「国民連帯」の理念がみられます。家族給付については，「家族手当金庫」という制度によって支給されており，所得保障，住宅保障，最低生活保障，雇用保障など幅広い要素を含んでいるのが特徴です。税制では，有子世帯に対して「N分のN乗方式」という多子世帯であるほど有利な税制上の優遇措置がとられています。

　このように細かく体系化された制度・政策により，母親のワーク・ライフ・バランスは保たれています。フランスの就労率は男性7割，女性6割強ですが，24〜49歳の子育て世代の女性の就労率は8割を超えており，さらに0〜2歳の1子いる母親の8割，2子いる母親の6割が休暇と保育サービスを利用しながら就労継続をしています。3子以上になると就労継続の割合は下がりますが，その分，多子世帯向けの政策により給付や税制において優遇されます[47]。

　フランスは家族を単位としながらも，有子家族を多様に支援する社会保障制度によって女性の生き方の選択の幅を広げる社会となっていますが，男性の育児参加については伸び悩んでおり，今後の課題になっています。

6 韓国の社会保障

　韓国の社会保障制度は1987年以降の本格的な民主主義路線の中で急激に形成・再編されてきました。特に1997年のIMF経済危機以降，金大中政府の「生産的福祉」，すなわち，①人権・市民権としての福祉，②労働を通じた積極的福祉，③社会的連帯に基づいた参画型福祉体系という基本構想のもとに大規模な社会保障改革が行われました。戦後50年以上をかけて先進諸国が国内問題

▷7　多くの国では高所得層から低所得層への所得再分配であるのに対し，フランスでは無子・少子世帯から多子世帯への再分配となっている。

として試行錯誤してきた失業・高齢化・少子化などの課題を，韓国はグローバリゼーションの影響を受けながら一挙に対応せざるを得なくなっているのです。

このような中で，女性と社会保障をめぐる状況も急速に変化しています。法制度的には1987年の男女雇用平等法，1989年の母子福祉法，1991年の乳幼児保育法，1994年の「勤労女性福祉基本計画案」と次々に整備されてきました。しかしながら，1997年のIMF経済危機以降は，失業に対応する社会保険と貧困に対応する公的扶助に重点がおかれ，社会福祉サービスに変化はみられませんでした。さらに2004年には健康家族基本法が制定され，伝統的な家族役割を福祉サービス体系の中心に位置づける方向性も打ち出されています。2人に1人が非正規雇用という現状において，女性の大多数は地位の低い非正規労働に従事し，それが社会保険の空洞化を引き起こしていると問題視されています。

2005年には合計特殊出生率が1.08と最低数値を記録したために，国家も少子化対策に取り組み始めています。しかし，慢性的な保育サービス不足と労働力の二極化及びそれに伴うジェンダー化という現状において，女性を社会保障枠組みの中でどのように位置づけていくのか，今後の方向性が模索されています。

7 福祉国家における女性の位置づけのバリエーション

以上4カ国を事例として社会保障制度を女性との関わりからみてきましたが，ここから福祉国家における女性の位置づけを考察する際の要点は以下のようにまとめることができるでしょう。

まず，「国家が女性雇用をどのように経済システムの中に取り入れているか」です。女性に自立した正規労働者として期待をするのであれば，介護や育児の社会化が必要となり，専業主婦や切り捨て可能な非正規労働者として期待をするのであれば，男性の賃金を上げて女性が家庭に留まりやすいようにする必要があります。もっとも日本の場合は後者を目的としてきましたが，男性の賃金すら上がらないために，各世帯に過重な負担がかかる現状となっています。

次に，「国家が女性を男性に扶養される存在として位置づけているか」です。これは男女の賃金格差や家族／夫婦単位で社会システムが組まれているか否かに関わってきます。

最後に，「国家が女性の異なるライフステージやライフスタイルに配慮しているか」です。女性はたとえ子どもがいて男性に扶養される存在であったとしても，最後はひとりになります。一生の間には長期であれ短期であれ，単身・無子・母子世帯となることもあるでしょう。また，女性は男性以上にどのような働き方をするか，子を産むか産まないかといった選択を常にしながら生活をしています。このような女性の一生における変化や個人の選択に対してどれくらい柔軟な政策となっているかをみることもまた大切です。このような点から日本をどのように評価できるかを再考してみる必要がありそうです。（大塚陽子）

参考文献

メリー・デイリー／キャサリン・レイク，杉本貴代栄監訳『ジェンダーと福祉国家――欧米におけるケア・労働・福祉』（Mary Daly & Katharine Rake, *Gender and the Welfare State: Care, Work and Welfare in Europe and the USA*, Polity Press, 2003）ミネルヴァ書房，2009年。

XI 海外の女性と福祉

2 北欧における政策的展開

1 時間政策――雇用労働時間・親休暇時間

　女性が被扶養者として制度の中で扱われることなく，年金や医療を自己名義で享受するには，雇用を継続させることが必要不可欠です。仕事と家庭の調和を目的に，北欧では子育て支援の一環としてさまざまな試みが1990年代から既に行われてきました。ここでは，雇用労働時間や親休暇時間を調整する「時間政策」についてみていきます。

○フレックスタイム制度

　「フレックスタイム制度」とは，一定期間における総労働時間を予め定めておき，労働者はその枠内で各日の始業及び終業時刻を「自主的に」決定し，変則的な労働時間で働く制度のことです。通常は１日の労働時間帯を必ず勤務すべき時間帯（コアタイム）と，その時間帯であればいつ出社もしくは退社してもよい時間帯（フレキシブルタイム）とに分けますが，コアタイムについては必ずしも設ける必要はなく，すべてをフレキシブルタイムにすることも可能です。

　デンマークでは，フレックスタイム制度により，未就学児をもつ母親のフルタイム就労が促進されてきました。未就学児をもつデンマークの母親の就労率は1980年代から現在まで70％前後となっていますが，1980年にはそのうち57％が週35時間以下のパートタイム就労だったのに対し，2002年には76％が週36時間以上のフルタイム労働に就いています。公共部門で働く親へのフレキシブルな労働時間政策は1989年から積極的に始められ，1992年の調査によれば，有子労働者の93％がこの制度を利用しました。女性が男性と同様にフルタイムで働き続けることにより，老後の年金受給額に男女格差を作らないような時間政策がとられていることは，デンマークの男女平等政策の一つの特徴といえます。

○タイム・アカウント制度

　時間政策としての親休暇制度（出産休暇・育児休暇）に着目しているのがノルウェーです。日本では親休暇の連続取得が原則となってきましたが（2010年より変更），ノルウェーではこれを「時間単位」で分割取得することができます。これを「タイム・アカウント制度」と呼び，国民保険法及び労働環境法に基づき1994年に導入されました。この制度によって親休暇期間中のパートタイム就労が可能となり，キャリアを落とすことなく仕事と育児の両立ができるようになりました。具体的には，「80％の給与補償で52週間のうち39週間」「100％の

▷１　大塚陽子「保育制度と親休暇制度の関係にみるデンマークの個人単位制とジェンダー的平等」『ジェンダー研究』第４号，東海ジェンダー研究所，2001年。

給与補償で42週間のうち29週間」のいずれかを選択し，選択した休暇の総時間及び給与補償の総額を変えずに，労働時間をフルタイムの90％，80％，75％，60％，50％の中から選んで，最長2年間運用します。

しかしながら，雇用を継続しつつもパートタイム就労にシフトダウンすることによって生ずるリスクは依然として残っています。ノルウェーにおけるパートタイムは日本の「パートタイム」とは異なり，正規雇用の短時間労働ですが，女性に占めるパートタイムの多さは労働時間が短いために低所得につながり，将来の男女年金受給格差を生み出すことになります。

以上のように，「フレックスタイム制度」を有効に使って母親のフルタイム就労を促すデンマークでは公的保育制度が充実しており，2006年時点では，0～2歳児の61.8％，3～5歳児の94.4％が保育所を利用していました。しかも3～5歳児の69％がフルタイムで利用しています。これに対してノルウェーでは親休暇の「タイム・アカウント制度」を導入し，休暇中でもパートタイムで仕事と育児を両立できるようにしています。ちなみに，ノルウェーにおける公的保育施設の利用状況は，2006年時点で，0～2歳児の32.8％，3～5歳児の87.6％となっており，フルタイムでの利用率は45％でした。

両国の両制度とも，女性を男性に依存しない独立した労働者として雇用を継続させ，ワーク・ライフ・バランスを具現化する政策という点では共通していますが，それぞれに改善すべき課題を含んでいます。デンマークの母親は「フレックスタイム制度」と「フルタイムの公的保育制度」の活用によりフルタイム就労が可能で，男女年金受給格差の心配はありませんが，家庭内で残る子どものケアについては男性よりも負担を背負うこととなり，それが短時間労働への要求につながっています。一方，ノルウェーの母親は「タイム・アカウント制度」により親休暇期間でも仕事と育児を両立できるようになりましたが，パートタイム就労をすることにより，男女年金受給格差を心配しなければなりません。どちらの国にとっても父親による育児参加が必要不可欠といえます。

2 男性（父親）政策

○労働者モデルを変えるための男性（父親）政策

女性の経済的自立を普遍的なものにしていくためには，女性の側が仕事と家庭を両立しやすい環境にするだけでは不十分です。賃金労働と社会保障が連結している現代福祉国家体制のもとで，自分名義の社会保障を男女格差なく享受しようと思えば，男性にとっても仕事と家庭を両立しやすい環境を整備していかなくてはなりません。

家事・ケア（育児・介護）などのアンペイドワークの存在をどのようにするかは，女性の経済的自立に関わっています。しかしながら，これらを外部化しても家庭内に残る部分は生じ，女性に二重負担が課せられる傾向となります。

また，家事・ケアを手当てなどである程度有償化したとしても，女性が家庭内に留まりやすくなることによって総賃金労働時間が減少し，男女の年金受給格差は広がります。つまり，女性を男性によって扶養される存在から解放するには，女性（母親）政策ばかりではなく，男性（父親）政策を行うことによって，家庭内の家事・ケアを担う普遍的な労働者モデルを基礎とした社会保障制度体系に変革していかなければならないといえます。

○父親休暇制度

日本では2010年6月から改正育児・介護休業法において父親の育児休業取得の促進がなされていますが，父親の役割を重要視し，早期から父親に対して親休暇制度を導入した北欧諸国の代表として，スウェーデンとノルウェーが挙げられます。前者は1974年，後者は1978年に父親に対する親休暇制度を導入し，デンマーク・フィンランドが1980年代になってから，さらにアイスランドが1998年とこれらに続いています。

北欧の父親休暇制度には，①「出産休暇としての父親休暇」，②「育児休暇としての父親クオータ」の2種類があります。①の父親休暇は，子どもの出生後一定期間内で父親のみが2週間ほどの休暇を取得できるというものです。これは短期休暇でキャリアや収入のうえでのロスが比較的少ないということもあって，多くの父親が消化しており，新生児誕生後早期の父親休暇は父性を高めるというメリットがあります。

○父親クオータ

前述②の「育児休暇としての父親クオータ」とは，ふたり親が交互／同時に取得できる給与補償付の親休暇（育児休暇）の中で，父親のみに権利が与えられた制度のことです。父親休暇と同様に，これを父親が取得しない場合には，母親への移転は不可能であり，取得しない父親は給与補償も含め権利を失うことになります。取得期間については，北欧の中では，2005年現在でノルウェーが4週間，スウェーデンが8週間であり，アイスランドは13週間となっています。デンマークは2週間の父親クオータを導入していましたが，2002年に廃止しました。導入年に関しては，ノルウェーが最初で1993年，続いてスウェーデンが1995年，デンマークが1998年という順序になっています（**表XI-1参照**）。

ノルウェーの「父親クオータ」では，育児休暇としての親休暇39週間もしくは29週間のうち4週間を父親の持ち分としています。給与補償額は80％もしくは100％です。この制度の導入により，1992年には休暇を取得する父親の割合はわずか2.3％でしたが，1995年には74％，現在では90％と急上昇しました。取得する期間も1カ月くらいとなり，成功を収めています。そして近年最も注目されているのはアイスランド・モデルであり，母親休暇13週間・父親クオータ13週間・両親休暇13週間といった親休暇全体を3つのパートに等分した画期的な制度で，およそ7割の父親が休暇を取得しています。ノルウェーにおいて

表XI-1　北欧5カ国における親休暇制度の比較（2005年）

	デンマーク	フィンランド	アイスランド	ノルウェー	スウェーデン
出産休暇／母親休暇(産前)	4週間	5週間	4週間	3週間	9週間
出産休暇／母親休暇(産後)	14週間	15週間	13週間	6週間	8週間
母親休暇に付随した父親休暇	2週間	2週間	2週間	2週間	2週間
両親休暇	32週間	32週間	13週間	29/39週間	52週間
父親クオータ	2002年廃止	2週間	13週間	4週間	8週間
給与補償率	90%	70%	80%	100/80%	80-100%
パートタイム就労＋パートタイム親休暇	可	可	可	可	可
両親の同時休暇取得	可	可	可	可	可
親休暇の最長期間	52週間	54週間	39週間	42/52週間	68週間
父親への親休暇の導入年	1984年	1978年	1998年	1977年	1980年
両親休暇の導入年	1984年	1980年	1981年	1978年	1974年

出所：Valdimarsdóttir, Friða Rós, *Nordic Experiences with Parental Leave and Its Impact on Equality between Women and Men*, Nordic Council of Ministers, 2006を基に筆者が修正・加筆のうえで作成。

表XI-2　全有償親休暇期間（年間）における父親による休暇取得日数割合（2009年）

(%)

年	フィンランド	デンマーク	ノルウェー	スウェーデン	アイスランド
1992	3.3	4.6	0.8	9.9	──
1997	3.8	4.5	6.7	11.1	0.1
2002	4.8	5.5	8.6	18.3	27.6
2007	6.1	6.1	11.4	21.7	31.2

原出：*Social Protection in the Nordic Countries 1995, …, 2005, 2006/2007*.
出所：Anita Haataja, *Fathers' use of paternity and parental leave in the Nordic countries* (Online working papers 2/2009), The Social Insurance Institution of Finland (Kela), 2009より筆者作成。

も2009年にさらに長期の父親クオータが導入されています。

　父親クオータを含めた親休暇制度の改革は北欧において頻繁に議論・改正されています。全体として取得権利期間が延長される方向に進んでいますが，他方では，デンマークのように国家が父親の休暇取得期間を定めるのではなく，夫婦の選択に任せることとして父親クオータを廃止した国もあり，夫婦の自由裁量を優先する動きは北欧内において広まっています。しかし，この動きは父親政策の必要性を主張するフェミニスト研究者たちからは懸念されています。育児休暇としての親休暇を夫婦の選択に任せることにより，交互にあるいは同時に休暇を自分たちでアレンジできる点は評価できるものの，実態としては，父親の取得日数が伸び悩む恐れにつながるからです。

　とはいえ，表XI-2にあるように，父親による休暇取得日数の割合は母親にはとても及ばないものの，着実に増加しており，父親クオータがなくても親個人が親休暇を自由に取得できる環境の整備が北欧の目指す今後の方向性といえるでしょう。

（大塚陽子）

参考文献

大塚陽子「第Ⅳ部第4章北欧福祉国家レジームと家族・労働──デンマークにおける有子家族支援政策──親休暇制度のジェンダー的課題」長野ひろ子・松本悠子編著『経済と消費社会』（ジェンダー史叢書第6巻）明石書店，2009年。

XI　海外の女性と福祉

3　女性と社会保障をめぐる今後の政策的展望

1　個人単位の社会保障制度

　日本の社会保障制度がジェンダー問題を内包していることは既にみてきた通りですが、高齢化・少子化・グローバル化が進行する中で、日本を持続可能な福祉社会とするためにどのような制度改革をしていけばよいのでしょうか。

　社会保障制度が雇用・経済社会と深く関わっていることを鑑みれば、女性を男性によって扶養され、ケア、すなわち社会福祉サービス的役割を家庭において無償で担う存在から、社会保険料を納めて社会保障財源の確保に貢献する自立した労働者へと位置づけを変えていけるような制度にする必要があります。

　とはいえ、結婚や妊娠・出産により女性のライフスタイルは男性よりも変化を受けやすいのが実情です。そのため、女性がライフステージごとにどのライフスタイルを選択しても不利にならない中立な制度にすることが必要でしょう。

　たとえば、年金制度において、女性は①自営業者・非正規労働者になるか／正規労働者になるか、②結婚をするか／しないか、③妊娠・出産時に退職するか／育児休業を取得して正規雇用を継続するか、④出産後退職して専業主婦になるか／非正規雇用で復帰するか、⑤自営業の夫を選ぶか／サラリーマンの夫を選ぶか、という選択によって遺族年金と老齢年金の受給額が変わってきます[41]。

　また、1人の女性が退職時まで受けとる総賃金（生涯賃金）においては、いわゆる「共働き」世帯として出産後に再就職し、同じ年数働いても、正規雇用と非正規雇用では1.2億円近い生涯賃金格差が生じます[42]。これは、雇用形態と勤続年数に応じて支給される退職金によって格差が生じるためです。社会保障制度そのものだけでなく、雇用制度や賃金体系についても検討が必要です。

　多様なライフスタイルに対応していくには、社会保障制度を個人単位化する必要があるでしょう。現在の夫婦／家族単位の社会保障制度は「男性稼ぎ手型」という画一モデルを基本にしたものです。このような制度のもとでは、女性は家庭及び労働市場においても、画一モデルから外れた生き方を選択することが困難となり、自立の機会を奪われてしまいます。納税者や被保険者を増やして財源を確保するためにも、個人単位の社会保障制度は必須といえます。

　また、個人単位の社会保障制度は多様化する家族の変容にも対応します。先にみてきたデンマークでは個人を中心とした社会保障制度が確立しているために、日本のように家族頼み（＝女性頼み）の福祉に頼る必要がありません。高

▷1　塩田咲子『これでいいの？女性と年金』（かもがわブックレット103）かもがわ出版　1997年。
▷2　『朝日新聞』2006年4月23日付朝刊。

齢者の介護は家族における女性の役割ではありませんし，生まれてきた子どもの約半数が婚外子であることからもわかるように，親同士の関係が法律婚・事実婚・非婚・離婚・同性婚など如何なる形態をとっても子どもが社会的に不利益を被ることは少ないシステムとなっているのです。子どもの貧困を考えるうえでも，個人単位の社会保障制度のメリットは大きいといえます。

2 福祉供給アクター間の連携

ジェンダーに配慮した持続可能な福祉社会を構築するには，法制度の整備だけでは不十分です。たとえば，社会福祉サービスの一環である保育施設の供給が保障されていても，量・質・コスト・利便性に問題があれば，人は他の選択をせざるを得ないからです。選択の結果として母親が継続就労を諦めてしまえば，社会保障財源は確実に減少します。つまり，ライフスタイルの多様化の中で社会保障制度の再編を行うには，実態に見合った，幅広い分野を含めたうえでの多元的・包括的・体系的な改革が求められるのです。

育児に関する社会保障を例にとっても，福祉供給のアクター（行動主体）には，「国家」ばかりではなく，「家族」「市場」「地域」「企業」があります。母親に自立した労働者でいてもらうには，父親や親族による育児（家族），質が高くリーズナブルなケアビジネス（市場），地域におけるボランティア・近隣などを中心とした育児ネットワーク（地域），利用率の高い企業内保育や柔軟な育児休暇（企業），といった多様なアクターによる福祉供給及び供給の確保が必要とされます。そして，忘れてはならないのが，これらのアクターを媒介しながら福祉供給を行う民間非営利組織のNPOといった第3セクターの存在でしょう。国民生活への介入が少ないイギリスではNPO活動が盛んであり，日本でも非常に注目されています。

今後の行政の役割としては，具体的な施策やプログラムの提供に加え，さまざまな福祉供給アクターの活動を客観的に評価しつつ，ネットワーク化して協働体制を整備することが求められています。日本は縦割り行政といわれるように，各セクション同士の連携の不十分さも問題になっているような現状がありますが，今後はこの点を強化してゆく必要があるでしょう。社会保障は経済状況によって左右されますが，経済状況によっても左右されない人的ネットワークによるセーフティネットを形成することも再編につながるのです。

そして，このような福祉供給アクターの連携システムの中にひとりひとりが早期から積極的に参加する公共意識を育てていくことが大切でしょう。家族や個人だけでは，あるいは行政だけでは現代の福祉的課題は乗り切れません。無縁社会と呼ばれている今，これまでのような公私二元論を超え，ひとりで抱え込まない，他者との緩やかな公共的関係を築いていくことが特に女性には求められているのです。

（大塚陽子）

▷3　白鳥令／R. ローズ編，木島賢・川口洋子 訳『世界の福祉国家 課題と将来』新評論，1990年。（Rose, R. & Shiratori, R., *Welfare State East and West*, Oxford University Press, 1986)

巻末資料

表1　女性と福祉に関する主な動向

年	国連の動き	日本の動き＊男女共同参画	日本の動き＊子ども
1971		「児童手当法」成立	
1975	国際婦人年 国際婦人年世界会議（メキシコシティ） 「世界行動計画」採択	総理府に「婦人問題企画推進本部」 「特定職種」育児休業法成立（公立の女性の教育職員・保母・看護婦）	
1976	国連婦人の十年（～1985）		
1977		「国内行動計画」策定	
1979	国連総会「女性差別撤廃条約」採択		
1980	国連婦人の十年中間年世界会議（コペンハーゲン）		
1981	ILO156号条約（家族的責任を有する男女労働者の機会及び待遇の均等に関する条約）	配偶者相続分の民法改正 「国内行動計画前期重点目標」策定	
1985	国連婦人の十年最終年世界会議（ナイロビ） ユネスコ学習権宣言	「国籍法」および「戸籍法」改正施行 国民年金法改正（女性の年金権確立） 「男女雇用機会均等法」成立 「女性差別撤廃条約」批准 「労働者派遣法」成立：対象を13業務に設定	「児童扶養手当法」改正：二段階所得制限導入 「児童手当法」改正：第2子から支給期間を義務教育修了までに変更 母子福祉年金を遺族基礎年金に統合
1986		女子に関する労働基準法一部改正	
1987		2000年に向け新国内行動計画策定（1987～2000） 配偶者特別控除の新設	
1988		第1回女性差別撤廃委員会報告審査	
1989	国連「子どもの権利条約」採択	ゴールドプラン策定	1.57ショック
1991		「育児休業法」成立	「児童手当法」改正：支援対象を第1子まで拡大
1992		婦人問題担当大臣任命	
1993	世界人権会議（ウィーン会議） 国連「女性に対する暴力撤廃宣言」採択	「パートタイム労働法」成立	
1994	国際開発人口会議（カイロ）	総理府男女共同参画室設置 男女共同参画推進本部設置 新ゴールドプラン策定 第2・3回女性差別撤廃委員会報告審査	子どもの権利条約批准 緊急保育対策等五ヶ年事業の策定 エンゼルプラン策定／主任児童委員新設 「児童扶養手当法」改正：支給対象を18歳年度まで拡大
1995	第4回世界女性会議（北京）行動綱領，北京宣言採択	育児休業給付支給：休業前賃金の25％ 「育児・介護休業法」成立（介護休業の法制化，1999年施行） 日本がILO156号条約を批准	
1996		男女共同参画推進連携会議発足 男女共同参画2000年プラン策定 「母体保護法」成立 「労働者派遣法」改正：26業務に対象を拡大	第1回子どもの商業的性的搾取に反対する世界会議（ストックホルム）
1997		男女共同参画審議会設置 「介護保険法」成立	
1998		「労働基準法」改正：深夜・休日・時間外労働における女性保護規制撤廃	国連子どもの権利委員会第1回報告審査 「児童扶養手当法」改正：所得制限の引下げ
1999		「男女共同参画社会基本法」施行 ゴールドプラン21の策定 「労働者派遣法」改正：業務の原則自由化 「男女雇用機会均等法」改正：募集・採用・配置・昇進の差別禁止	新エンゼルプラン策定 「児童買春・ポルノ処罰法」成立

年	国連の動き	日本の動き＊男女共同参画	日本の動き＊子ども
2000	国連特別総会女性2000年会議政治宣言採択（ニューヨーク） 国連ミレニアムサミット	男女共同参画基本計画策定 「介護保険法」施行	「児童虐待防止法」成立 「児童手当法」改正：支給期間を義務教育就学前まで拡大
2001		育児休業給付：休業前賃金の40％ 内閣府に男女共同参画会議及び男女共同参画局設置 第1回男女共同参画週間 「配偶者からの暴力の防止及び被害者の保護に関する法律（DV防止法）」成立 仕事と子育ての両立支援策の方針について閣議決定 「育児・介護休業法」改正：不利益な取り扱いの禁止等	新待機児童ゼロ作戦 第2回子どもの商業的性的搾取に反対する世界会議（横浜）
2002	国連子ども特別総会（ニューヨーク） 「子どもにふさわしい世界」	アフガニスタンの女性支援に関する懇談会開催	「児童扶養手当法」改正：所得制限の細分化，父からの養育費を母の所得に算入，5年間の受給制限を設定
2003		男女共同参画推進本部「女性のチャレンジ支援策の推進」決定 「労働者派遣法」改正：派遣受入期間延長 配偶者特別控除の一部廃止（2004年度から） 第4・5回女性差別撤廃委員会報告審査	「児童福祉法」改正：子育て支援事業法制化 「少子化社会対策基本法」成立 「次世代育成支援対策推進法」成立
2004		男女共同参画社会の将来像検討会報告書取りまとめ 「DV防止法」の改正及び基本方針の策定 「育児・介護休業法」改正：一定の場合に期間の延長等 年金制度改正：離婚時の年金分割等 生活保護の母子加算の段階的廃止開始（2008年度に全廃，2009年度復活）	「児童福祉法」改正：児童相談の窓口を市町村に変更 子ども・子育て応援プラン 国連子どもの権利委員会第2回報告審査 「児童手当法」改正：支給期間を小3まで拡大 武力紛争における子どもの関与に関する選択議定書批准
2005	第49回国連婦人の地位委員会（国連「北京＋10世界閣僚級会合」）（ニューヨーク）	「介護保険法」改正：介護予防の導入等 男女共同参画基本計画（第2次）」策定	子どもの売買，子ども買春及びポルノに関する選択議定書批准
2006	国連「障害者の権利条約」採択	「男女雇用機会均等法」改正：男女双方の差別禁止 「労働安全衛生法」改正：医師による面接指導制度の導入	「児童手当法」改正：支給期間を小学校修了まで拡大
2007		「DV防止法」改正：市町村基本計画等 仕事と生活の調和推進のための行動計画指針 育児休業給付：暫定（2009年度まで）50％ 離婚による年金分割制度開始：合意分割 「男女雇用機会均等法」改正：セクシュアルハラスメント対策強化 「パートタイム労働法」改正：職務などが正規雇用者と同じ場合の公正待遇を保障 「労働契約法」成立	子どもと家族を応援する日本 「児童手当法」改正：3歳未満の支給費を月1万円に変更
2008		男女共同参画推進本部決定：女性の参画加速プログラム 後期高齢者医療制度施行	新待機児童ゼロ作戦 「次世代育成支援対策推進法」改正 第3回子どもの性的搾取に反対する世界会議（リオデジャネイロ） 「児童福祉法」改正：保育ママ事業の法制化
2009		「育児・介護休業法」改正：パパ・ママ育休プラス等 第6回女性差別撤廃委員会報告審査	「子ども・若者育成支援推進法」成立
2010	APEC女性リーダーズネットワーク会議（東京）	育児休業給付金：50％暫定措置を当分の間延長	子ども・子育てビジョン策定 国連子どもの権利委員会第3回報告審査 子ども・若者ビジョン策定 子ども手当制度の創設 「高校授業料無償化法」成立

出所：筆者全員による共同作成。

巻末資料

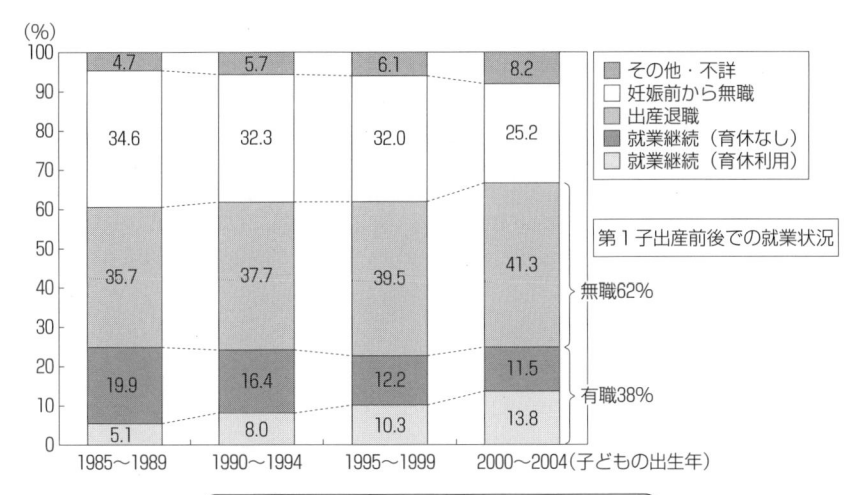

図1　子どもの出生別第1子出産前後の妻の就業経歴

凡例：
- その他・不詳
- 妊娠前から無職
- 出産退職
- 就業継続（育休なし）
- 就業継続（育休利用）

子どもの出生年	その他・不詳	妊娠前から無職	出産退職	就業継続（育休なし）	就業継続（育休利用）
1985～1989	4.7	34.6	35.7	19.9	5.1
1990～1994	5.7	32.3	37.7	16.4	8.0
1995～1999	6.1	32.0	39.5	12.2	10.3
2000～2004	8.2	25.2	41.3	11.5	13.8

第1子出産前後での就業状況（2000～2004）：無職62%、有職38%

注：1. 国立社会保障・人口問題研究所「第13回出生動向基本調査（夫婦調査）」より作成。
　　2. 1歳以上の子を持つ初婚どうし夫婦について集計。
　　3. 出産前後の就業経歴
　　　　就業継続（育休利用）－第1子妊娠前就業～育児休業取得～第1子1歳時就業
　　　　就業継続（育休なし）－第1子妊娠前就業～育児休業取得なし～第1子1歳時就業
　　　　出産退職　　　　　　－第1子妊娠前就業～第1子1歳時無職
　　　　妊娠前から無職　　　－第1子妊娠前無職～第1子1歳時無職
出所：内閣府編『男女共同参画白書　平成22年版』。

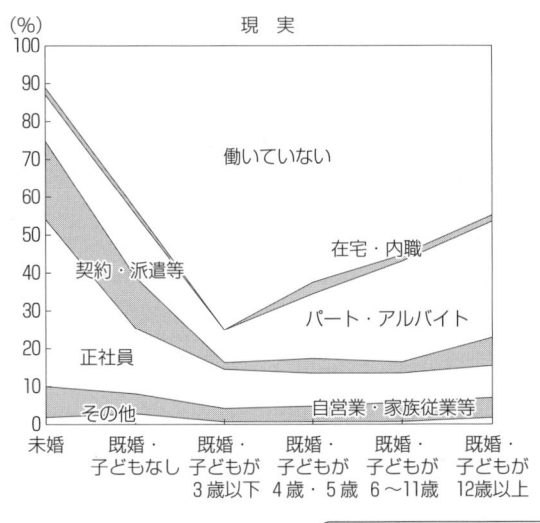

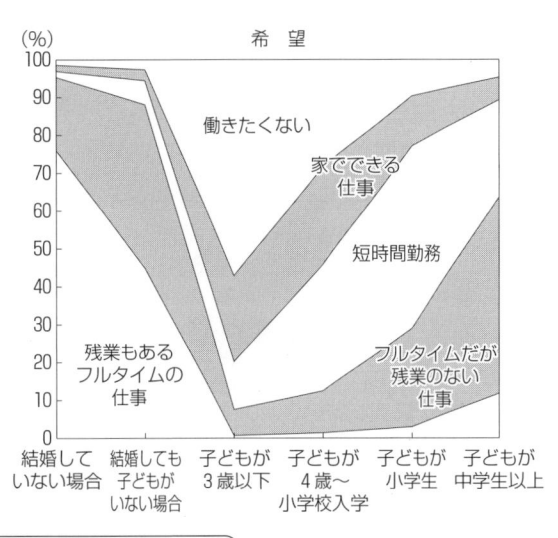

図2　女性のライフステージに応じた働き方の希望と現実

【現実】横軸：未婚／既婚・子どもなし／既婚・子どもが3歳以下／既婚・子どもが4歳・5歳／既婚・子どもが6～11歳／既婚・子どもが12歳以上
区分：その他、正社員、契約・派遣等、働いていない、在宅・内職、パート・アルバイト、自営業・家族従業等

【希望】横軸：結婚していない場合／結婚しても子どもがいない場合／子どもが3歳以下／子どもが4歳～小学校入学／子どもが小学生／子どもが中学生以上
区分：残業もあるフルタイムの仕事、フルタイムだが残業のない仕事、短時間勤務、家でできる仕事、働きたくない

注：1. 内閣府「女性のライフプランニング支援に関する調査」（2007年）より作成。
　　2.「自営・家族従業等」には、「自ら企業・自営業」、「自営の家族従業者」を含み、「契約・派遣等」には、「有期契約社員、委託職員」、「派遣社員」を含む。
　　3. 調査対象は、30～40代の女性である。
出所：図1と同じ。

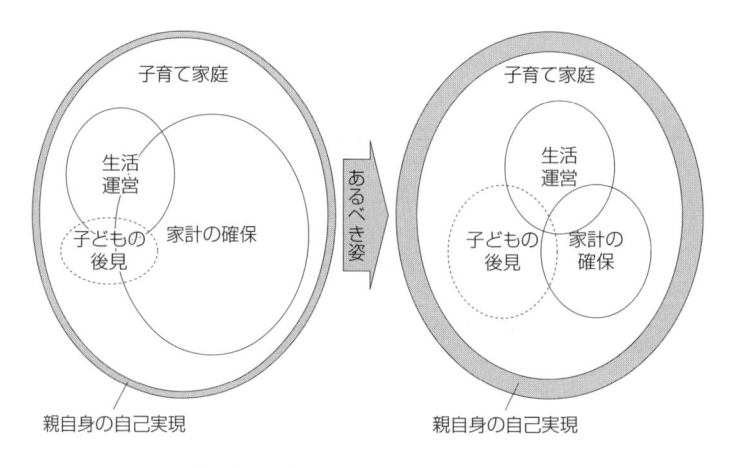

図3 子育て家庭の役割と親自身の自己実現のバランス

出所：森田明美作成。

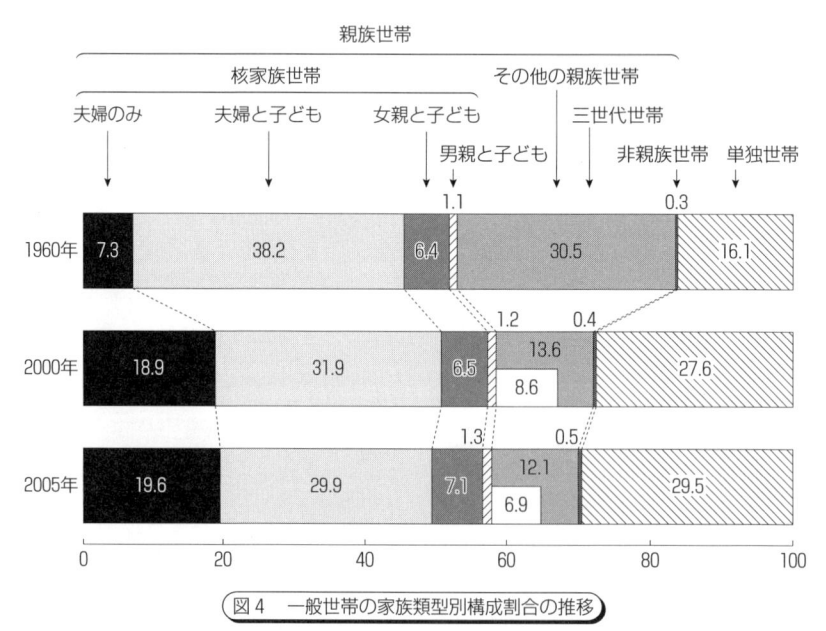

図4 一般世帯の家族類型別構成割合の推移

出所：総理府「女性の現状と施策」1995年，総理府統計局「国勢調査」2000, 2005年。

巻末資料

大正期（1920年）

	結婚	長子誕生	末子（第5子）誕生	長男結婚	末子学卒	初孫誕生	定年	夫引退	夫死亡	妻死亡
夫	25.0	27.4	39.7	52.4	54.7	54.8	55.0	60.0	61.1	
妻	21.2	23.6	35.9	48.6	50.9	51.0	51.2	56.2	57.3	61.5 （歳）

- 出産期間（14.7年）
- 子扶養期間（27.3年）
- 定年後の期間（6.1年）
- 寡婦期間（4.2年）
- 老親扶養期間（5.3年）
- 三世代同居期間（10.3年）

現　在（1999年）

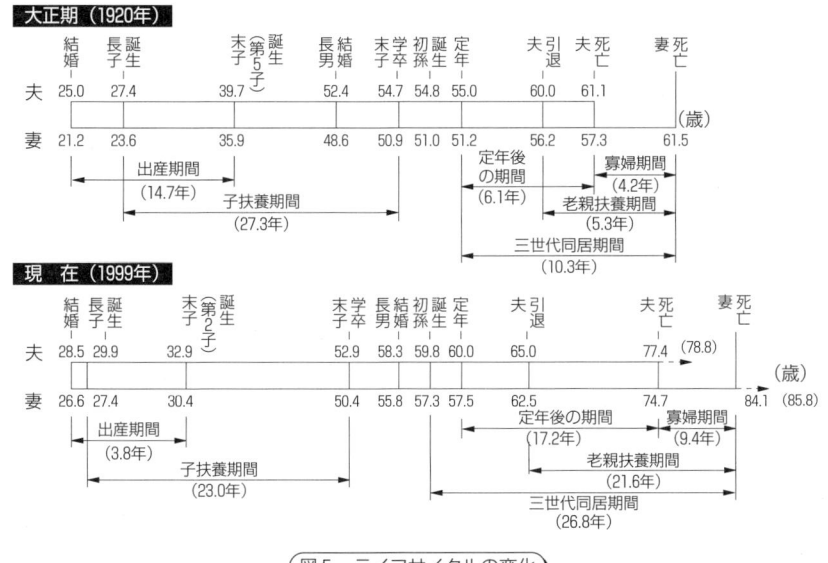

	結婚	長子誕生	末子（第2子）誕生	末子学卒	長男結婚	初孫誕生	定年	夫引退	夫死亡	妻死亡
夫	28.5	29.9	32.9	52.9	58.3	59.8	60.0	65.0	77.4 (78.8)	
妻	26.6	27.4	30.4	50.4	55.8	57.3	57.5	62.5	74.7	84.1 (85.8) （歳）

- 出産期間（3.8年）
- 子扶養期間（23.0年）
- 定年後の期間（17.2年）
- 寡婦期間（9.4年）
- 老親扶養期間（21.6年）
- 三世代同居期間（26.8年）

図5　ライフサイクルの変化

注：1．大正期は1920年前後のデータから作成。
　　2．出生間隔はコーホート・データ。他はすべてクロス・セクション・データ。
　　3．夫妻の死亡年齢は，各々の平均初婚年齢に結婚時の平均余命を加えて算出してある。そのため，たとえば本モデルの寡婦期間は，実際に夫と死別した妻のそれとは異なることに注意する必要がある。
　　4．現在（1999年）の夫と妻のライフサイクルの点線部分は，2025年における夫妻の推計死亡年齢を示す。

出所：森上史朗監修，大豆生田啓友・三谷大紀編『最新保育資料集2010』ミネルヴァ書房，2010年。

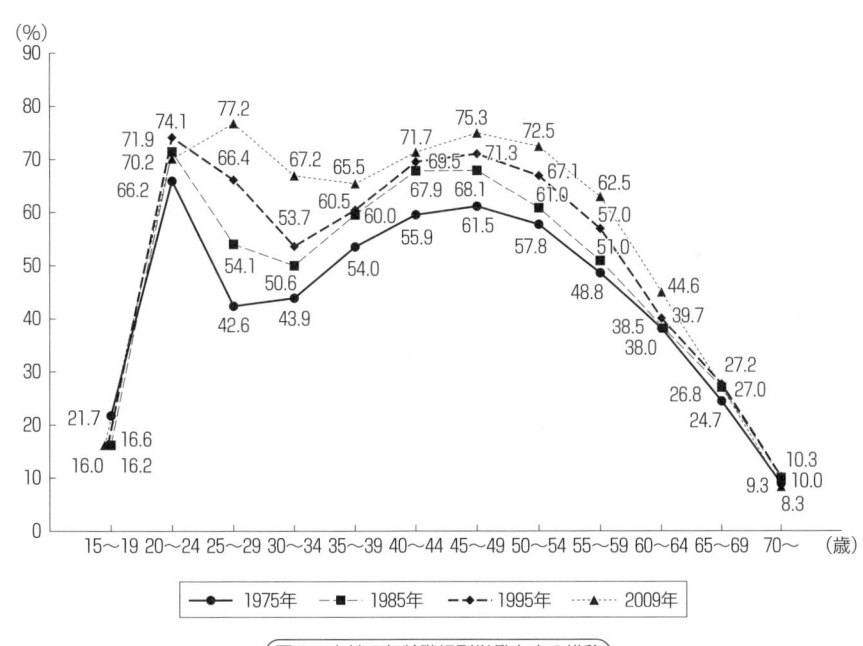

図6　女性の年齢階級別労働力率の推移

年齢	1975年	1985年	1995年	2009年
15～19	21.7	16.6	16.0	16.2
20～24	66.2	71.9	74.1	70.2
25～29	42.6	54.1	66.4	77.2
30～34	43.9	50.6	53.7	67.2
35～39	54.0	60.5	60.0	65.5
40～44	55.9	67.9	69.5	71.7
45～49	61.5	68.1	71.3	75.3
50～54	57.8	61.0	67.1	72.5
55～59	48.8	51.0	57.0	62.5
60～64	38.0	38.5	39.7	44.6
65～69	24.7	26.8	27.0	27.2
70～	9.3	8.3	10.0	10.3

（注）1．総務省「労働力調査」より作成。
　　　2．「労働力率」…15歳以上人口に占める労働力人口（就業者＋完全失業率）の割合。
出所：図1と同じ。

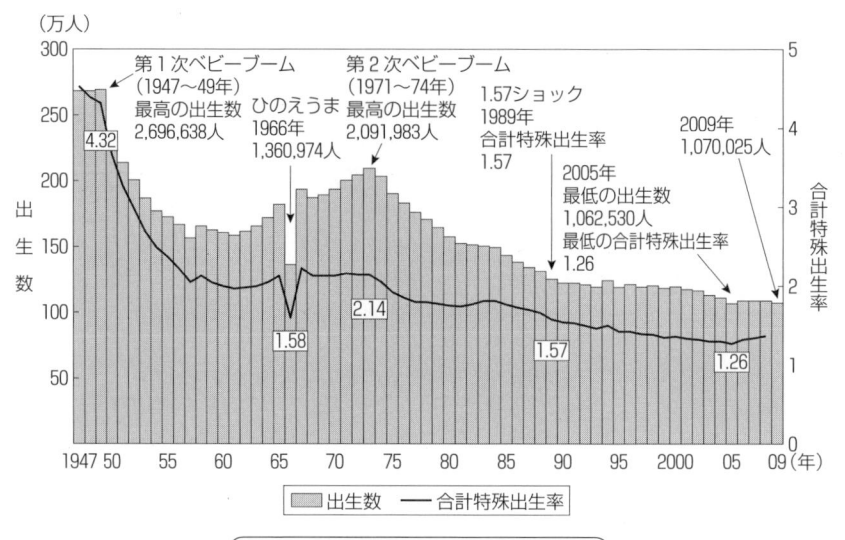

図7　出生数及び合計特殊出生率の年次推移

(注)　1．1947～1972年は沖縄県を含まない。
　　　2．2009（平成21）年は概数である。
資料：厚生労働省「人口動態統計」
出所：内閣府編『子ども・子育て白書　平成22年版』。

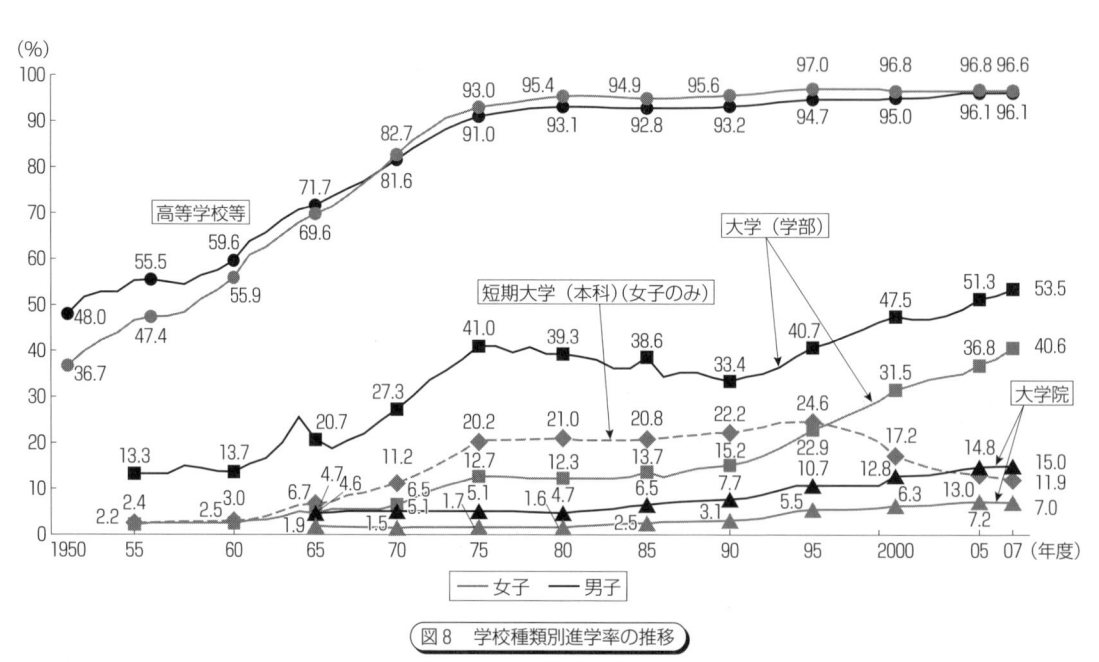

図8　学校種類別進学率の推移

(注)　1．文部科学省「学校基本調査」より作成。
　　　2．高等学校等：中学校卒業者及び中等教育学校前期課程修了者のうち，高等学校等の本科・別科・高等専門学校に進学した者の占める比率。ただし，進学者には，高等学校の通信制課程（本科）への進学者を含まない。
　　　3．大学（学部），短期大学（本科）：浪人を含む。大学学部又は短期大学本科入学者数（浪人を含む。）を3年前の中学卒業者及び中等教育学校前期課程修了者数で除した比率。ただし，入学者には，大学又は短期大学の通信制への入学者を含まない。
　　　4．大学院：大学学部卒業者のうち，ただちに大学院に進学した者の比率（医学部，歯学部は博士課程への進学者）。ただし，進学者には，大学院の通信制への進学者を含まない。
出所：内閣府編『男女共同参画白書　平成20年版』。

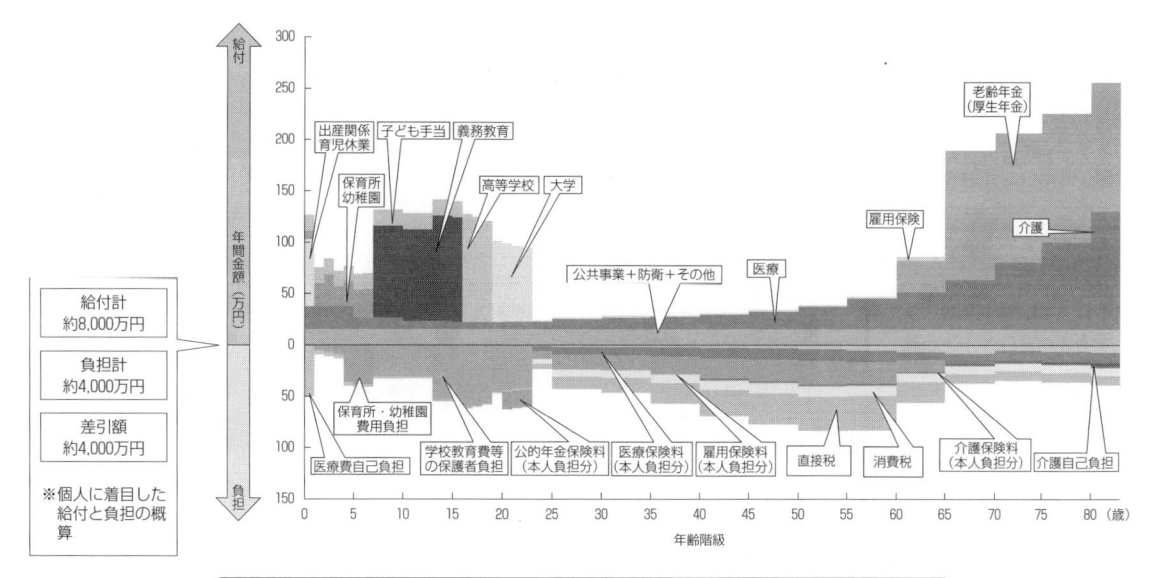

図9　ライフサイクルでみた社会保険及び保育・教育等サービスの給付と負担のイメージ

（注）1　平成21年度（データがない場合は可能な限り直近）の実績をベースに1人当たりの額を計算している。
　　　　ただし，「公共事業＋防衛＋その他」については，平成22年度予算ベース。
　　　2　直接税及び消費税は，国税及び地方税の合計である。
　　　3　負担という観点からは，将来世代の負担として，公債金（平成22年度予算ベースで約44兆円，国民1人当たり約35万円）がある点についても留意が必要である。

野城尚代注：税負担も含まれるため，社会保障制度以外のサービス等も含まれていることに留意されたい。
出所：厚生労働省編『厚生労働白書　平成22年版』。

表2　結婚に関するデータ

年	1950	1960	1970	1980	1990	2000	2008
平均初婚年齢（歳）男性	25.9	27.2	26.9	27.8	28.4	28.8	30.2
女性	23.0	24.4	24.2	25.2	25.9	27.0	28.5
婚姻率（人口千対）（‰）	8.6	9.3	10.0	6.7	5.9	6.4	5.8
離婚率（人口千対）（‰）	1.01	0.74	0.93	1.22	1.28	2.10	1.99

　　　出所：平均初婚年齢・婚姻率・離婚率は，厚生労働省大臣官房統計情報部人口動態・保健統計課「人口動態統計」に基づく。内閣府編『子ども・子育て白書　平成22年版』。

図10 介護保険制度の体系図

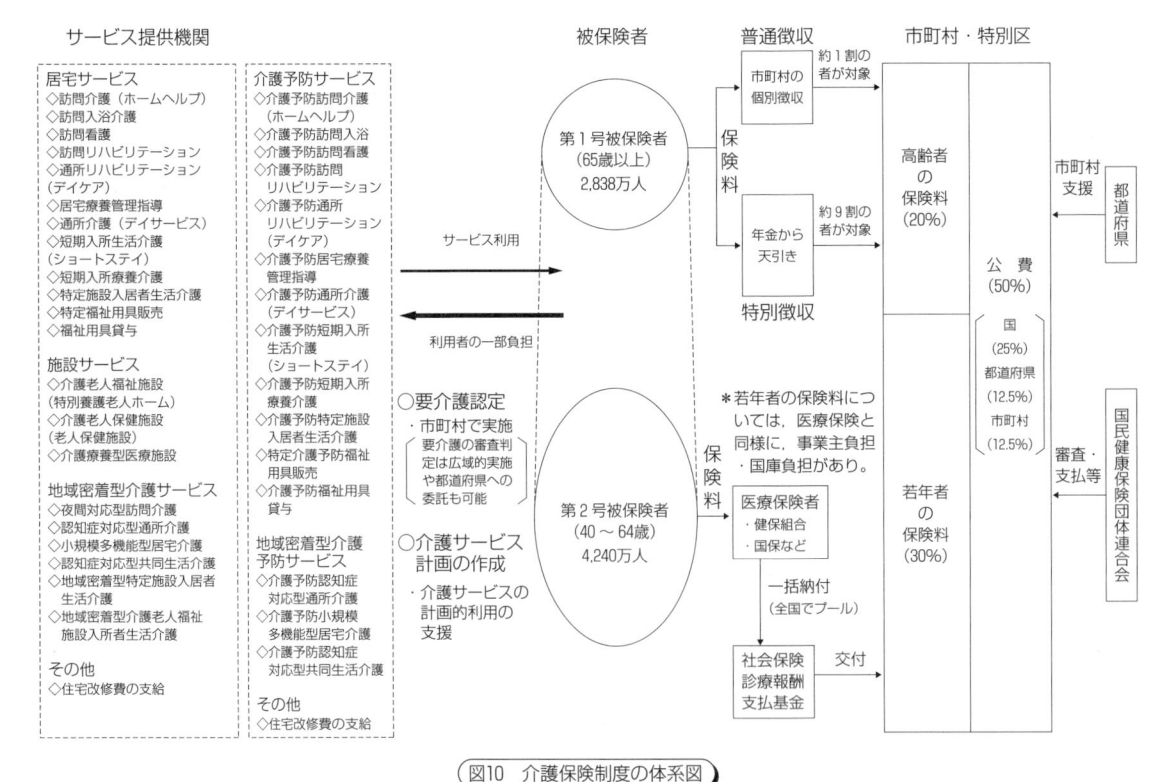

(注) 1．(公費について) 国の負担分のうち5％は調整交付金であり，75歳以上の方の数や高齢者の方の所得の分布状況に応じて増減する。
2．(公費について) 施設等給付費 (都道府県指定の介護保険3施設及び特定施設に係わる給付費) は，国20％，都道府県17.5％である。
3．第1号被保険者の数は，「介護保険事業報告 (暫定) (平成21年4月分)」による。
4．第2号被保険者の数は，社会保険診療報酬支払基金が介護給付費納付金額を確定するための医療保険者からの報告によるものであり，平成20年度内の月平均値である。

出所：図9と同じ。

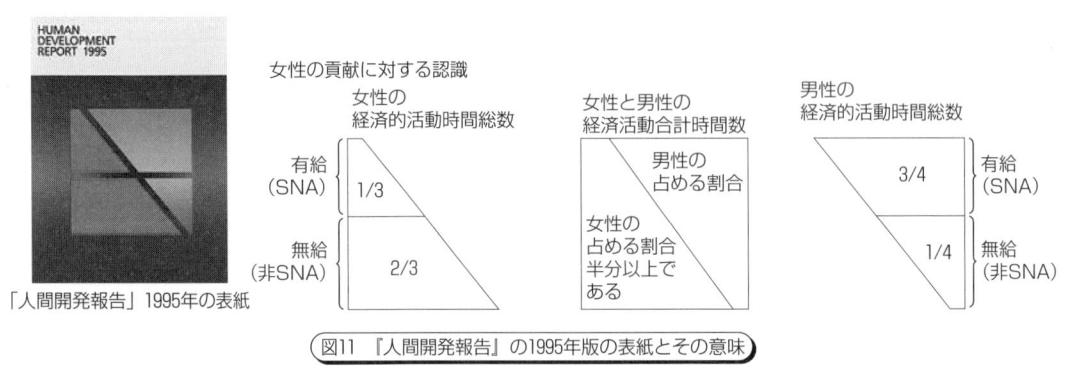

図11 『人間開発報告』の1995年版の表紙とその意味

出所：国連「人間開発報告」1995年版。

巻末資料

表3 HDI, GDI, GEM の日本の順位の推移
(位)

年	HDI	GDI	GEM
1995	3	8	27
1996	3	12	37
1997	7	12	34
1998	8	13	38
1999	4	8	38
2000	9	9	41
2001	9	9	31
2002	9	11	32
2003	9	13	44
2004	9	12	38
2005	11/177	14/140	43/80
2006	7/177	13/136	42/75
2007/8	8/177	13/157	54/93
2009	10/182	14/155	57/109

出所：国連『人間開発報告』各年。

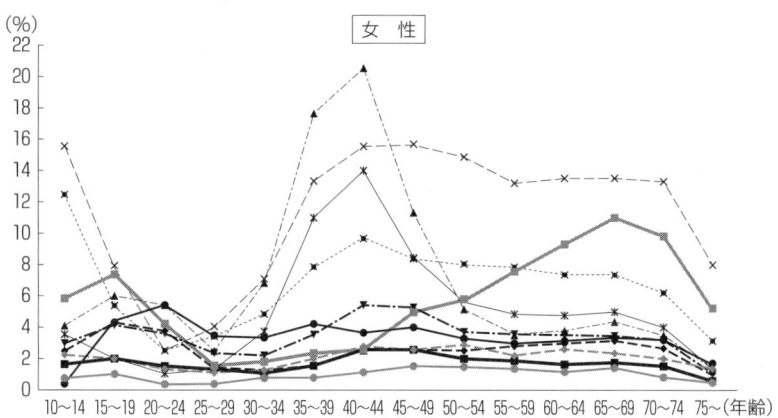

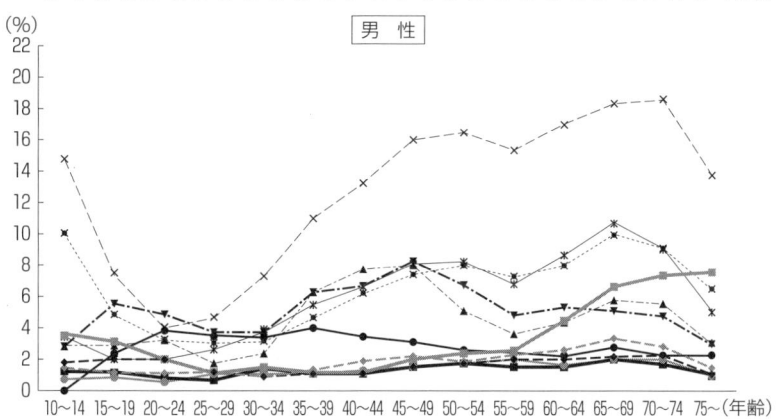

図12 性別年代別活動の種類別行動者率

資料：総務省「社会生活基本調査（平成18年）」より作成。
出所：図8と同じ。

表4 簡易更年期指数チェック表

症　状	症状の程度（点数）				点数
	強	中	弱	無	
1　顔がほてる	10	6	3	0	
2　汗をかきやすい	10	6	3	0	
3　腰や手足が冷えやすい	14	9	5	0	
4　息切れ，動悸がする	12	8	4	0	
5　寝つきが悪い，または眠りが浅い	14	9	5	0	
6　怒りやすく，すぐイライラする	12	8	4	0	
7　くよくよしたり，憂うつになることがある	7	5	3	0	
8　頭痛，めまい，吐き気がよくある	7	5	3	0	
9　疲れやすい	7	4	2	0	
10　肩こり，頭痛，手足の痛みがある	7	5	3	0	
追加①　性交時に痛みがある	10	6	3	0	
追加②　トイレに頻回に行く。尿が漏れる	10	6	3	0	
合　計　点					

〈自己採点の評価点〉

　0～ 25点………上手に更年期を過ごしています。これまでどおりの生活を続けてよいでしょう。

26～ 50点………食事，運動などに注意し，生活様式などにも無理をしないようにしましょう。

51～ 75点………更年期・閉経外来で生活指導，カウンセリング，薬物療法を受けたほうがよいでしょう。

76～ 80点………長期間（半年以上）の計画的な治療が必要でしょう。

91～120点………各科の精密検査を受けてください。カウンセリング，薬物療法などが必要でしょう。

出所：野末悦子『更年期障害　防ぎ方・治し方』家の光協会，1996年。

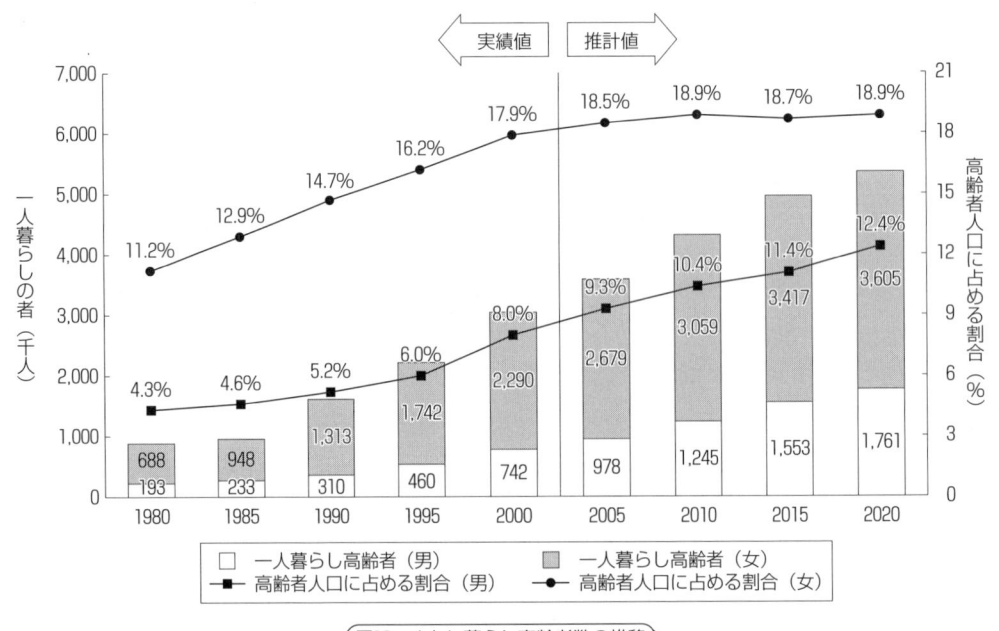

図13　ひとり暮らし高齢者数の推移

資料：総理府統計局「国勢調査」，国立社会保障・人口問題研究所「日本の世帯数の将来推計」，「日本の将来推計人口」。

表5 平均寿命の国際比較（上位5カ国）

男			女		
順位	国名（地域）	年	順位	国名（地域）	年
1	カタール	81.0	1	日本	86.44
2	香港	79.8	2	香港	86.1
3	アイスランド	79.7	3	フランス	84.5
3	スイス	79.7	4	スイス	84.4
5	日本	79.59	5	スペイン	84.27

（注） 当該政府の資料による。
作成基礎期間は，カタールは2007年，スイス・スペインは2008年，その他は2009年である。

出所：厚生労働省「平成21年簡易生命表の概況について」。

表6 高齢者の主な傷病別入院受療率（人口10万対）

	順位	傷病	受療率 65歳以上	参考	
				70歳以上	75歳以上
男	1	脳血管疾患	555	698	893
	2	悪性新生物	473	537	588
	3	統合失調症，統合失調症型障害及び妄想性障害	242	197	149
	4	心疾患（高血圧性のものを除く）	164	205	261
	5	肺炎	137	188	266
	6	骨折	113	144	192
女	1	脳血管疾患	653	837	1,103
	2	骨折	336	429	558
	3	悪性新生物	236	260	286
	4	統合失調症，統合失調症型障害及び妄想性障害	230	204	165
	5	心疾患（高血圧性のものを除く）	184	236	317
	6	肺炎	96	125	171

出所：厚生労働省「平成20年患者調査」。

表7 高齢者の主な傷病別外来受療率（人口10万対）

順位	男		女	
1	高血圧性疾患	1,293	高血圧性疾患	1,706
2	脊柱障害	1,125	脊柱障害	1,126
3	歯の補てつ	568	関節症	766
4	悪性新生物	484	歯の補てつ	560
5	糖尿病	479	歯肉炎及び歯周疾患	487
6	歯肉炎及び歯周疾患	455	糖尿病	360
7	心疾患（高血圧性のものを除く）	406	心疾患（高血圧性のものを除く）	316
8	脳血管疾患	376	脳血管疾患	315
9	関節症	341	骨の密度及び構造の障害	305
10	糸球体疾患，腎尿細管間質性疾患及び腎不全	337	白内障	266

出所：表6と同じ。

参考図書案内

○第Ⅰ章（森田明美）

子どもの権利条約総合研究所編『子ども計画ハンドブック』日本評論社，2008年。
　　——子どもの計画を作ることをその意義と枠組み，保健，医療，福祉，保育，育成支援などの自治体での取り組みの実際まで網羅した計画づくりの手ほどきをしてくれるガイドブックです。

杉本貴代栄編著『女性学入門——ジェンダーで社会と人生を考える』ミネルヴァ書房，2010年。
　　——「セカンド・ステージ」にあるフェミニズムを広く理解してもらうために編集されたこの本は，家族問題，結婚子育て，働くこと，高齢者問題，貧困，暴力，売買春，セクシュアリティといった現代的な課題からフェミニズムを考えることができます。

杉本貴代栄『女性が福祉社会で生きるということ』勁草書房，2008年。
　　——福祉社会でさまざまな形で起きるジェンダー課題がわかりやすく説明されており，社会福祉をジェンダーの視点で見ることの必要性を考えることができます。

杉本貴代栄『フェミニスト福祉政策原論』ミネルヴァ書房，2004年。

林千代編著『女性福祉とは何か』ミネルヴァ書房，2004年。
　　——ほぼ同時期に書かれたこの2冊は，社会福祉をジェンダーの視点で分析することを婦人保護という極限に差別された女性の問題から普遍化しようとする林と，女性一般が置かれた差別構造から論じようとする杉本の編集に違いがありますが，福祉と女性を実践から学ぶ良書です。

内閣府編『男女共同参画白書　平成22年版』。
　　——男女共同参画に関して，男女共同参画社会の形成の状況などの内容が，詳細にまとめられています。

○第Ⅱ章（安部芳絵・田谷幸子・若林ちひろ）

喜多明人・森田明美・広沢明・荒牧重人編『逐条解説——子どもの権利条約』日本評論社，2009年。
　　——子どもの権利条約のそれぞれの条文の解説だけでなく，子ども支援の現場やくらしの中で活かすにはどうすればいいかのヒントが書かれた本です。子どもの権利条約を学び実践する人には必携の書です。

子どもの貧困白書編集委員会編著『子どもの貧困白書』明石書店，2009年。
　　——家族の経済的困難な状態は子どもの生活に大きな影響を与えています。家族の経済的困難は，子どもへの不十分な衣食住，適切なケアの欠如，文化的資源の不足，低学力，自己評価の低さ，不安感，孤立など社会生活のさまざまな場面で問題を生み出し，子どもの十全な発達を妨げ，子どもの人生に大きな不利を生み出しています。そのような子どもの貧困について発達の諸段階や社会生活場面について解説がされており，子どもの置かれた状況について考えさせられる書です。

ユニセフ『世界子供白書2010——子どもの権利条約採択20周年記念』日本ユニセフ協会，2010年。
　　——日本と世界の子どもの最新の状況が，データとともに紹介されています。毎年日本語版が出版され，個人が利用する場合は一部まで無料です。興味のある方は，日本ユニセフ協会に問い合わせ

てください。

○第Ⅲ章（野城尚代）

東京ソーシャルワーク編『How to 生活保護〔雇用不安対応版〕――申請・利用の徹底ガイド』現代書館，2010年。

　　――本書は，生活保護制度の仕組みや実態を示すとともに，生活保護制度の論点や方向性についても言及している書です。生活保護制度の申請と利用の流れについては，ケースに沿ってわかりやすく解説しています。

二宮周平『家族と法――個人化と多様化のなかで』岩波新書，2007年。

　　――本書は，人の出生と戸籍，結婚，離婚等の家族に関する法や判例について，わかりやすく解説した書です。適宜，具体的にケースを示して理解を深めるとともに，家族のさまざまな変化に伴う法制度の問題にも言及しています。

椋野美智子・田中耕太郎『はじめての社会保障――福祉を学ぶ人へ〔第7版補訂版〕』有斐閣，2010年。

　　――本書は，社会保障制度について，社会保障制度や生活保護制度に言及しつつ，社会保険制度を中心に制度別にわかりやすくまとめている書です。コラムでは，制度に関する実態や政策の論点を紹介しています。

○第Ⅳ章（赤塚朋子）

北原照代『現代の女性労働と健康』かもがわ出版，2008年。

　　――働く者の労働安全衛生入門シリーズの1冊で，「女性の健康は，社会の健康」という観点から描かれています。

下山智恵子・平野敦士『労働基準法がよくわかる本』成美堂出版，2008年。

首都圏青年ユニオン監修，清水直子『おしえて，ぼくらが持ってる働く権利』合同出版，2008年。

道幸哲也『15歳のワークルール』旬報社，2008年。

労働政策研究・研修機構編『労働関係法規集』労働政策研究・研修機構，2008年。

　　――いずれも働くことや仕事とは何かという基本についての説明がわかりやすく書かれています。

女子就活ネット編『ホンネの女子就活　2012年度版』実務教育出版，2010年。

　　――就活で悩んだことや知っておけば良かったことを調査し，女子学生が直面する疑問がまとめてあるなど，参考になる資料も豊富です。

高橋伸子執筆監修『新女性の選択』マガジンハウス，2008年。

　　――「就職　結婚　子育て　転職　昇進」というサブテーマが示す通り女性に選択を迫る状況を想定した「仕事をつづける働き方ガイド」です。

竹信三恵子『ルポ雇用劣化不況』岩波新書，2009年。

　　――派遣切り，官製ワーキングプア，名ばかり正社員の現状など，労働現場の実態がリアルに描かれています。

厚生統計協会編『国民の福祉の動向』各年版。
　　——1954年から毎年発刊されているため，動態的に福祉の動向を得ることができます。統計データとして利用するのに便利です。

○第Ⅴ章（出川聖尚子・上田美香）
大日向雅美『母性愛神話とのたたかい』草土文化，2002年。
　　——そもそも子育てを支えるためにあるはずの保育サービスや子育て支援のために，母親が追い詰められることもあります。「三歳児神話」をキーワードに子育て・母親・父親をめぐる社会の状況をわかりやすく示してある1冊です。
野辺明子・加部一彦・横尾京子編『障害をもつ子を産むということ——19人の体験』中央法規出版，1999年。
野辺明子・加部一彦・横尾京子・藤井和子編『障害をもつ子が育つということ——10家族の体験』中央法規出版，2008年。
　　——障がいのある子どもを産み，育てている親たちの手記から，また，医療・保健・福祉の援助者が親の気持ちを理解し，寄り添いながら生活を支援するとは何かを考えるのに適した書です。
牧野カツコ『子育てに不安を感じる親たちへ』ミネルヴァ書房，2005年。
　　——社会や家族のあり様が大きく変わった現代において母親・父親が感じている子育ての不安やその背景にあるものをわかりやすく示しています。また，親になることを学ぶ教育や地域が子育て支援のあり方について学ぶことができます。

○第Ⅵ章（出川聖尚子・上田美香）
諏訪きぬ編著『現代保育学入門——子どもの発達と保育の原理を理解するために　改訂新版』フレーベル館，2009年。
　　——子どもや子育てからみた現代家族の問題や子育ての社会的支援の必要性が書かれています。また，「保育」を視点にして日本の保育の歩み，保育所保育のありよう，その課題などが示された保育を全般的に学ぶのに適した書です。

○第Ⅶ章（上田美香）
上島国利監修『治療者のための女性のうつ病ガイドブック』金剛出版，2010年。
　　——女性のうつ病は男性に比べて約2倍の有病率を示しています。それは女性特有のライフステージである，妊娠，出産，更年期におきるからだと心の変化に対してうつ病が発生しやすいことによります。こうした問題に医療・心理から総合的にその特徴とケア方法について学ぶことができます。
『子どもが語る施設の暮らし』編集委員会編『子どもが語る施設の暮らし』明石書店，1999年。
『子どもが語る施設の暮らし』編集委員会編『子どもが語る施設の暮らし2』明石書店，2003年。
　　——児童虐待の問題についてはさまざまに論じられていますが，虐待を受けた後子どもたちが生活する児童養護施設での生活や子どもの気持ちについてはあまり知られていないかもしれません。こ

れらの本は「東京地区高校生交流会」の報告書をきっかけに作られた本であり，児童養護施設で暮らす子どもたちの生の声が載せられています。私たちが人権を考えるとき，当事者に寄り添うことが一番大切です。その基本に立ち返ることのできる本です。

坪井節子編『乳幼児期の子どもたち』（子どもの人権双書7）明石書店，2003年。
　——子どもには人権があります。これについては誰もが理解し納得することですが，子どもの中でも「あかちゃん」と呼ばれる乳幼児期は人権意識が薄くなってしまいがちです。「あかちゃん」は一人では十分に食べることも，着ることも，動くことも難しく，大人に全面的に依存しなければ生きていけません。また，言葉で自分の気持ちを表現できず，泣くことで大人に理解してもらわなければなりません。そのような中で「あかちゃん」の人権を保障し，「あかちゃん」が自分の人生を生きていくための支援を考えていくことへのヒントをくれる書です。

山下英三郎・石井小夜子『子ども虐待——今，学校・地域社会は何ができるか』現代書館，2006年。
　——悪化する子ども虐待の実態を示す中で，子どもが権利の主体であることを実現するために教育の現場が当事者としてネットワークに参加することの重要性を指摘し，参加の方法を示唆しています。

○第Ⅷ章（流石智子）

NPO法人社会的養護の当事者参加推進団体日向ぼっこ編著『「日向ぼっこ」と社会的養護』明石書店，2009年。
　——施設で育った子どもたちの居場所を作るためにできたNPO法人組織を訪れる人たちを通して，児童養護施設や社会的養護について考えた本です。

NPO法人しんぐるまざあず・ふぉーらむ『別れた父と養育費』2006年。
　——母親へのアンケート調査と別れた父親へのインタビュー調査で，養育費についての問題などを報告しています。他に『母子家庭の子どもたち』『母子家庭の仕事とくらし』の報告書も出ています。

杉本貴代栄・森田明美編著『シングルマザーの暮らしと福祉政策——日本・アメリカ・デンマーク・韓国の比較調査』ミネルヴァ書房，2009年。
　——4カ国におけるシングルマザーに対するインタビュー調査と福祉政策の分析から，現代日本における女性や子どもの貧困がなぜ起きているのか，その原因と構造を実証的に学ぶことができます。

中田照子・杉本貴代栄・森田明美著『日米のシングルマザーたち』ミネルヴァ書房，1997年。
　——日本とアメリカのシングルマザーの調査を行い，「女性世帯」に対しての自立，これからの施策について提言をしています。

「母子世帯の母への就業支援に関する研究」『JIL・調査研究報告2003』NO.156，日本労働研究機構，2003年。
　——母子世帯の母を対象に就業の実態に焦点を当てアンケート調査とヒヤリング調査を実施しています。ひとり親関係の政府統計についても再集計をしています。

○第Ⅸ章（山田知子）

ベティ・フリーダン，三浦冨美子訳『新しい女性の創造』大和書房，1965年。

ベティ・フリーダン，下村満子訳『セカンド・ステージ――新しい家族の創造』集英社，1984年。

ベティ・フリーダン，山本博子／寺澤恵美子訳『老いの泉』（上・下）西村書店，1995年。

――女性としての生き方，人生を考えさせられる書です。『新しい女性の創造』から『セカンド・ステージ――新しい家族の創造』を経て，『老いの泉』に至る著者の女性のとらえ方の変化が興味深いものがあります。

○第Ⅹ章（山田恵子・山田知子）

荒木乳根子『在宅ケアで出会う高齢者の性』中央法規出版，1999年。

――高齢者の性に関する専門書が少ない中，歴史や現状と問題，課題について書かれており，高齢者の性をトータルに理解するのに役立ちます。調査結果や事例も用いられているため，わかりやすいです。ホームヘルパーのために書かれた本であり，主として，高齢者の性に関するケアの問題へのホームヘルパーの対応方法について詳しく述べられていますが，このテーマの理解を深めたい人には，入門書として最適です。

高齢者防止研究会編集，津村千恵子・大谷昭編集代表『高齢者虐待に挑む――発見，介入，予防の視点　増補版』中央法規出版，2006年。

――高齢者虐待とは何か，日本における先行研究整理，日本及び諸外国の虐待の実際，対処・予防などについてまとめられており，高齢者虐待の全貌をつかむことができます。虐待に関する事例や調査結果も多く取り上げられています。また，2006年に施行された高齢者虐待の防止，高齢者の養護者に対する支援等に関する法律（高齢者虐待防止法）について，その内容と課題についても詳しく書かれています。

○第ⅩⅠ章（大塚陽子）

大塚陽子「第Ⅳ部　第4章　北欧福祉国家レジームと家族・労働――デンマークにおける有子家族支援政策――親休暇制度のジェンダー的課題」長野ひろ子・松本悠子編著『経済と消費社会』（ジェンダー史叢書　第6巻）明石書店，2009年。

――個人単位を基礎とする社会の中で「家族」を通すことによってどのようなジェンダー問題が生ずるのかという視点から，福祉先進国でありかつ男女平等度が高いといわれる北欧諸国での現時点での政策課題について，デンマークを中心に検討しています。

メリー・デイリー／キャサリン・レイク，杉本貴代栄監訳『ジェンダーと福祉国家――欧米におけるケア・労働・福祉』（Mary Daly & Katharine Rake, *Gender and the Welfare State : Care, Work and Welfare in Europe and the USA,* Polity Press, 2003）ミネルヴァ書房，2009年。

――ジェンダーと福祉国家の関係をケア・労働・福祉という3つの視点から欧米8ヵ国について理論的・実証的に説き明かした，海外の女性と福祉を学びたい人にとっての必読書。日本がいかにジェンダー視点からみると偏倚した福祉国家であるかを知る手がかりになります。

さくいん

あ

アイデンティティ 30
赤ちゃんポスト（こうのとりのゆりかご） 85
アクティブ・エイジング 159
あしなが育英金 39
アディクション 36
安心子ども基金 14
アンペイドワーク 70
イギリスの社会保障 184
育児・介護休業法 48, 161
育児期のメンタルケア 112
育児天職論 124
育児不安 14, 90
育児負担 116
遺族年金 50
一時預かり事業 117
一時保育事業 116
命の値段 64
ウーマンリブ 8
うつ 29, 36
　　──病 113
エスピン-アンデルセン, G. 183
エンゼルプラン 12, 18
延長保育 103
エンパワメント 71
お産難民 80
男の子らしさ 24
女の子のキャリア 41
女の子の進学率 40
女の子らしさ 24

か

介護給付 178
介護保険 162
介護予防サービス 179
介護予防支援 179
介護療養型医療施設 179
介護老人福祉施設 179
介護老人保健施設 179
格差社会 140
学習支援 32
学習到達度 40
学齢期 4
かくれたカリキュラム（hidden curriculum） 29
家族介護 11
家族的責任 73
家庭科男女必修化 28
家庭的養護 118
空の巣症候群 148
韓国の社会保障 186
議員立法 6
規制緩和 126
虐待 140
休日保育 103
教育計画 19
教育を受ける権利 32
協議離婚 128
居宅療養管理指導 178
勤労婦人 7
苦情解決 51
軍事扶助法 123
経済協力開発機構 15, 17
契約 14
月経困難症 147
月経前症候群 147
結婚 13
　　──家族 5
原家族 5
健康寿命 161
健康づくり計画 19
公営住宅法 176
後期高齢者 160
合計特殊出生率 12
公娼制度 6
厚生年金 43
公的扶助 137
更年期 2, 142
　　──障害 146
高年齢者雇用安定法　→高年齢者の雇用の安定等に関する法律
高年齢者等の雇用の安定等に関する法律 176
高齢化に関する国際行動計画2002 159
高齢化に関する世界会議 158
高齢期 2, 5
高齢者，障害者等の移動等の円滑化の促進に関する法律 165, 176
高齢者，身体障害者等が円滑に利用できる特定建築物の建築の促進に関する法律 165
高齢者虐待 170
高齢者虐待防止法 170
高齢者居住安定確保法 165
高齢者のための国連原則 158
高齢初産 82
ゴールドプラン 18
国際婦人年 10, 16
国民年金 43
国連婦人の10年 10, 16
個人単位 192
子育て期 5
子育てサークル 120
子育て短期支援事業 106, 116
子育て不安 90
孤独死 151
子ども・子育て応援プラン 15
子ども・子育てビジョン 124, 128
子ども・若者育成支援推進法 36
子ども・若者ビジョン 36
子ども家庭省 15
子ども虐待防止ネットワーク 115
子ども支援 13
子ども手当制度 48
子どもの権利条約 12, 22
子どもの最善の利益 22
子どもの参加の権利 22
子どものシェルター 35
子どもの貧困 15
　　──率 38
子ども兵士 23
雇用環境 64
雇用形態 62
婚外子 44
こんにちは赤ちゃん事業 80

さ

再婚 13
授かり婚 84

里親　4, 118
産後ケア事業　80
3歳児神話　88
　　——の浸透　88
　　——の否定　89
　　——の弊害　89
産前・産後休業制度　47
三位一体改革　14, 19
志縁　144
ジェンダー　2, 8, 9, 70
　　——・バイアス　29, 139
　　——エンパワメント指数
　　　　→ GEM
時間政策　188
事業主　19
事業評価　20
私娼対策　7
持続可能な福祉社会　193
児童虐待　114, 135
児童虐待の防止等に関する法律　114
児童相談所　34
児童手当制度　48
児童の権利に関する条約　22
児童福祉事業　74
児童福祉施設　125
児童扶養手当　138
児童扶養手当法の改正　139
児童養護施設　30
児童労働　23
私物的我が子観　86
社会的自立　33
社会福祉　ⅰ
　　——従事者　74
　　——労働　74
社会保障　182
　　——構造改革　176
若年無業者　36
就学援助　38
就業経歴　ⅰ
周産期　114
10代の親　37
10代の出産　37
授業料の減免　39
熟年離婚　148
出産　2
趣味縁　144
障がい児・者計画　19
障害者雇用促進法　76

障害者自立支援法　95
障害者の権利条約　23, 76
生涯賃金　65
障害年金　50
奨学金　39
　　——制度　32
小規模多機能型居宅介護　179
小規模分園型（サテライト型）母子生活支援施設　135
少子化　12, 89
　　——対策　ⅰ, 102
　　——対策大綱　15
女子中高生理系進路選択支援事業　41
女性が働きやすい企業・職場　68
女性差別撤廃委員会　45
女性差別撤廃条約　→女性に対するあらゆる形態の差別の撤廃に関する条約
女性に対するあらゆる形態の差別の撤廃に関する条約　2, 28, 60
女性に対する暴力撤廃宣言　152
女性の貧困　17
女性福祉　8
自立　77
自立援助ホーム　33
新・日本型福祉社会　11
しんぐるまざあず・ふぉーらむ　133
親権　124, 128
人工呼吸器　77
人工妊娠中絶　84
親族里親　119
身体障がい児　92
健やか親子21　78
ステークホルダー　63
生活保護制度　54
生活保護費　127
性感染症　26
正規雇用者　58
性差別　8
性自認（gender identity）　26
生殖機能中心主義　142
精神障害者　112
性的指向（sexual orientation）　26
成年後見制度　51, 170

性の一貫性　25
性別役割分業意識　72
性別役割分担意識　16
セーフティネット　17, 137
世界女性会議　10
世界人権会議　10
セクハラ労災　69
接近禁止命令　154
セックス　9
摂食障害　29, 36
専業主婦　14
専門里親　119
相対的貧困率　15, 66
壮年期　5
ソーシャルネット　144
措置　14

た

第3次男女共同参画基本計画　16
待機児　14
　　——解消策　104
退去命令　154
ダイバーシティ・マネジメント　69
タイム・アカウント制度　188
短期入所生活援助（ショートステイ）事業　107, 117
短期入所生活介護　178
短期入所療養介護　178
男女格差　56
男女共同参画　17
男女共同参画基本法　28
男女の学力差　40
男女平等社会　ⅱ
男性（父親）政策　189
地域子育て拠点支援事業　110
地域子育てセンター　91
地域支援事業　179
地域主体　20
地域福祉計画　19
地域包括ケア　179
地域包括支援センター　179
　　——運営協議会　180
地域密着型サービス　179
地縁　144
父親休暇制度　190
父親クォータ　190
知的障がい児　92
地方分権化　18

さくいん

中高年者等の雇用の促進に関する特別措置法　176
賃金　64
　　——格差　64
通所介護　178
通所リハビリテーション　178
低出生体重児　81
デイリープログラム　100
ディーセント・ワーク　59
デートDV　27
できちゃった婚　84
デンマークの社会保障　184
同一価値労働同一賃金　67
当事者組織　133
特定愛着関係　33
特定施設入居者生活介護　179
特定不妊治療費助成事業　82
都道府県労働局雇用均等室　47
ドメスティック・バイオレンス　2, 27, 152

な
日本型雇用システム　56
日本型福祉社会　11
乳児院　125
入所待機児童　97
乳幼児期　4
乳幼児健康支援一時預かり事業（病児・病後時保育）　103
乳幼児健康診査　80
人間開発　71
人間開発指数　→HDI
妊娠　2, 26
　　——期　114
認知症対応型共同生活介護（グループホーム）　179
認定こども園　106, 107
妊婦健康診査　78
ネットワーク　69

は
ハートビル法　→高齢者，身体障害者等が円滑に利用できる特定建築物の建築の促進に関する法律
パープルリボン　152
倍化指数　157
配偶者からの暴力の防止及び被害者の保護に関する法律　134, 153
配偶者控除　17

配偶者特別控除　11
配偶者暴力相談センター　154
売春　6
働く権利　61
発達障がい　95
発達障害者支援法　95
バリアフリー　165
バリアフリー新法　→高齢者，障害者等の移動等の円滑化の促進に関する法律
反社会的行動　30
ひきこもり　36
非正規雇用者　58
非正規雇用率　62
ひとり親　13, 122
　　——家庭の世帯数　122
避妊　26
評価　75
標準家庭　13
ファミリー・サポート・センター　120, 125
ファミリー・フレンドリー企業　125
フェミニズム　8, 9
福祉供給アクター　193
福祉国家　182
福祉用具貸与　179
福祉用具の研究開発及び普及の促進に関する法律　176
福祉用具の日　176
福祉用具法　→福祉用具の研究開発及び普及の促進に関する法律
父子会　133
父子家庭　126
婦人相談所　154
婦人福祉　8
婦人保護　6, 7
婦人保護施設　33
不妊症　82
扶養義務の履行　130
扶養親族　138
フランスの社会保障　184
フリーダン，ベティ　143
フレックスタイム制度　188
平均寿命　160
閉経期　142
ペイドワーク　70
北京宣言　10

保育・子育て支援　97
保育サービス　102
保育所　96, 141
　　——の利用契約　99
保育所保育指針　14
「保育に欠ける」児童　98
保育の規制緩和　104
保育ママ制度　106
放課後子ども教室推進事業　109
放課後子どもプラン推進事業　109
放課後児童クラブ　108
放課後児童健全育成事業　108
法定雇用率　76
訪問介護　178
訪問看護　178
訪問入浴介護　178
訪問リハビリテーション　178
暴力撤廃国際日　152
保護命令　154
保護率　137
母子及び寡婦福祉法　132
母子加算　138
母子家庭　126
母子家庭王国　133
母子家庭及び寡婦自立促進計画　133
母子健康手帳　78
母子指導員　134
母子自立支援員　132, 133
母子生活支援施設　134
母子世帯の平均所得　127
ポジティブ・アクション　17
母子に対する自立支援計画　134
母子福祉　7
母子保健　7
母子保護法　123
母性健康管理措置　47
母性信仰　124
母性保護　47

ま
マザーズハローワーク　136
マタニティマーク　79
まちづくり計画　19
未受診妊婦　79
民営化　14
民間シェルター　154
無償労働　71
メノポーズ　146

や

夜間保育　103
夜間養護等（トワイライトステイ）事業　107, 117
役職　63
ユニバーサルデザイン　165
養育里親　118
養育費相談支援センター　130
養育費の強制執行　130
養育費の取り決め　129
要介護認定者　177
要支援　20
養子縁組を希望する里親　119
幼児期におけるジェンダー形成　25
幼保一元化　15
予防給付　179

ら

ライフイベント　5
ライフコーディネーター　141
ライフスタイル　4, 65
ライフステージ　ⅱ, 4, 63
ライフプランニング　ⅰ

理系女性ロール・モデル　41
離婚　13
リストカット　29, 36
リプロダクティブ・ヘルス／ライツ　10, 46
療育　94
両親世帯　ⅰ
隣保相扶　123
老親介護　149
老人福祉事業　74
老齢基礎年金　50
ロール・モデル　29

わ

ワーカーズ・コレクティブ　121
若者期　5
ワーキングプア　137
ワーク・ライフ・バランス　ⅰ, 69, 73

欧文

DV　→ドメスティックバイオレンス
　──相談ナビ　155
　──対応　7
　──被害　135
　──防止法　→配偶者からの暴力の防止及び被害者の保護に関する法律
GDI　71
GEM　16, 71
HDI　16, 71
ILO156号条約　60, 72
ILO条約　60
MCG　115
M字型就労　11, 16, 136
NPO法人　141
OECD　→経済協力開発機構
PDCAサイクル　20
PISA　→学習到達度
PMS　→月経前症候群
wlfare　77
workfare　77

執筆者紹介(氏名／よみがな／執筆担当／現職／主著／女性と福祉を学ぶ読者へのメッセージ)　　　＊50音順

森田明美（もりた　あけみ）
東洋大学社会学部教授
『逐条解説子どもの権利条約』（共編著，日本評論社，2009年），『子どもの権利日韓共同研究』（日本評論社，2009年），『シングルマザーの暮らしと福祉政策——日本・アメリカ・デンマーク・韓国の比較調査』（共編著，ミネルヴァ書房，2009年）。
その人らしく生きることを地域で支える社会福祉の仕組みは，社会福祉だけではできません。色々な分野，人の力を集めて考えることが必要です。

大塚陽子（おおつか　ようこ）
立命館大学政策科学部教授
『シングルマザーの暮らしと福祉政策——日本・アメリカ・デンマーク・韓国の比較調査』（共著・ミネルヴァ書房，2009年），『経済と消費社会（ジェンダー史叢書第6巻）』（共著，明石書店，2009年）。
現状の福祉システムが女性のライフスタイルに及ぼす影響を自身の将来のこととして考えてみてください。

赤塚朋子（あかつか　ともこ）
宇都宮大学教育学部教授
『暮らしをつくりかえる生活経営力』（共著，朝倉書店，2010年），『生活を見つめる衣生活と消費・環境（家庭科の本質がわかる授業3）』（共編，日本標準，2010年），『生活支援の家政学』（共著，建帛社，2009年）。
生活者の視点から社会との関わりをとらえ，誰もが生きやすい社会とは，という問題関心で研究しています。

流石智子（さすが　ともこ）
華頂短期大学教授
『シングルマザーの暮らしと福祉政策——日本・アメリカ・デンマーク・韓国の比較調査』（共著，ミネルヴァ書房，2009年），『日米のシングルファーザーたち』（共著，ミネルヴァ書房，2001年）。
ひとり親の現状を理解してください。女性は母子家庭になった時多くの困難と直面します。どのような家庭状況でも，子どもが幸せに生活できることが大切です。

安部芳絵（あべ　よしえ）
早稲田大学文化構想学部助教
『子ども支援学研究の視座』（学文社，2010年），『子どもとマスターする50の権利学習』（共著，合同出版，2006年）。
子どもは，権利の主体であると同時に周囲に支えられながら育ちゆく存在です。女の子にとってどんな支えが必要か，一緒に考えてみませんか。

田谷幸子（たや　さちこ）
帝京平成大学現代ライフ学部特任講師
女性の生き方を通して，人間の尊厳や，家族や社会のあり方について考えていただくきっかけとなってくれることを願っています。

上田美香（うえだ　みか）
日本大学文理学部非常勤講師
『子ども計画ハンドブック——次世代育成支援後期行動計画の策定と実施』（共著，日本評論社，2009年）。
子どもとじっくり向き合える子育てには，仲間とつながる母親支援，親子を温かく見守り支えあう地域づくりが大切だと感じています。

出川聖尚子（でがわ　りさこ）
熊本学園大学社会福祉学部准教授
『子ども家庭福祉のフロンティア』（共著，晃洋書房，2008年），『はじめて学ぶ幼児教育』（共著，ミネルヴァ書房，2005年）。
女性の人生のさまざまな局面と社会とのかかわりを改めて考えることができるのではないかと思います。

野城尚代（のしろ　ひさよ） 
東洋大学社会学部非常勤講師
『現代の生活経済』（分担執筆，朝倉書店，2002年），『21世紀の仕事とくらし』（分担執筆，第一書林，2000年）。
企業に5年間勤める中で，女性が働き続けることの難しさを実感しました。職業生活と家庭生活との両立支援法制について考えてみましょう。

山田知子（やまだ　ともこ） 
大正大学大学院人間学研究科社会福祉学専攻教授
『大都市高齢者層の貧困・生活問題の創出過程——社会的周縁化の位相』（学術出版会，2010年），『社会福祉研究』（共著，放送大学教育振興会，2010年）。
女性，男性という切り口で社会をみると，これまでみえなかった社会のゆがみや権力構造が鮮明に浮かび上がってきます。福祉を学ぶ人は，批判精神と既成概念にとらわれない斬新な問題関心を持ち続けてほしいです。

山田恵子（やまだ　けいこ） 
沖縄国際大学沖縄法政研究所特別研究員
『社会福祉マニュアル』（共著，南山堂，2006年），『介護老人福祉施設の生活援助——利用者本位の「アセスメント」「ケアプラン」「サービス評価」』（共著，ミネルヴァ書房，2002年）。
高齢期にある女性，高齢期を迎える女性，そして男性にも，この本から現在や将来を見つめるためのヒントを得ていただけたらと思います。

若林ちひろ（わかばやし　ちひろ） 
清和大学短期大学部児童総合学科専任講師
『子どもの権利研究』（共著，日本評論社，2010年），『子ども計画ハンドブック——次世代育成支援後期行動計画の策定と実施』（共著，日本評論社，2009年）。
多様な家族の形態がある現代社会において，福祉的な支援の方法についていま一度考えてみませんか。

やわらかアカデミズム・〈わかる〉シリーズ
よくわかる女性と福祉

2011年4月20日　初版第1刷発行　　　　　　　　〈検印省略〉

定価はカバーに
表示しています

編著者　森　田　明　美
発行者　杉　田　啓　三
印刷者　江　戸　宏　介

発行所　株式会社　ミネルヴァ書房
607-8494 京都市山科区日ノ岡堤谷町1
電話代表（075）581-5191
振替口座 01020-0-8076

©森田明美, 2011　　　　　共同印刷工業・藤沢製本
ISBN978-4-623-05956-0
Printed in Japan

やわらかアカデミズム・〈わかる〉シリーズ

よくわかる社会福祉［第8版］　山縣文治・岡田忠克編　本体 2400円

よくわかる子ども家庭福祉［第7版］　山縣文治編　本体 2400円

よくわかる地域福祉［第4版］
　　　　上野谷加代子・松端克文・山縣文治編　本体 2200円

よくわかる障害者福祉［第4版］　小澤　温編　本体 2200円

よくわかる高齢者福祉　直井道子・中野いく子編　本体 2500円

よくわかる家族福祉［第2版］　畠中宗一編　本体 2200円

よくわかる精神保健福祉［第2版］
　　　　　　　　　　　　藤本　豊・花澤佳代編　本体 2400円

よくわかるファミリーソーシャルワーク
　　　　　　　　　　　　喜多祐荘・小林　理編著　本体 2500円

よくわかる医療福祉　小西加保留・田中千枝子編　本体 2500円

よくわかる社会福祉運営管理　小松理佐子編　本体 2500円

よくわかる司法福祉　村尾泰弘・廣井亮一編　本体 2500円

よくわかる社会保障［第3版］　坂口正之・岡田忠克編　本体 2500円

よくわかる社会福祉と法　西村健一郎・品田充儀編著　本体 2600円

よくわかる発達障害［第2版］
　　　　　　　　　小野次朗・藤田継道・上野一彦編　本体 2200円

よくわかる労働法　小畑史子著　本体 2500円

よくわかる地方自治法　橋本基弘ほか著　本体 2500円

よくわかる社会政策　石畑良太郎・牧野富夫編　本体 2600円

よくわかる現代の労務管理　伊藤健市著　本体 2600円

よくわかるNPO・ボランティア　川口清史・田尾雅夫・新川達郎編　本体 2500円

―― ミネルヴァ書房 ――
http://www.minervashobo.co.jp/